基于演化经济学
的我国职业足球运动员转会制度
变迁研究

杨献南 著

人民体育出版社

图书在版编目（CIP）数据

基于演化经济学的我国职业足球运动员转会制度变迁研究 / 杨献南著. -- 北京：人民体育出版社, 2023（2023.10重印）
ISBN 978-7-5009-6234-2

Ⅰ.①基… Ⅱ.①杨… Ⅲ.①足球运动—职业体育—研究—中国 Ⅳ.①G843.92

中国版本图书馆CIP数据核字(2022)第218299号

*

人 民 体 育 出 版 社 出版发行
北京中献拓方科技发展有限公司印刷
新 华 书 店 经 销

*

710×1000 16开本 12.75印张 229千字
2023年2月第1版 2023年10月第2次印刷

*

ISBN 978-7-5009-6234-2
定价：57.00元

社址：北京市东城区体育馆路8号（天坛公园东门）
电话：67151482（发行部） 邮编：100061
传真：67151483 邮购：67118491
网址：www.psphpress.com
（购买本社图书，如遇有缺损页可与邮购部联系）

前　言

中国足球全面深化改革已势不可挡，并不断向纵深推进。作为中国足球改革的重点领域，职业足球改革迫在眉睫。转会制度是职业足球核心制度之一，如何进一步改革，保障我国职业足球联赛健康发展是一个现实问题。本书采用文献资料法、专家访谈法、案例研究法、历史方法、逻辑法和比较法等，以演化经济学为视角，系统研究我国职业足球转会制度的变迁过程，发挥演化经济学"更能拟合现实世界，解释力更强"的独特优势，进而提出我国职业足球转会制度改革思路。

本研究包含四个部分：第一部分为基础研究，包括第一章和第二章，主要是概念辨析、论证演化经济学理论的适用性；第二部分为理论诠释，包括第三章和第四章，主要是运用自组织和演化博弈论，由宏观到微观，阐述我国职业足球转会制度变迁的自组织本质、机理及演化动力、趋势等问题。第三部分为经验借鉴，包括第五章，主要是分析英格兰足球组织机构、职能和其职业足球转会制度变迁过程，以及对我国转会制度改革的启示。第四部分为改革思路，包括第六章，主要是归纳我国转会制度改革的历史机遇和主要问题，结合国外经验，提出我国职业足球转会制度改革的目标、基本原则和具体路径。

第一章是核心概念界定与相关概念辨析。该章对转会制度、转会制度变迁等概念进行了界定，对运动员转会与流动等相关概念做了辨析。

转会制度是指约束职业俱乐部与球员的各种行为及其关系，指导转会交易的利益分配和成本分摊的规则集合，具有经济后果、政治化程序以及法治化倾向等属性。转会制度变迁是指约束职业俱乐部与运动员的各种行为及其关系，指导他们转会交易的利益分配和成本分摊的一系列规则（形式、内容、结构等）逐渐发生变化的过程。运动员转会是运动员流动的一部分，二者属于种属关系。制度创新既是制度变迁、制度演化的前提，又是制度变迁、制度演化的手段和方式；制度变迁和制度演化是制度创新的结果。

第二章是演化经济学与我国职业足球转会制度变迁。该章梳理了演化经济学的核心范畴、基本假设、主要理论及我国职业足球转会制度的变迁过程，并对演化经济学的适用性、独特优势及演化分析框架的生成进行了探讨。

我国职业足球转会制度变迁过程可分为有限自由转会制、摘牌制、双轨转会制及自由转会制四个阶段，并包含了演化经济学的核心要素。第一，转会制度具有信息载体、历时传递及相对稳定等特征，符合演化经济学的条件。第二，转会制度在保持自身稳定的同时，不断进行调整完善。第三，规则调整后，如果不能适应本土制度环境，那么新转会规则将遭到淘汰。运用演化经济学的独特优势，既能阐释我国职业足球转会制度改革的历史必然性，又能诠释偶然事件对转会制度变迁的影响；既关注转会制度外部环境的选择，又关注个体和利益相关者的选择，从而对转会制度产生特定的解释。

第三章是我国职业足球转会制度变迁的自组织演化分析。该章界定了我国职业足球转会制度系统，并从宏观上对我国职业足球转会制度变迁的自组织本质、自组织演化机制进行了探讨。

我国职业足球转会制度是一个由足球俱乐部、职业球员、中国足协、地方足协、经纪人、新闻媒体等不同利益主体构成的复杂系统，其中，足球俱乐部、职业球员及中国足协为核心利益主体。系统内不同利益主体相互竞争，导致转会制度系统缺乏稳定性，在内外部因素诱导下产生不同的演化路径，最终由国内具体环境决定我国职业足球转会制度改革的方向与路径。

我国职业足球转会制度变迁是一个自组织过程，具有曲折性、突变性、多结果性及路径依赖性等特点。从整体上看，最初的有限自由转会制被淘汰主要是由于俱乐部改革不彻底，难以适应足球市场化需求，职业球员在官办与民办俱乐部间配置失衡，大量高水平球员向民办俱乐部聚拢，导致不同性质的足球俱乐部竞技实力差距增大，整个职业联赛效益降低。在这种情形下，治理效果好、见效快、制度成本低的摘牌制成为我国职业足球转会制度改革的路径选择。然而，在摘牌制下，足球俱乐部的人才选择受到极大限制，职业球员转会意愿得不到尊重，他们难以表达自身利益诉求，以致俱乐部弃摘增多，球员就业率急剧下降。在这种情况下，中国足协不得不改革转会制度，但又怕转会秩序再次失控，此时，双轨转会制成为我国转会制度改革的新路径选择。这种新转会制使足球俱乐部人才选择变得自由，但球员的转会自由遭到更加严格的限制。即使合同到期，球员也不能自由转会，其生存发展面临困境。本土转会政策与国际转会惯例的不兼容也诱发了球员自由转会行动，使俱乐部利益受损。尽管中国足协积极维护本土政策的权威，俱乐部也积极维护自身利益，但在国际交涉中仍然被动、难以立足，故接轨国际足联势在必行。

第四章是我国职业足球转会制度变迁的演化博弈分析。该章分析了运用演化博弈的理论依据，并通过构建复制动态模型，从微观角度阐释了我国职业足球转会制度的变迁动力和趋势。

在我国职业足球转会制度系统中，足球俱乐部、球员及足协等利益主体的理性能力较为有限，在反复博弈中形成转会制度均衡，为运用演化博弈提供了理论依据。我国职业足球转会制度变迁是一个不同利益主体不断试错、学习和调整的过程，足球俱乐部和球员除了在正式转会制度下行动外，还可选择潜规则行动。潜规则行动是博弈中可供选择的一个行动子集，但在转会制度的不同发展阶段可能出现不同利益主体的潜规则行动，它扎根于正式转会制度的漏洞，并依附于运行中的转会制度。从某种程度上讲，潜规则行动对我国职业足球转会制度改革具有积极意义。

从本质上看，我国职业足球转会制度变迁是足球俱乐部、球员及足协等不同利益群体在不完全理性条件下，基于自身利益的权力博弈过程。在整个变迁过程中，俱乐部和球员自身利益诉求得不到满足，继而采取规避制度约束的潜规则策略，产生了制度改革需求。不同情况下，博弈中拥有占优策略的利益群体不同，没有占优策略的一方，只能通过转会制度改革调整既有的利益格局。而不同变迁阶段，俱乐部、球员及足协在转会市场上的权力资源拥有量有所变化，权力资源相对增加的利益群体在博弈中讨价还价的能力增强，继而在利益格局调整中能获得更多的收益，转会制度也就趋向利于他们的方向改革。在整个博弈中，球员始终处于弱势地位，权力资源拥有量极少，而足球俱乐部的权力资源拥有量总体上呈增加态势，尽管后期博弈失利，但依然强势于球员。俱乐部的这种强势源于中国足协制度修订参与权的下放。

第五章是英格兰职业足球转会制度变迁及启示。该章厘清了英格兰足球组织机构及其职能以及各组织间的关系，并对其职业足球转会制度变迁过程进行了阶段划分与原因分析，得出了对我国转会制度改革的启示。

英足总、职业足球联盟及球员工会是英格兰职业足球发展的组织基础，并逐步形成了相互制衡、协同发展的三角组织架构，它们在转会制度的改革中发挥着特殊而不可替代的作用。无论制度修订还是纠纷处理，这种稳定的组织架构都保障了俱乐部和球员具有同等的利益表达渠道和均衡的权力资源。英格兰职业足球转会制度变迁实质是俱乐部与球员相互斗争、彼此妥协的博弈过程，其大致经历了矛盾隐形、凸现、激化、加剧及平稳五个阶段。我国应加快足协的职能转变，借鉴经验，建立职业足球联盟、球员工会等足球实体组织，在足协内尽快成立转会制度修订或球员身份委员会，从制度上保障俱乐部和球员拥有同等的利益表达渠道，且一旦出现劳资纠纷，还应保证俱乐部和球员在谈判时拥有均衡的权力资源，真正维护转会市场主体的合法权益。此外，要逐步加强转会制度法治化建设，不断提高与本土法律的兼容性，探索适合国情的制度治理模式。

第六章是演化框架下我国职业足球转会制度的改革思路。该章在分析我国职业足球转会制度改革的历史机遇和主要问题的基础上，结合国外发展经验，提出了我国职业足球转会制度改革的目标、基本原则和具体路径。

我国职业足球转会制度改革迎来了前所未有的历史机遇，但仍存在诸如足协政绩思想固化、去行政化改革不彻底、维权组织难以筹建、制度改革主体错位、权力资源配置失衡、球员话语权严重缺失、制度法治建设滞后和兼容性差等问题。针对存在的问题，我国职业足球转会制度改革要以提高球员配置效率、保障转会制度公平正义为总体目标。具体来说，就是要考虑信息公共性、外部性及制度成本对转会制度的影响，并在足协宏观调控下，保证足球俱乐部和球员的主导地位。在坚持市场自主与足协调控相协调、国际惯例与本土文化相融合、制度建设与本土法律相兼容等原则下，提出了具体改革路径：第一，以顶层设计的确定性保障转会制度改革的组织基础。加快构建职业足球联盟、球员工会，形成三角制衡的治理新格局；优化中国足协内部治理结构，成立专门的转会制度修订委员会。第二，以主体程序的明确性保证转会制度改革的公平正义。以中国足协、俱乐部及球员为核心改革主体，确保制度源头设计的权力均衡；完善应循程序与异常转会问题处理程序，确保制度改革的程序正义。第三，以法律关系的适用性保障转会制度改革的权威有效。加强转会制度法治化建设，提高转会制度与本土法律的兼容性；明确国际转会惯例的本土化空间，处理好本土化与国际化的关系。

前言

本研究以演化经济学为视角研究我国职业足球转会制度的变迁，运用自组织理论及演化博弈论，以宏观到微观的递进方式，揭示了我国职业足球转会制度变迁的自组织本质、机理及演化动力、趋势，用新的视角得出新的观点。研究将我国职业足球转会制度变迁过程划分为有限自由转会制、摘牌制、双轨转会制及自由转会制4个阶段，以我国职业足球转会制度3次变迁为主线，揭示了我国职业足球转会制度变迁的自组织本质、机理及演化动力、趋势，并通过借鉴英格兰发展经验，结合我国现存问题，提出了我国职业足球转会制度改革的目标、基本原则和具体路径。这些新观点的提出，进一步丰富了我国职业足球转会制度理论研究，体现了较好的理论创新价值。

本研究虽对中国足协、地方足协、中超俱乐部进行了深入调研，但对其他俱乐部及球员的转会制度需求考虑不够全面。同时，基于演化经济学的视角开展研究，数据采集存在限制，定量研究较为困难，不能实现新古典经济学那样严谨的逻辑实证，存在一定的局限性。囿于本人能力与水平有限，研究中难免出现错误、疏漏和欠妥之处，恳请各位同仁不吝赐教、批评指正。

著者

2023年1月

目 录

绪论 ……………………………………………………………………（1）

 第一节 选题背景与意义 ……………………………………（1）

  一、选题背景 ……………………………………………………（1）

  二、选题意义 ……………………………………………………（3）

 第二节 文献综述 ……………………………………………（4）

  一、国内研究综述 ………………………………………………（5）

  二、国外研究综述 ………………………………………………（12）

  三、研究不足及拓展空间 ………………………………………（16）

 第三节 研究目的、任务与方法 ………………………………（17）

  一、研究目的 ……………………………………………………（17）

  二、研究任务 ……………………………………………………（18）

  三、研究方法 ……………………………………………………（18）

 第四节 研究思路、框架结构与主要内容 ……………………（21）

  一、研究思路与框架结构 ………………………………………（21）

  二、研究主要内容 ………………………………………………（23）

第一章 核心概念界定与相关概念辨析 ………………………（24）

 第一节 核心概念界定 ………………………………………（24）

一、转会的缘起及内涵阐释 …………………………………… (24)
二、制度的内涵 ………………………………………………… (28)
三、转会制度的概念界定 ……………………………………… (32)
四、转会制度变迁的概念及类型归属 ………………………… (36)

第二节 相关概念辨析 ……………………………………………… (38)
一、运动员流动与运动员转会 ………………………………… (38)
二、制度创新、制度演化与制度变迁 ………………………… (40)

本章小结 ……………………………………………………………… (42)

第二章 演化经济学与我国职业足球转会制度变迁 ……………… (44)

第一节 演化经济学的理论溯源 …………………………………… (44)
一、生物演化思想简述 ………………………………………… (44)
二、经济演化思想的缘起与发展 ……………………………… (45)

第二节 演化经济学研究的核心范畴与基本假设 ………………… (48)
一、核心范畴 …………………………………………………… (48)
二、基本假设 …………………………………………………… (50)

第三节 演化经济学的主要理论 …………………………………… (53)
一、自组织理论 ………………………………………………… (53)
二、演化博弈论 ………………………………………………… (56)

第四节 我国职业足球转会制度的变迁 …………………………… (62)
一、中国足球协会及其职能 …………………………………… (62)
二、我国职业足球转会制度变迁的阶段划分与原因探析 …… (63)

第五节 演化经济学与我国职业足球转会制度变迁研究的契合 … (70)
一、具备演化经济学研究的要素条件 ………………………… (70)
二、运用演化经济学研究的独特优势 ………………………… (72)
三、我国职业足球转会制度变迁的演化分析框架生成 ……… (73)

本章小结 …………………………………………………………（74）

第三章 我国职业足球转会制度变迁的自组织演化分析 ……（75）

第一节 我国职业足球转会制度变迁的自组织本质 …………（75）

一、我国职业足球转会制度系统的界定 …………………（75）

二、我国职业足球转会制度变迁的自组织本质 …………（77）

第二节 我国职业足球转会制度变迁的自组织演化特点 ……（79）

一、曲折性 …………………………………………………（79）

二、突变性 …………………………………………………（81）

三、多结果性 ………………………………………………（82）

四、路径依赖性 ……………………………………………（83）

第三节 我国职业足球转会制度变迁的自组织演化机制 ……（85）

一、有限自由转会制演化为摘牌制 ………………………（85）

二、摘牌制演化为双轨转会制 ……………………………（91）

三、双轨转会制演化为自由转会制 ………………………（96）

四、我国职业足球转会制度三次重大变迁的内在关联 …（101）

本章小结 …………………………………………………………（104）

第四章 我国职业足球转会制度变迁的演化博弈分析 ………（106）

第一节 我国职业足球转会制度变迁的演化博弈——依据与模型 ……………………………………………………（106）

一、运用演化博弈的理论依据 ……………………………（106）

二、演化博弈模型的确立 …………………………………（108）

第二节 我国足球转会市场主体可选择的行动策略——潜规则 …………………………………………………（109）

一、潜规则及其与转会制度的关系 ………………………（110）

二、转会潜规则的发生过程与运行机理 …………………… （111）

　第三节　我国职业足球转会制度变迁的复制动态模型构建 …… （112）

　　一、两人对称博弈的复制动态模型分析 …………………… （113）

　　二、两人非对称博弈的复制动态模型分析 ………………… （116）

　第四节　我国职业足球转会制度变迁的演化博弈分析 ………… （121）

　　一、有限自由转会制演化为摘牌制 ………………………… （122）

　　二、摘牌制演化为双轨转会制 ……………………………… （125）

　　三、双轨转会制演化为自由转会制 ………………………… （128）

　　四、我国职业足球转会制度变迁的演化博弈全景审视 …… （132）

　本章小结 ……………………………………………………………（134）

第五章　英格兰职业足球转会制度变迁及启示 ………………（135）

　第一节　英格兰足球组织机构及其职能 ………………………… （135）

　　一、英格兰足球协会 ………………………………………… （135）

　　二、职业足球联盟 …………………………………………… （136）

　　三、球员工会 ………………………………………………… （137）

　　四、英足总、职业足球联盟及球员工会三者间的关系 …… （138）

　第二节　英格兰职业足球转会制度的变迁 ……………………… （139）

　　一、矛盾隐形期：转会制度的雏形发展阶段（1863—1887年）
　　　………………………………………………………………（139）

　　二、矛盾凸现期：转会制度的创生发展阶段（1888—1906年）
　　　………………………………………………………………（140）

　　三、矛盾激化期：转会制度的"量变"积累阶段（1907—1989年）
　　　………………………………………………………………（141）

　　四、矛盾加剧期：转会制度的"质变"发展阶段（1990—2005年）
　　　………………………………………………………………（146）

五、矛盾平稳期：转会制度的稳定发展阶段（2006—2016年）
　　　　……………………………………………………………（150）
　第三节　对我国职业足球转会制度改革的启示 ………………（152）
　　一、建立完善足球实体组织机构 ………………………………（152）
　　二、制度设计源头注重权力平衡 ………………………………（153）
　　三、积极健全行业集体谈判制度 ………………………………（154）
　　四、加强转会制度的法治化建设 ………………………………（154）
　本章小结 …………………………………………………………（156）

第六章　演化框架下我国职业足球转会制度的改革思路 ……（157）

　第一节　我国职业足球转会制度改革的机遇和问题 …………（157）
　　一、历史机遇 ……………………………………………………（157）
　　二、主要问题 ……………………………………………………（158）
　第二节　我国职业足球转会制度改革的目标 …………………（164）
　　一、总体目标 ……………………………………………………（165）
　　二、效率与公平目标的体现 ……………………………………（166）
　第三节　我国职业足球转会制度改革的基本原则 ……………（169）
　　一、市场自主与足协调控相协调的原则 ………………………（169）
　　二、国际惯例与本土文化相融合的原则 ………………………（170）
　　三、制度建设与本土法律相兼容的原则 ………………………（171）
　第四节　我国职业足球转会制度改革的具体路径 ……………（172）
　　一、以顶层设计的确定性保障转会制度改革的组织基础 …（172）
　　二、以主体程序的明确性保证转会制度改革的公平正义 …（174）
　　三、以法律关系的适用性保障转会制度改革的权威有效 …（178）
　本章小结 …………………………………………………………（181）

结论与展望 ……………………………………………（183）

    一、研究结论 ………………………………………（183）

    二、创新之处 ………………………………………（184）

    三、研究局限 ………………………………………（185）

    四、研究展望 ………………………………………（185）

绪 论

第一节 选题背景与意义

一、选题背景

发展体育产业既是提高人民身体素质和健康水平的必然要求，也是加快推进体育强国建设、构建社会主义和谐社会的内在需求。大力发展体育产业不仅可以增加就业、扩大内需、改善民生，还能满足广大人民群众多样化的体育需求，使其成为社会经济发展的新增长点。体育竞赛表演市场，国外称为职业体育市场，它是一种特殊市场，具有高风险、高收益的特点[1]。近年来，我国体育产业发展迅速，但体育竞赛表演市场的发展仍处于起步阶段，发展的总体规模不大、活力不强。在国内体育需求剧增、体育产业发展相对滞后的背景下，2014年10月国务院印发了《关于加快发展体育产业促进体育消费的若干意见》（以下简称《意见》），将体育产业发展推向了市场开发的前沿。《意见》将"建立并完善体育产业体系，增加体育服务与产品供给，拉动体育消费需求"作为未来10年我国体育产业发展的总体目标，提出到2025年体育产业总规模超过5万亿元，并抓好潜力产业发展，以足球、篮球、排球三大球为切入点，以竞赛表演业为重点，大力发展不同层次体育赛事，打造一批国际性、区域性品牌赛事，推动产业向纵深发展。国家大力支持体育产业发展，将三大球发展摆在了前所未有的高度，不仅有利于完善体育产业发展的制度与政策体系，还能打破不同行业间的信息壁垒、清除政策实施障碍。随着社会经济的不断发展，体育产业发展的红利越发明显。

---

[1] 鲍明晓.体育产业——新的经济增长点[M].北京：人民体育出版社，2000：123-125.

职业体育赛事作为竞赛表演市场中的重要组成部分，它是体育发展到一定阶段的必然产物。职业体育实质上是一种以营利为目的的商业体育[1]，它以职业俱乐部为实体，以某个运动项目为经营内容，以运动员竞技表演为核心，以满足群众体育欣赏需求为目标，使竞赛市场主体（俱乐部）获得相应的收益，同时运动员获得丰厚报酬，堪称经济活动的集合。北京"红山口会议"的胜利召开，宣告了中国体育职业化改革方向。中国足球扛起了体育职业化改革的先锋大旗。然而我国正处于由计划经济向市场经济转型时期，体制改革不彻底，对市场经济认识不足，职业足球市场监管机制不完善，导致足球职业化过程中出现了球场暴力、赌球、假球、黑哨等市场外部行为[2]。恶劣、混乱的职业足球市场环境致使国人对中国足球逐渐丧失信心。为了加大中国足球改革的深度和力度，国务院办公厅于2015年3月印发了《中国足球改革发展总体方案》（以下简称《方案》）。《方案》将发展足球运动纳入经济社会发展规划，并实行三步走战略。改革完善职业足球俱乐部建设和运营模式，推进职业联赛体制改革是未来我国职业足球的发展方向，这不仅有利于俱乐部人才引进及薪酬管理规范的完善，还能有效防止职业球员身价虚高、无序竞争及签订阴阳合同等行为发生。职业球员转会能促进人才资源合理配置，为俱乐部形成良好的人才结构奠定基础。

  21世纪的竞争是人才的竞争。足球俱乐部之争，其焦点在于职业足球运动员的争夺，因为职业球员竞技能力的高低与表现直接影响职业联赛的质量及球迷的满意度，进而影响整个足球职业联赛的收益水平[3]。转会是职业运动员由一个俱乐部转入另一个俱乐部的过程，是其作为一种特殊商品在俱乐部之间交易的过程。一方面，转会能使球员在市场交易中实现合理配置，提高人才资源配置效率。另一方面，转会可拓展球员发展空间，为实现自身价值最大化创造条件。然而，我国职业足球转会市场并不完善，球员"身价虚高""搭便车"及"阴阳合同"等市场外部行为屡禁不止，俱乐部转会费过高致使俱乐部负担过重，以及运动员转会权不能得到有效保障等一系列问题，导致我国职业球员转会阻力大、转会效率低下。足球俱乐部之间完成球员交易需要健康的市场环境，而健康的市场环境必须有科学合理的制度规范做保障。职业足球转会制度

---

[1] 钟秉枢. 职业体育：理论与实证[M]. 北京：北京体育大学出版社，2006：15.

[2] 鲍明晓. 体育市场——新的投资热点[M]. 北京：人民体育出版社，2004：201-202.

[3] Feess E, Muehlheusser G. The Impact of the Transfer Fee System on Wages, Investment Incentives and Profits in Professional Football: Analyzing the European Commission's New Suggestion[D]. Bonn: University of Bonn, 2000：14-15.

作为一种约束转会市场主体、降低交易不确定性的行为规范,如何制定出高质量的转会制度则成为关键。近年来,随着资本全球化程度的不断加深,市场不稳定性、不确定性风险增加。转会市场作为足球治理的重要部分,已成为国际关注的热点话题。国际足联、欧足联等都在积极规范转会市场,努力应对各类不确定性因素对转会市场的负面影响。

二、选题意义

(一)理论意义

1. 拓展和补充我国职业足球转会制度研究的方式与范畴

以往研究大多集中于经验研究、应用研究,文献偏重于政策解读和经验升华,单纯研究转会制度中某一细节或对部分转会规则进行法律纠偏等研究较多,系统探讨转会制度变迁的研究较少。迄今为止,学术界尚未运用演化经济学对我国职业足球转会制度变迁问题进行全面系统的研究。因此,本研究拓展了我国职业足球转会制度研究的方式及范畴,并对已有研究进行了补充。

2. 我国职业足球转会制度变迁规律能够得到新的理论诠释

为何将国外较成熟的转会制度移植到中国会出现"水土不服"现象。对此,大部分人认为"不符合国情"。前人已用新古典经济学探讨了转会制度变迁,并提出了转会制度改革的建设性思路和对策,但并未形成一个比较完整的理论框架。本文以演化经济学的新视角,运用新理论框架诠释我国职业足球转会制度变迁规律,使我们对转会制度变迁的理解和认识更加全面、客观、深刻和系统。

(二)实践价值

1. 有利于规范市场主体的行为,促进球员合理流动与有效配置

卡佩里教授曾说:"人才,不要期待它不流动,而应该将其当成一条河流,并设法去管理它的流速和流向。"球员转会实质是人力资本在足球市场上的交易,转会制度作为一种行业规则,能够有效规范俱乐部与球员在转会过程中的交易行为，保障他们各自的权利，降低交易成本，增加边际效益，实现利益主体的收益最大化。完善转会制度，将减少足球市场交易过程中出现的"搭便车"等外部行为，使俱乐部和球员能够各取所需，实现利益的最大化。

2. 有助于厘清不同利益主体所充当的角色

我国职业足球转会制度的形成与发展，受中国足协、俱乐部、运动员、经纪人以及新闻媒体、球迷等群体利益诉求的影响，其变迁在多个利益群体的动态博弈过程中完成，在博弈中既有推动力量，也有阻碍力量，既有内生性力量，亦有外建构力量，它们的动态博弈决定了转会制度变迁的速度和方向。因而，通过引入演化博弈分析我国转会制度变迁中不同利益群体在动态博弈中所处地位，明确各自在转会制度变迁中充当的角色。

3. 为我国职业足球转会制度改革提供新思路

《方案》的出台标志着中国足球全方位改革的开端，意味着中国足球改革继续纵深推进。职业足球作为重点改革领域之一，转会制度的改革也应受到重视。转会制度改革，根本目的是实现球员人力资本的合理流动和有效配置，而要实现这一目标，需要进行系统设计与规划。本书在挖掘我国职业足球转会制度变迁内在规律的基础上，通过借鉴英格兰发展经验，明确我国存在的问题，提出了演化框架下我国职业足球转会制度改革的目标、基本原则及具体路径，对我国职业足球转会制度的改革实践具有重要的指导意义。

第二节 文献综述

站在巨人肩膀上前行是做学问、搞研究的基本法则。梁启超先生曾言："盖吾辈不治一学则已，既治一学，则第一步须先将此学之真相，了解明确；第二步乃批评其是非得失。"[1] 显然，对前人的研究做全面梳理和评价是开展研究的基本前提。

---

[1] 梁启超. 清代学术概论［M］. 上海：上海古籍出版社，1998：45.

一、国内研究综述

（一）以新制度经济学理论为视角的转会制度研究

早期制度经济学的主要代表人物有凡勃伦、康芒斯等，他们主要关注社会文化、习惯对制度的影响及集体行动在控制个人行为方面的作用[1]。随着时间的推移，研究视野不断拓宽，出现了贝利、米恩斯等经济学家，他们在新旧制度经济学交替时期做出了突出的贡献。新制度经济学由交易成本理论、产权理论以及制度变迁理论等构成，这一学派是科斯、诺斯等人建立和发展起来的[2]。其目标是研究制度演进背景下，人如何在现实世界中做出决策及这些决策又如何改变世界。在不同规则约束下，人类决策行为的差异将导致不同的行为结果。

1. 球员产权归属与转会价值的计量问题

职业球员转会实质是球员人力资本的产权交易。只有明晰球员产权归属问题才能顺利完成市场交易。制度是规范和约束人类行为的一系列规则。职业球员转会需要相应的制度作保障，以降低因信息不对称带来的交易成本。杨年松认为，职业运动员人力资本所有权归运动员所有，其转会实质是运动员人力资本产权交易的一系列制度安排，而不是运动员单纯地在俱乐部之间流动[3]。并且，他认为转会费不过是其人力资本产权价值的表现，基于此构建了球员转会价值的计量模型。曾志坚等人提出，球员效率最大化、俱乐部利益最大化及球员转会的最优价格是建构球员转会市场价格模型的3个基本条件[4]。但是，该模型建立在没有交易成本、交易双方能够完全了解市场信息，以及对球员信息完全掌握的基础之上，这种情形在现实中是不存在的，人不可能完全理性，因而该模型具有一定的局限性。

---

[1] 徐大伟.新制度经济学[M].北京：清华大学出版社，2015：12.
[2] 廖运凤.新制度经济学[M].北京：知识产权出版社，2012：22.
[3] 杨年松.职业运动员转会价值计量模型与实现机制[J].体育科学，2006，26（7）：75-78.
[4] 曾志坚，胡愒.我国职业足球俱乐部球员转会价格的定价模型构建[J].北京体育大学学报，2013，36（2）：38-42.

2. 转会制度变迁的动力问题

制度变迁发生的基本原因是行为主体的理性选择及不同行为主体间的利益博弈[1]。这个过程实质是人类社会不断发展的过程，人类社会的矛盾焦点由个体生存转向不同利益群体对资源和利益的争夺与分配[2]。职业足球转会制度发生变迁实际也是由于不同利益主体间的交易成本改变所致。当新的转会制度的预期收益大于改变转会制度所需成本时，转会制度便具备了发生变迁的动力。杨天翼在研究中提出，我国职业足球转会制度变迁缺乏自发原动力，所有变迁均是由中国足协单一利益主体实施的强制变迁[3]。这种说法虽具有一定的可信度，但只是一种表象，如果转会过程出现了问题，中国足协必然根据问题的轻重缓急对转会规则进行相应的调整。因而，这只是一种表象引起的另一种表象，并非推动转会制度变迁的根本动力。据报道，转会制度的每一次变迁几乎都是在前一种制度出现大量问题和纷争的情形下完成的，可以说，问题和纠纷是制度变迁的直接动力。然而，这只是表面上的、较为浅显的、容易察觉的动力，实际上还存在内生性动力。这些问题和纠纷的产生缘由为何，是转会制度本身设计问题，还是有其他深层原因？雷震在认识到纠纷只是一种表象后，深入探究了变迁动力问题。他先假想了概率较大的外部动力和内部动力，然后制定排除原则，即设想如果没有这一因素作用，转会制度是否还会发生变迁？是否还会沿着这个方向变革？若是没有该因素，转会制度照样发生变迁，则认为该因素在转会制度变迁中是次要因素，反之则是主要因素。根据这种原则，最后确定了3大动力，即中国经济的市场化改革、行政体制改革以及足球产业利益格局的变化[4]。之所以不用政治体制改革，是因为政治体制改革不仅涉及行政机构内部，还包含立法与司法结构的变革。虽然前人已经意识到转会制度变迁的深层动力问题，但在确认这些动力时，其方法的科学性、合理性还有待商榷。因为只通过设想很难把握制度变迁内外部因素的影响。

---

[1] 道格拉斯·诺斯.制度、制度变迁与经济绩效[M].杭行，译.上海：上海三联书店，2014：69.

[2] 金海年.制度红利：制度对经济增长的决定性影响[M].北京：中国经济出版社，2014：58.

[3] 杨天翼.我国与欧洲足球职业联赛转会制度演进分析——从新制度经济学角度[D].北京：北京体育大学，2010：38-39.

[4] 雷震.中国足球职业球员转会制度的变迁与法治化[J].河北师范大学学报（哲学社会科学版），2013，36（6）：145-150.

3. 转会制度变迁的原因与方式

相较于制度变迁动力研究，前人似乎更热衷于探讨制度变迁过程中出现的问题、原因以及变迁方式。具有代表性的是，丛湖平教授等从制度供给—需求关系的角度分析了现行转会制度存在的问题及深层次原因。该文认为，我国职业体育的制度调整是以政府主导方式进行的，本质是"非帕累托改进"，即每一次改革都会导致部分群体利益增加，而部分群体利益受损。转会制度变迁主要取决于一个社会中不同利益群体的力量结构和力量对比[1]。中国足协身份比较特殊，同时兼具制度设计者、执行者、监督者三种身份，它既能使其在制度设计和安排上的垄断利益最大化，又可以促使社会资本进入职业足球市场，使其产出效益最大化。他们认为，计划经济体制下价值观念的沉积与固化是转会制度存在问题的重要原因，一方面，中国足协与俱乐部的发展目标设置错位；另一方面，转会制度供给的权利结构错位；再者，体制内与体制外的制度冲突严重。然而，从职业足球自身的体制来看，却有着内在的规定性，表现在：一是转会纠纷的诉讼制度超越了法律限制；二是转会制度并未体现产权交易关系[1]。另有报道，我国转会制度变迁主要是在中国足协的行政约束下发生的强制性变迁，欧洲则是自下而上的诱致性变迁。这种变迁不完全是不同利益主体充分博弈的结果，并且效率较低[2]。然而，除了强制性变迁外，是否存在诱致性变迁？制度变迁是一个连续的、渐进的演进过程。徐大伟提出，制度变迁的方式是利益主体为实现一定的目标所采取的制度变迁速度、形式、突破口、时间及路径的总和[3]。当提及速度与时间时，除了强制性与诱致性变迁之外，必然存在速度快的与速度慢的制度变迁，即渐进式变迁与激进式变迁。

4. 转会制度变迁的阶段划分问题

按照不同的划分依据，可以将整个转会制度变迁过程划分成不同的阶段，即划分标准不同，阶段的时间范围亦不同。目前有两种划分依据。

第一种是以中国足协对转会规则的修订时间为依据，由杨一民提出，在职业足球联赛进行至第5年时，他将其变迁过程划分为自由转会（1994—1997

---

[1] 丛湖平，石武.我国职业足球运动员转会制度研究[J].体育科学，2009，29（5）：32-39.
[2] 杨天翼.新制度经济学视野下的欧洲职业足球转会制度演进分析[J].东岳论丛，2010，31（3）：134-136.
[3] 徐大伟.新制度经济学[M].北京：清华大学出版社，2015：12.

年)、摘牌制(1998—2000年),并提出了未来转会办法的展望[1]。虽然该划分具有时间上的限制,但他开启了转会制度变迁研究的征程及树立了后续进行阶段划分的标杆。随着我国职业足球的不断发展,大量的学位论文及期刊论文对此做了研究,但划分时段基本相同。马成全等将我国职业足球转会制度演变划分为6个阶段:自由转会制(1995—1997年)、顺序申报制(1998年)、顺序摘牌制(1999—2000年)、倒摘牌制(2001—2002年)、自由摘牌与倒摘牌相结合(2003—2004年)以及自由摘牌制(2005—2007年)[2]。该划分虽然详细描述了我国转会规则的变化,但不利于制度演变规律的挖掘与探究,即过于细致的划分不利于变迁阶段内在规律的把握。为了避开这些缺陷,有研究将某些阶段合并,产生新的阶段划分,研究者将顺序申报、顺序摘牌、倒摘牌等合并为摘牌制[3],而自由摘牌与倒摘牌相结合实际上就是双轨制[4],这些演变阶段的变化与合并为进一步研究奠定了基础。

第二种是以行政与市场为依据,对我国职业足球转会制度变迁过程进行阶段划分。雷震将其划分成4个阶段:第一次行政化阶段(1994年以前)、第一次自由化阶段(1995—1997年)、第二次行政化阶段(1998—2008年)及第二次自由化阶段(2009—2013年)[5]。该划分为未来研究提供了新思路、新视角,尤其把1994年以前运动员在各专业队之间的流动也视为广义上的转会,开阔了后续研究者的视野,但也存在一定的局限性。1994年以前,足球管理是在计划体制下进行的,因而第一次行政化阶段的划分没有问题。然而,随着我国由计划经济体制向市场经济体制改革的推进及足球职业化改革的深入,市场不可能完全退出,行政监管也不可能完全脱离,这使市场与行政监管的力量大小在不同阶段存在差异。这种力量博弈的结果导致利益重新分配以及权力结构的改变。

---

[1] 杨一民,李飞宇,郭辉,等.现阶段我国足球注册、转会管理办法的初步研究[J].体育科学,2001,21(3):11-15.

[2] 马成全,王君,刘浩.我国职业足球运动员转会制度改革研究[J].广州体育学院学报,2008,28(6):8-10.

[3] 杨天翼.我国与欧洲足球职业联赛转会制度演进分析——从新制度经济学角度[D].北京:北京体育大学,2010:28-29.

[4] 吴育华,杨顺元,叶加宝.中国、欧洲足球运动员转会制度分析[J].武汉体育学院学报,2007,41(9):19-22.

[5] 雷震.中国足球职业球员转会制度的变迁与法治化[J].河北师范大学学报(哲学社会科学版),2013,36(6):145-150.

（二）以合同、转会费为主，解决纠纷为辅的法学研究

1. 合同属性问题研究

在转会过程中，俱乐部之间、运动员与俱乐部之间签署的合同具有何种属性，是民事合同、雇佣合同还是劳动合同？合同属性的确认对于解决纠纷至关重要，它关系到解决纠纷时的法律适用问题。对于俱乐部之间签署的转会合同的属性问题，有报道称，转会合同是原俱乐部放弃优先签约权的民事合同[1]，即转会合同属于民事合同，在处理这类纠纷时应以《中华人民共和国合同法》（以下简称《合同法》）条款予以解决。

对合同属性的认定有两种观点：一种是俱乐部与球员之间签署的合同为劳动合同。在解决劳资纠纷时应按《中华人民共和国劳动法》（以下简称《劳动法》）、《中华人民共和国劳动合同法》（以下简称《劳动合同法》）处理。球员与俱乐部的工作合同符合劳动合同的特点，并且司法实践及足协《转会规定》都表明了他们之间的合同属于劳动合同[2]。该观点是关于认定球员与俱乐部之间合同属性的主流观点。然而，随着人类认识的不断深化，另一种观点也在悄然呈现。朱文英教授提出，俱乐部与球员之间签署的合同不是劳动合同，而是雇佣合同。两种合同存在5方面差异：合同性质和法律地位、国家干预程度、法律渊源、合同内容及纠纷解决程序[3]。因而，这种合同适用于《合同法》而不适用于《劳动合同法》。但是，若运动员与俱乐部签订的合同属于雇佣合同，而雇佣合同又是一种民事合同，那么俱乐部之间、运动员和俱乐部之间签订的合同都属于民事合同，这在逻辑上是说不通的。

2. 转会费的法律性质与审查问题研究

关于转会费的法律性质问题有以下四种说法：第一，违约金说。这是法学界对转会费法律性质的普遍认识，主张转会费是由违反合同义务的一方支付给受损失一方的赔偿费[4]。也有学者认为，违约金是指由法律规定的或当事人约定

---

[1] 刘剑. 我国职业足球转会制度若干法律问题研究[D]. 成都：四川大学，2006：45.
[2] 王存忠. 对运动员转会行为的法律调整[J]. 山东体育学院学报，1996，12（4）：16-18.
[3] 朱文英. 职业足球运动员转会的法律适用[J]. 体育科学，2014，34（1）：41-47.
[4] 蒋凡. 用法律的眼光看足球运动员转会[J]. 法律与生活，2002（3）：54.

的在一方违约时向另一方支付一定数额的款项[1]。但在球员转会合同中并没有约定违约金，也没有强制的法律规定。因此，违约金说缺乏依据。第二，损害赔偿金说。违约赔偿责任是一方因不遵循或不完全遵循合同义务而给另一方造成损失，根据合同约定所担负的违约赔偿责任[2]。中国足协《转会规定》提出，球员转会征得俱乐部同意，就不会涉及惩罚性赔偿问题，因而该说法在理论上也是站不住脚的。第三，培养费说。有学者认为，转会费实际上是一种培养费，它既不是足球俱乐部转让股份的得益，也不是球员违反合约而交付的违约金[3]。从欧盟的实践来看，培养费的收取与支付已基本得到欧洲法院的承认。第四，所有权转让金说。据报道，俱乐部与球员签约后，就拥有了球员的"产权"。球员转会至其他俱乐部实质是球员产权在俱乐部之间的转移，球员转会费似乎变成了物品的转让金。但《国际劳动宪章》提出，人的劳动不应被视为商品[4]。一言以概之，球员转会既不是物品的转移，也不是所有权的让渡。

还有报道称，转会费兼具有训练培养费与优先权转让费的性质，该说法虽不具有高阶位法律的支撑，但在体育领域并不丧失《民法通则》中优先权的公信力，因而，俱乐部获得准优先权的地位是可能的[5]。也有研究认为，收取转会费限制了俱乐部之间的竞争，但从《欧盟竞争法》政策目标来看，转会费的存在并未限制竞争。废除转会费不仅没有实质性地缓解中小俱乐部的财政危机，反而造成球员薪金虚高、俱乐部贫富差距拉大。另外，有报道称，转会费制度违背了欧盟关于"球员自由流动"的规定，限制了球员的自由流动，并且驳斥了国际足联设置该规定的初衷[6]。以上两个主题的研究属于法学视角下职业球员转会研究的主流，但也不乏其他特色鲜明的研究，如张红华等人对"合同门事件"的研究、罗浏虎对职业球员第三方所有权的法律规制研究等。

（三）以博弈论为分析手段的转会制度研究

博弈论创始人冯·诺依曼曾言："人生是永不停息的博弈过程，博弈意味

---

[1] 郭明瑞.合同法学[M].上海：复旦大学出版社，2005：243.
[2] 王利明，崔建远.合同法新论·总则[M].北京：中国政法大学出版社，1996：740.
[3] 周进强.我国职业体育俱乐部经营中的若干法律问题[J].天津体育学院学报，2001，16（1）：32-35.
[4] 常凯.劳权论[M].北京：中国劳动社会保障出版社，2004：21.
[5] 陈华荣.中国足球运动员转会费的法律性质评析[J].体育学刊，2007，14（1）：126-129.
[6] 裴洋.欧盟竞争法视野下的足球运动员转会规则[J].体育科学，2009，29（1）：25-35.

着通过选择合适策略达到合意结果。"个体行为策略的选择过程即他们之间博弈的过程。在亚当·斯密看来，博弈是个体参与者从自身利益出发相互作用的一种状态，这正是现代博弈论所研究的情形[1]。博弈、合作与制度紧密相连。作为洞察主体行为规律和分析现象背后制度形成的一种手段，博弈论在研究社会变革中的制度演变与创新方面的应用潜力巨大[2]。当前，博弈论已广泛应用于经济学、社会学、管理学、体育学等领域，对解决具体问题以及诠释现象背后的本质性规律做出了巨大的贡献。博弈有两种形态，即经典博弈论与演化博弈论。经典博弈作为博弈论的"发家"之作，应用较为广泛，涉及体育领域。演化博弈作为新发展起来的理论，虽在经济学、生物学领域已广泛传扬，但在其他学科涉猎较少。

经典博弈关注的是一个纳什均衡。关注博弈双方一次博弈后的利益分配问题，但不关注一次博弈之后博弈方的再次博弈，很明显当博弈方再次博弈时，博弈双方会发生策略调整，其纳什均衡解也将改变。陈静等运用经典博弈中的混合策略博弈，以运动员、现所属组织以及流动目的组织为博弈主体，以运动员是否有价值为分界线，建立了现所属组织与运动员、流动目的组织之间的混合策略博弈矩阵。认为有两种情况：第一是运动员有价值，现所属组织有两种策略选择，即权力阻碍，挽留；第二是运动员没有价值，其策略选择是权力阻碍，放行[3]。该研究将流动目的组织与运动员作为整体，同现所属组织进行博弈，提供了一种新的分析视角，有利于清晰把握影响运动员流动的因素。但也有一定的局限性，将流动目的组织与运动员捆绑在一起，其利益和目标的统一与协调有待商榷。另有研究运用动态博弈模型分析了运动员流动过程中流动各方的行为偏好，并利用合作博弈模型研究了流动各方的利益分配问题[4]。这里的动态博弈并不是演化博弈，它只是现所属组织、流动目的组织以及运动员三者之间一连串的博弈行为，并表现出一定的秩序性，其本质仍为两两之间的经典博弈。当然，除了这些领域以外，在诸如农村体育、体育赛事、兴奋剂等领域均有涉猎，由于与研究主题相关性不大，所以此处不再一一赘述。

博弈论在职业足球转会制度研究领域中的运用较少。具有代表性的是，丛湖平教授等在分析现行转会制度问题的基础上，运用博弈论思想提出了调整转

---

[1] 青木昌彦.比较制度分析[M].周黎安,译.上海：上海远东出版社,2006：5.
[2] 李宁.会计准则制度变迁问题研究[M].北京：经济科学出版社,2011：40.
[3] 陈静,姚家新,戴群,等.基于混合策略博弈的我国优秀运动员流动影响因素分析[J].武汉体育学院学报,2012,46（7）：67-70.
[4] 陈静.基于机制优化设计的我国优秀运动员流动问题研究[D].天津：天津大学,2012：73-78.

会制度的思路[1]。通过制订转会制度的博弈主体结构、调整转会过程中利益主体的博弈方式及劳资纠纷诉讼机制，为我国职业足球转会制度改革提供了有益借鉴和指导。然而这种博弈思想并没有脱离经典博弈理论范畴的束缚，将中国足协与俱乐部之间的博弈视为权力结构与信息不对称的动态博弈，把俱乐部与运动员之间的博弈视为一种合作博弈。固定时期这些博弈研究利益主体间的博弈尚可，若研究整个变迁过程尚不具备相应的条件。此外，也有研究报道，俱乐部与球员是转会制度的需求方，他们之间的博弈决定了制度的设置与变迁[2]。如果不借助外力作用，他们之间很难达成竞争与合作的关系。也就是说，俱乐部与球员之间的非合作博弈会产生巨大的交易成本。球员与俱乐部作为制度的需求方毫无疑问，但是只有俱乐部与球员间的博弈并不能引发转会制度的变迁。中国足协作为制度供给方，势必参与制度变迁的博弈过程，并且将处于强势地位。

二、国外研究综述

（一）以经济学为视角的转会问题研究

转会制度于1885年被引入英国早期职业足球劳务市场。职业球员转会是足球劳动力在市场中的合理配置问题，因而罗登博格对棒球运动员劳务市场的研究，叩开了以经济视角研究转会问题的大门。

1. 以转会费为核心的转会问题研究

1993年，卡尔迈克借用英超联赛1990—1991赛季的转会数据，应用二人讨价还价理论分析了转会费的决定因素。研究表明，在买方和卖方讨价还价力量不对称的情形下，公平对待买方和卖方是不现实的。卖方讨价还价力量主要由球员能力、群体带动力以及俱乐部分区状态所决定[3]。对于买方而言，上座率

---

[1] 丛湖平，石武. 我国职业足球运动员转会制度研究[J]. 体育科学，2009，29（5）：32-39.

[2] 杨天翼. 新制度经济学视野下的欧洲职业足球转会制度演进分析[J]. 东岳论丛，2010，31（3）：134-136.

[3] Carmichael F, Thomas D. Bargaining in the Transfer Market: Theory and Evidence [J]. Applied Economics, 1993, 25: 1467-1476.

及俱乐部比赛成功，从短期和长期来看都会对转会费产生积极效果，这与买方讨价还价能力呈负相关。博斯曼案件后，卡尔迈克又用一个享乐方程式分析了球员转会市场中价格结构的决定因素，并运用赫曼克的两步程序考察了球员的选择性偏见[1]。转会市场中球员的参与并不是随机的，有些球员更可能转会至其他俱乐部。经验丰富的球员能够进更多的球，他们转会的可能性（概率）是最大的。在转会费的计算公式中，系数λ的含义是，要求高额转会费的球员，他们更可能被转会。

与卡尔迈克相比，埃伯哈德更倾向于研究转会费对转会制度乃至整个足球职业联赛的影响。他认为，欧洲足球三种不同转会费规则，即前博斯曼制度、博斯曼制度以及蒙蒂制度，对合同期限、工资、利润、教育激励等产生了不同影响，不同制度下的转会费也有差异，原俱乐部必须接受不同转会制度下转会费的差异，这依赖于球员是否持有有效合同[2]。如果使原俱乐部和球员预期盈余最大化的合同在每项制度下都是切实可行的，那么不同制度下的合同期限也不同。只要球员预期重新谈判的收益能够从各式各样的合同期限中获得，那么所有转会费制度都将导致相同的投资动机和收益。因为前博斯曼制度导致投资弱化和努力削减，有许多理由将其变迁至博斯曼制度，所以前博斯曼制度是不可行的。2003年，埃伯哈德认为，新转会制度减少了球员的总收益，新俱乐部重新谈判的收益有所增加，并且培训可生产通用技能，导致俱乐部对年轻天才球员的投资动机减弱，因为新俱乐部可从原来的投资中获得更多收益[3]。

2. 以"博斯曼法案"影响效应为核心的转会问题研究

桑德森等人认为，博斯曼判决将使球员工资上涨，球员间薪酬分配更不平等，小型俱乐部转会收入减少，但对球迷现场观看比赛的价格及竞争平衡和比赛结果的不确定性没有重大影响[4]。然而，安东尼奥尼等人提出，博斯曼法案

---

[1] Carmichael F, Forrest D, Simmons R. The labour market in Association Football: Who gets transferred and for how much? [J]. Bulletin of Economics Research, 1999, 51: 125-151.

[2] Feess Eberhard, Muhlheusser. Economic Consequences of Transfer Fee Regulations in European Football [J]. European Journal of Law and Economics, 2002, 13（3）: 221-237.

[3] Feess E, Muehlheusser G. The impact of transfer fees on professional sports: An analysis of the new transfer system for European football [J]. Scand.J.of Economics, 2003, 105（1）: 139-154.

[4] Sanderson, Allen, John Siegfried. The inplications of athlete freedom to contract: Lesson from North America [J]. Economic Affairs, 1997, 17（3）: 7-12.

对球员薪酬、人力资本投资等影响较小，它只影响了少数潜在的转会球员，并没影响小俱乐部的财务状况及其培养年轻球员的积极性[1]。这些观点似乎与桑德森等人存在分歧。博斯曼法案后，解约球员可自由转会，接收俱乐部无须支付转会费。这种情况下，顶尖球员势必流向豪门俱乐部。在市场竞争中，优秀球员的薪酬势必因俱乐部间的资源争夺而疯狂攀升。博斯曼后财富实力雄厚的俱乐部可从全球购买优秀球员，这将使欧洲俱乐部足球的竞争强度逐渐削弱，欧冠联赛将是大俱乐部间的密封式联赛[2]。并且，市场风险在俱乐部和球员间进行了重新分配，合同球员受到了转会制度的庇护。如果足球市场风险是生产力变化的来源，那么市场失灵则是欧洲机构自由流动理念所造成的，进而使足球行业为劳动力（球员）支付更高的薪水。

此外，博斯曼判决的另一效果是欧盟球员可在欧盟成员国范围内自由转会，这对整个欧洲职业足球联赛竞争平衡产生了重要影响[3]。由于取消了职业球队招募外籍球员数量的限制，消除了合同到期球员的强制性转会费，因此，博斯曼判决显著增加了欧洲足球劳动力（球员）的流动频率。无论博斯曼法案对竞争平衡产生积极影响还是消极影响，引进外籍球员都是一种经验式做法，都与足球劳动力市场的自由化密切相关[4]。

（二）转会制度与法律适用性问题研究

1. 转会纠纷的仲裁问题

早期学者们主要关注最终纠纷是如何得以解决的，即相关机构如何仲裁。斯佩特等人分析了传统仲裁模式下仲裁员是如何做出判决的，并随后探讨了协商与仲裁协议的差异。可以假定，如果双方俱乐部具有相当的仲裁成本，那么普通的协商解决与期望仲裁的公平解决并没有差异。但是，如果涉事双方均为

---

[1] Antonioni, Peter, Cubbin, et al. The Bosman ruling and the emergence of a single market in soccer talent [J]. European Journal of Law and Economics, 2000 (9): 157–173.

[2] Cengiz KağanSAHİN.Crisis football market after the "Bosman": Are competition exemptions admissible for football? [J]. Ankara Bar Review, 2012 (1): 63–88.

[3] Padma Rao Sahib. Status, peer influence, and racio-ethnic diversity in times of institutional change: An examination from European labour law [J]. J Bus Ethics, 2015, 126 (2): 205–218.

[4] Ramon Flores, David Forrest, J.D.Tena.Impact on competitive balance from allwing foreign players in a sports league: Evidence from European soccer [J]. KYKLOS, 2010, 63 (4): 546–557.

风险规避，那么相对期望仲裁员的"公平解决"信念，谈判解决将对更多风险规避的俱乐部产生偏见[1]。传统的仲裁系统从争议双方的措辞中得到的有用信息较少。仲裁员折中（妥协）的思想是根深蒂固的，并且由于信息不对称，传统仲裁程序的应用易受操控或混淆模糊。

2.转会规则的法律审查

欧足联出台"本土球员规则"及国际足联出台"6+5规则"后，立即引来了欧盟《反歧视法》《自由流动法》《竞争法》《劳工法》等法律的审查。布里格斯认为，如果本土球员规则受到质疑，欧盟法院可能会在反歧视法与自由流动法中发现本土规则无效。但商业性足球赛事并非单纯的经济活动，它存在特殊性[2]。正如斯罗尔尼所指出的那样，俱乐部并非纯粹意义上的企业，也存在特殊性。因为企业可单独生产供应产品，但俱乐部不能单独提供竞赛产品。布里格斯认为，将一种法律标准应用于像足球一样特殊的、具有地方特色的活动是不必要的。如果强加于此，可能会扭曲足球运动的本质。然而，克里斯蒂娜认为，本土球员规则对未成年球员产生了许多负面影响，欧盟、欧足联等机构应该废除本土球员规则保护未成年球员，削弱俱乐部为完成本土球员配额而引进年轻外籍球员的动机[3]。据报道，"本土球员规则"与"6+5规则"似乎是欧足联与国际足联在监管足球权力上的"地盘争夺战"，这是在球员和球迷利益下实现的国际自由转会和保护主义措施[4]。另外，加德纳等人在《欧盟条约》第45条中，审查了球员配额放归的两种建议的合法性。对球员配额的透视不可避免地受到国际劳动力流动的影响[5]。足球是一项全球化运动，我们希望看到球员能够为世界上的任何俱乐部效力，这是出于保护年轻球员免遭剥削

---

[1] Alan Speight, Dennis Thomas. Arbitrator decision-making in the transfer market: an empirical analysis [J]. Scottish Journal of Political Economy, 1997, 44 (2): 198-215.

[2] Lindsey Valaine Briggs. UEFA V the European Community: Attempts of the governing body of European soccer to circumvent EU freedom of movement and antidiscrimination labor law [J]. Chicago Journal of International Law, 2005, 6 (1): 439-454.

[3] Christina Lembo.FIFA transfer regulations and UEFA player eligibility rules: Major changes in European football and the negative effect on minors [J]. Emory International Law Review, 2011, 25 (1): 539-585.

[4] Simon Gardiner, Roger Welch. Nationlity and protectionism in football: Why are FIFA's "6+5 rule" and UEFA's "home-grown player rule" on the agenda? [J]. Soccer & Society, 2011, 12 (6): 774-787.

[5] Simon Gardiner, Roger Welch. Bosman—there and back again: The legitimacy of playing quotas under European union sports policy [J]. European Law Journal, 2011, 17 (6): 828-849.

的需要，这类侵权行为更多是移民制度的产物，应通过保持俱乐部间的竞争平衡及转会费和收入再分配帮助俱乐部建立和维持有效的本土人才培养。最近，欧足联为加强转会市场调控，特出台了金融公平竞争规则（Financial Fair Play Regulations），然而，该规则通过制造国家市场间的分歧来影响竞争，降低球员工资，减少转会数量及其货币价值，禁止小俱乐部与大俱乐部竞争，使其产生限制竞争（反竞争）的效果。

三、研究不足及拓展空间

（一）研究不足

从经济学与法学视角研究职业足球转会制度是国内外关注的焦点，但焦点研究下的发散研究却呈现较大差异。在法学方面，转会规则的法律审查及转会纠纷的法律阐释等已有明显的国际接轨趋势。但不同国家或区域法律存在一定的差异，审查中也有不兼容现象。在经济学方面，国外偏重于解决微观问题，如利用经济学模型研究转会费由哪些因素决定等。国内也有类似研究，但更多偏向于转会制度现状与对策研究。并且，运用交易成本、产权、制度变迁等理论对球员产权归属、转会费定价，以及转会制度变迁的原因、动力、方式、阶段划分等方面进行了有益尝试，得出许多可借鉴的研究成果，为我国职业足球联赛健康发展做出了重要贡献。但仍存在以下不足：第一，研究内容较为零散，缺乏系统性、整体性研究；微观研究较多，宏观与微观相结合研究较少。第二，制度变迁的深层动力挖掘不够或挖掘方法、手段缺乏合理性与科学性；制度变迁方式的探讨不足，且阶段划分不尽合理，简单按照转会制度修改的时间节点划分不利于内在规律的探寻。第三，经典博弈论已较为成熟并广泛运用，但它只是博弈双方一次性的静态博弈，且以博弈方"完全理性"为假设，并不能为转会制度变迁规律的挖掘提供拟合现实的博弈场景。第四，新古典经济学排除了对人的行为复杂性的研究，是一种简化论的研究范式，不能很好地与现实复杂世界相契合。

（二）拓展空间

新古典经济学奉行简化论的思想，强调以"理性、均衡"为前提，以制度变迁是被动变迁为假定。这种范式排除了对人的行为复杂性的研究。因而，建立在新古典经济学基础上的制度变迁理论，将难以面对转会市场监管过程的复杂性，更难以面对转会制度的自发性及环境的适应能力，因而，对转会制度变迁实践的解释并不完善。演化经济学[1]强调变迁过程的无止境性，主张把新古典经济学的物理均衡模式用历史观念的演进模式替代，为制度研究提供了一种全新的视角。演化经济学认为，经济是一个复杂系统，系统内部要素间具有非线性特征，这种关系是不可预测的。它对新古典经济学最大的挑战可能在于，以动态演化视角观察社会，以动态观点窥探经济发展动力，并强调制度演化的非平衡性、非线性及非稳态机制，认为制度变迁是持续演化过程中逐渐转变的结果[2]。分析制度演化过程中各种因素协同交互作用，有助于把握制度变迁的本质和内生动力，明确制度变迁过程的真实原因。因而，本文以演化经济学为视角，以转会制度概念界定和相关概念辨析为逻辑起点，深入研究我国职业足球转会制度变迁的自组织本质、机制及演化动力、趋势，通过借鉴英格兰发展经验，并结合我国现存问题，提出演化框架下我国职业足球转会制度改革的目标、基本原则及具体路径。解决这个问题既是一个巨大的挑战，也是研究的价值所在。

第三节　研究目的、任务与方法

一、研究目的

本研究的目的是以演化经济学的新视角研究我国职业足球转会制度变迁的自组织本质、机制及演化动力、趋势，在中国足球全面改革背景下，通过借鉴英格兰发展经验，并结合我国现存的主要问题，提出演化框架下我国职业足球转会制度改革的目标、基本原则与具体路径，旨在提高我国职业足球转会市场的资源配置效率，为我国职业足球联赛健康、持续发展提供制度保障。

---

[1] 库尔特·多普菲. 演化经济学：纲领与范围 [M]. 贾根良，刘辉峰，等，译. 北京：高等教育出版社，2004：43.

[2] 杰弗里·M·霍奇逊. 演化与制度 [M]. 任荣华，张林，等，译. 北京：中国人民大学出版社，2007：15.

二、研究任务

①重新厘定转会制度的概念，辨析运动员流动与运动员转会；制度创新、制度变迁与制度演化的内在联系与区别。

②对我国职业足球转会制度变迁过程进行阶段划分与原因探析；简要介绍演化经济学理论，论证我国职业足球转会制度变迁是否具备运用演化经济学研究的要素条件，即核心要素融入的可行性。

③运用自组织理论，从宏观视角诠释我国职业足球转会制度变迁的自组织本质、自组织特点及自组织演化机制。

④建立演化博弈的复制动态模型，从微观视角解释我国职业足球转会制度变迁的演化动力、趋势。

⑤厘清英格兰足球组织机构及各组织间的关系，并对其职业足球转会制度变迁过程进行阶段划分与原因探析，得出对我国转会制度改革的启示。

⑥分析我国转会制度改革的历史机遇和主要问题，提出我国职业足球转会制度改革的目标、基本原则和具体路径。

三、研究方法

（一）文献资料法

通常情况下，文献资料法有两种处理方式：一种是以大量的文献资料本身为依据或线索，通过整合已有材料获得预期的研究结论。另一种是以文献表达的结论或观点为论据，通过推理、归纳与演绎等思维方法达到预期的研究目的。

本研究通过查阅与"我国职业足球运动员转会制度变迁"相关的文献，借鉴前人的研究成果作为归纳、演绎推理的基础。文献资料来源：第一，著作类。通过国家图书馆、首都体育学院及福建师范大学图书馆的文献检索和网络检索等方式，查阅了体育学、经济学、社会学、法学及管理学等包括中文、外文学术专著和教材110余部。第二，论文类。包括《体育科学》《中国体育科技》等体育学科和《中国社会科学》《经济研究》等其他学科期刊文献及硕士、博士学位论文170多篇。第三，其他类。包括《人民日报》《中国体育报》

等报纸；国务院、国家体育总局、国际足联、中国足协、英足总等发布的政策文件，各足球俱乐部官网、职业联盟官网等报道的新闻或评论。

（二）专家访谈法

根据研究目的与任务，设计了足协及足球俱乐部访谈提纲。采用半标准化访谈的方式，对中国足协、部分地方足协、部分中超俱乐部的有关领导、管理人员等12人进行了访谈调研（表1），形式为面访，收集了第一手资料，为理论探索提供了大量的事实资料。同时，在研究框架制订、研究思路梳理、概念界定、理论基础及研究过程中，咨询了首都体育学院钟秉枢教授，上海体育学院张林教授、龚波教授，福建师范大学方千华教授、陈俊钦教授、吴燕丹教授、林向阳教授，中国人民大学聂辉华教授，天津大学赵国杰教授等学界专家，对研究框架、思路设计反复论证，获得了诸多建设性意见或建议。

表1　足协及足球俱乐部领导、管理人员访谈一览表

序号	姓名	职务	单位	时间	地点
1	马　*	注册办主任	中国足协	2016.04.01	北京东城区东玖大厦A座804室
2	卢*娴	竞赛部主任	广东足协	2016.04.13	广东竹料训练基地办公楼3层会议室
3	李*翔	青少部副部长	山东足协	2016.05.04	山东足协办公楼417室
4	文*伟	青少部部长	北京足协	2016.05.09	北京足协办公楼301室
5	任*阳	竞训科长	辽宁足协	2016.05.27	辽宁省足管中心办公楼204室
6	冯*明	原青少部主任	中国足协	2016.05.12	首都体育学院教学楼8层会议室
7	陈*杰	助理教练	河南建业	2016.03.15	河南郑州金帝咖啡馆2层大厅
8	杨　*	竞赛部主管	广州富力	2016.04.11	广州市富力中心45层会客室
9	黎*义	竞赛部经理	广州恒大	2016.04.13	广州市恒大中心27层会议室
10	纪*华	原竞赛部经理	山东鲁能	2016.05.04	济南市山大路如家快捷酒店235室
11	吴　*	原竞训部经理	北京国安	2016.05.09	北京先农坛体育场足协办公楼308室
12	李　*	竞训部经理	辽宁宏运	2016.05.27	沈阳奥体中心俱乐部1层接待室

（三）案例研究法

从研究范式看，案例研究属于实证研究范畴。在我国职业足球转会制度变迁过程中，贯穿着许多鲜活的实践案例，通过描述案例的具体人物、时间、地点及发展过程与结果，分析事件表象背后的深层矛盾和利益关系，从而佐证论文提出的相关观点。本书在研究我国职业足球转会制度变迁的自组织本质、机理和演化动力、趋势过程中，穿插了国内转会市场中诸多俱乐部、球员及足协等利益群体的鲜活案件，如"八一"俱乐部改制、大连万达高薪引援；转会截杀、抢摘事件；冯某某、周某某转会事件，等等，为我国职业足球转会制度变迁的理论研究提供了有力支撑。

（四）历史方法

按照历史演变过程进行因果关系的解释是历史方法的本质，其研究不只表现在对历史史实的研究上，也表现在对现状与未来的研究上[1]。历史是逻辑发展的依据，而逻辑则是被理解了的历史，思想进程的进一步发展不过是历史过程在理论上前后一贯的、抽象的、形式上的反映[2]。这里的思想进程事实上就是对事物发生、发展和内在矛盾运动的因果机制的逻辑解释。我国职业足球转会制度发展了20多年、英格兰职业足球转会制度发展了近120年，此即为一个历史演变过程。本研究以我国职业足球转会制度发展演变过程为主线，以历史事实为依据，深入分析我国职业足球转会制度变迁的自组织本质、机理及演化动力、趋势，为我国职业足球转会制度改革提供理论指导。

（五）逻辑法

逻辑法，即理论的思维方法。本研究注重厘清各部分之间的逻辑关系，运

---

[1] 贾根良. 演化经济学导论［M］. 北京：中国人民大学出版社，2015：36-37.
[2] 马克思，恩格斯. 马克思恩格斯选集（第2卷）［M］. 中共中央编译局，译. 北京：人民出版社，1995：43.

用分析与综合、归纳等方法梳理了国内外转会制度研究现状、重新界定转会制度的概念、探究了演化经济学理论适用性等，运用归纳与演绎推理全方位揭示我国职业足球转会制度变迁的自组织本质、机理及演化动力、趋势和路径，提出演化框架下我国职业足球转会制度改革的目标、基本原则和具体路径。

（六）比较法

认识事物最好从区分事物开始，而要区分就需要做比较。第一，本研究横向比较了国内外职业足球转会制度研究现状；第二，定性比较了相关概念内涵、自组织理论中的6种不同理论及新古典经济学与演化经济学前提假设等；第三，应用Microsoft Excel 2003对相关数据进行整理与统计，定量比较了球员平均年薪、增长比率、转会费、注册人数、转会人数、趋向等。

第四节 研究思路、框架结构与主要内容

一、研究思路与框架结构

为了充分探究我国职业足球转会制度变迁的内在规律，更好地拟合我国现实状况，提出更为科学合理的转会制度改革思路，本书遵循的基本思路如下，首先，从概念入手，明确核心概念及相关概念的联系与区别，并论证我国职业足球转会制度变迁具有适用于演化经济学研究的要素条件。其次，以自组织和演化博弈为工具，由宏观递进至微观，阐述我国职业足球转会制度变迁的自组织本质、机理及演化动力、趋势。最后，通过借鉴英格兰发展经验，并结合我国现实问题，提出演化框架下我国职业足球转会制度改革的目标、基本原则和具体路径。本研究的具体框架结构如图1所示。

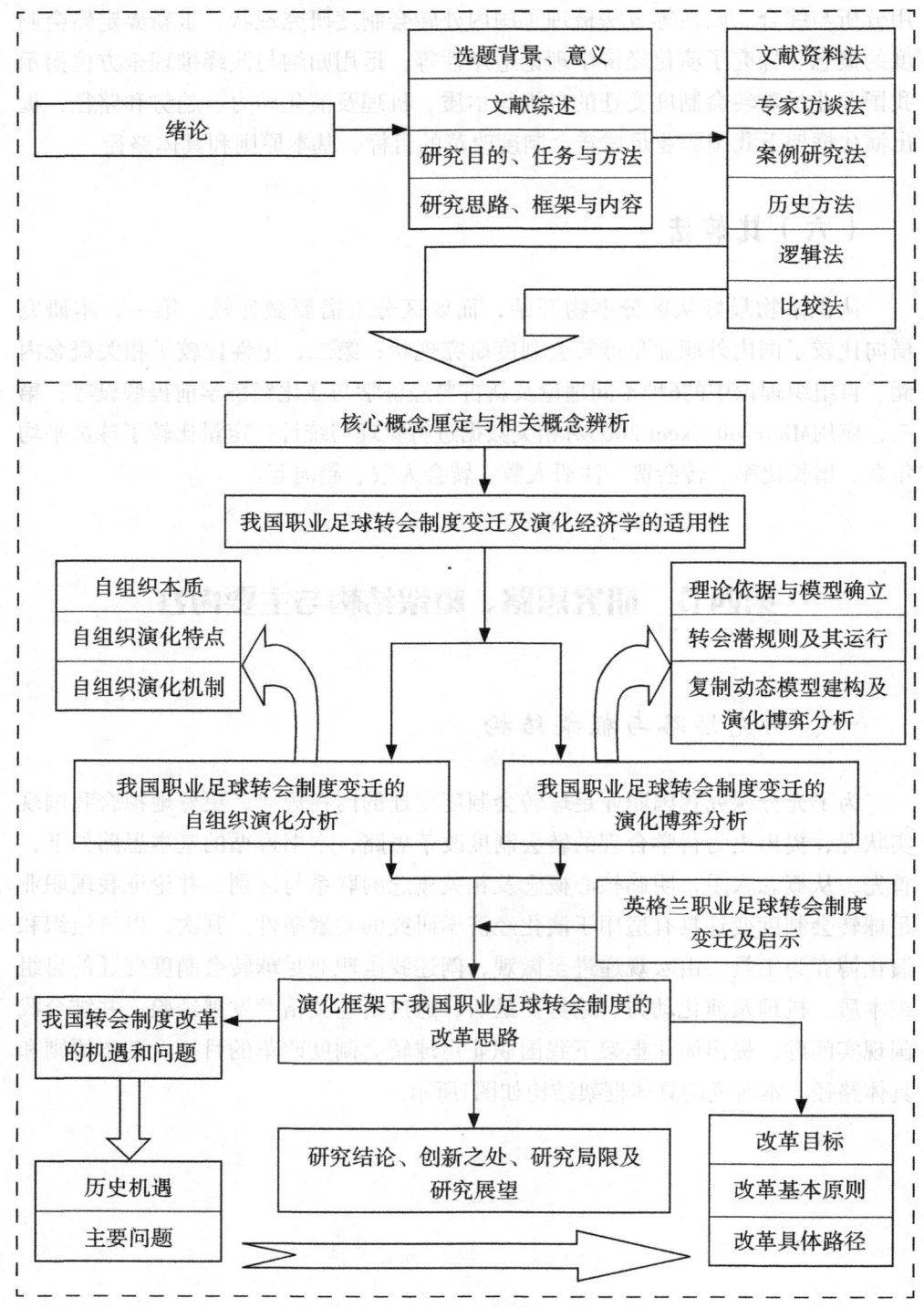

图1 本研究的框架结构图

二、研究主要内容

本研究的整篇布局是绪论+六章+结论与展望，具体如下：

绪　论：分析了选题背景、选题理论意义、实践价值及国内外研究学术史梳理及述评，提出研究存在的不足与拓展空间；阐述了研究目的、任务与方法及研究基本思路、框架结构和主要内容。

第一章：核心概念界定与相关概念辨析。该章对转会的内涵、转会制度的概念及其属性、转会制度变迁及其类型归属进行了界定；对运动员转会与运动员流动及制度变迁、制度演化与制度创新进行了辨析。

第二章：演化经济学与我国职业足球转会制度变迁。该章分析了演化经济学的核心范畴、基本假设、主要理论及我国职业足球转会制度的变迁过程，在此基础上，探讨了演化经济学的适用性、独特优势及演化分析框架。

第三章：我国职业足球转会制度变迁的自组织演化分析。该章运用自组织理论，以3次变迁实践为依据，从宏观视角阐述了我国职业足球转会制度变迁的自组织本质及自组织演化机制。

第四章：我国职业足球转会制度变迁的演化博弈分析。该章论述了运用演化博弈的理论依据。论证了潜规则与转会制度的关系及转会潜规则的运行机理，在此基础上，构建了复制动态模型，并以3次变迁实践为依据，从微观视角阐释了我国职业足球转会制度变迁的演化动力、趋势。

第五章：英格兰职业足球转会制度变迁及启示。该章厘清了英足总、职业足球联盟及球员工会的职能以及它们之间的关系，并对其职业足球转会制度变迁过程进行了阶段划分与原因探析，得出了对我国转会制度改革的启示。

第六章：演化框架下我国职业足球转会制度的改革思路。该章首先论述了我国职业足球转会制度改革的历史机遇和主要问题，结合国外发展经验，系统论证了我国职业足球转会制度改革的总体目标、具体目标体现，以目标为引领，提出了我国转会制度改革的基本原则和具体路径。

结论与展望：总结全文，归纳研究结论、创新之处，提出研究局限及未来努力的方向。

第一章　核心概念界定与相关概念辨析

概念是思维逻辑的起点，也是进行研究的逻辑基础。明确核心概念的内涵本质及相关概念的区别与联系，对研究的进一步深入至关重要。研究我国职业足球转会制度变迁问题，理应首先明确转会、转会制度及转会制度变迁的概念，并厘清运动员转会与运动员流动、制度变迁与制度演化、制度创新的联系与区别，从而为后续研究做好基础铺垫。

第一节　核心概念界定

一、转会的缘起及内涵阐释

（一）转会的缘起及中国转会实践的发端

受西方资本主义商品经济的催化，英格兰出现了最早的运动员"转会"实践，那时运动员从一个俱乐部转至另一个俱乐部的具体机制在体育实践中是以习惯的形式开始的[1]。19世纪80年代末，为了使俱乐部常年有比赛及俱乐部和球员都有稳定收入，苏格兰商人威廉·麦克格雷戈和阿斯顿维拉俱乐部官员联手发起并组织成立了英格兰足球联盟[2]。在这之前，并没有形成一套符合职业足球发展规律的流动（转会）规则，由于球员自发流动缺乏相应的制度约束，导致俱乐部与球员间的矛盾与纠纷频现。迫于巨大压力，英格兰足总承认了职

---

[1] Sanderson, Allen, John Siegfried. The inplications of athlete freedom to contract: Lesson from North America [J]. Economic Affairs, 1997, 17 (3): 7–12.

[2] Feess E, Muehlheusser G. The Impact of the Transfer Fee System on Wages, Investment Incentives and Profits in Professional Football: Analyzing the European Commission's New Suggestion [D]. University of Bonn, 2000: 26.

业球员的合法地位,并制订了一些条款限制职业球员行为。这些条款为正式转会规则的诞生奠定了基础。足球联盟成立后,世界第一套球员转会制度——"保留和转会制度"便诞生了[1]。至此,球员才能在俱乐部之间开始真正意义上的转会。随着资本主义市场经济的不断发展,转会制度也在不断修改完善。经过100多年的发展,英格兰乃至欧洲职业足球转会市场已相当成熟,但成熟并不代表完美,它仍要随着时间推移及职业足球市场的发展而不断演化与推进。换言之,转会制度的演化是无止境的,制度均衡并非常态,制度非均衡才是常态。

实际上,中国足球职业化(1994年)以前就已有大量运动员在专业队之间流动,只不过那时的流动实践是在无规则、无约束的情况下进行的,球员流动不合法是那时中国特有的现象。改革开放后,中国球迷通过各种新闻媒介了解了英格兰、德国、巴西等国著名球星在大牌俱乐部间的流动,天价转会费更是吸引了国人的眼球。然而,在计划经济体制下,球员的命运却与户籍、地域紧密联系在一起,这种传统、守旧、封闭的,以行政区域为唯一划界标准的球队构成形态,导致球员运动生涯的"从一而终"成为一种潜在规定[2]。20世纪80年代前,人们似乎对这种观念和行为并没有产生怀疑和挑战。但随着改革开放不断深化,改革之风吹向了中国足球,部分球员已经开始尝试着"跳槽"。这种"跳槽"实际上就是球员流动,但当时并未将"跳槽"与"转会"联系起来,而是在传统价值观和道德谴责下带着惶恐与愧疚而走向的"私奔之路"[2]。

新事物的出现,必然伴随与旧事物的斗争和冲突而产生剧烈阵痛,这是不可避免的。由于"跳槽"行为具有隐匿性,是俱乐部与球员私下协调的结果。因而,单纯追究谁最先完成流动行为已经变得不太现实。但从影响力来看,原籍是上海的球员黄某某"跳槽"可谓轰动中国足坛。他曾效力于南京部队足球队,梦想成为国脚,但因该队的降级,致使他的国脚梦破碎,并决意告别球队。这样,他成了中国传统保守与禁锢思想的牺牲品,昔日绿茵场上的优秀球员因"跳槽"而在内疚中悄无声息。此时的球员"跳槽",大多表现为一般的人事关系纠纷,无论是球员还是运动队,都未曾想到这与"转会"有什么相通之处。这些事件却打破了中国足坛传统的思维定式,充当了足球改革的先锋。最具有"转会"征兆的事件发生于20世纪80年代末,当时中国足坛的一流教头李某某,在执教辽宁队期间,力邀山东退役球员李强加盟辽宁队,这在当时看

---

[1] Carmichael F, Thomas D.Bargaining in the transfer market: theory and evidence [J]. Applied Economics, 1993, 25: 1467-1476.

[2] 泉婴.中国足球呼唤人才流动[J].体育世界,1994(2): 20-22.

来并非明智之举。面对山东队上诉及中国足协的质疑,他说:"辽宁队并不是非要他不可,但他来了就可以形成一种连锁效应,我就是想通过这件事看看足球界对人才流动有什么反响。中国足球的前途在于职业化,职业化不能不搞人才流动"[1]。此事件爆发后,中国足球运动员可谓是加速"流动",贵州队黎某、吉林队姜某等纷纷改换门庭[2],但因没有可供使用的"流动"规则,致使球员们不能主导自身命运,要改换门庭就不得不想尽各种办法冲破球队(地方体委)的牢笼,致使球员与球队的纠纷显著增加,中国足协成了灭火的"消防员",到处扑火灭火,但手里还没有"灭火器"(转会制度)。鉴于此,纠纷频现致使不同利益主体的制度需求十分迫切。

(二)转会的内涵

国内外学术界非常热衷于转会相关研究,但似乎并不热衷于"转会"一词的考究。然而,概念是研究的逻辑起点,概念不清将导致研究失效。

从结构上看,转会属于动宾短语,"转"为动词,"会"为名词,充当了"转"的宾语。二者是支配与被支配的关系。也就是说,"转"在该短语中起支配性作用,而"会"则是动作行为所关涉的事物。"转会"一词是舶来品,是由"transfer"翻译过来的。英汉体育词典对"transfer"的翻译是"转移"[3],而足球词典则有两种解释:一是(运动员)转队;二是转会[4]。然而,英汉大辞典却对"transfer"有多种解释:一是转移、迁移;二是(法律)转让、让与;三是调动、使转职、使转会、使转学;四是摹绘、转印、转写;五是转变、改变、转换[5]。因而,"transfer"的解释并非只有"转会"一种,这也恰好拟合了伊戈尔、奥尔加等人的研究结论。他们认为,"transfer"一词具有多重含义,其本身并不常单独使用,通常由单词"transition"替代[6]。从这个角度来讲,"转会"注定具有多重定义,以不同视角观测就会得到不同解释。

---

[1] 佚名.李强抹去心中的遗憾[N].杭州日报,1994-03-03(3).
[2] 苏连雄.中国足球职业化人才流动要立法[N].浙江日报,1993-01-13(4).
[3] 张玉亭.英汉双向体育词典[M].上海:上海交通大学出版社,2006:519.
[4] 吴禄成.足球词典[M].北京:人民体育出版社,1994:113.
[5] 张柏然.新时代英汉大辞典[M].北京:商务印书馆,2007:2486-2487.
[6] Ponkin Igor V, Shevchenko Olga A, Ponkina Alena I. The impact of transfer system on professional sports: analysis organization of the new sport's transfer system [J]. Apunts, Education Fisica y Deportes, 2014, 118(4): 7-22.

《体育大辞典》对转会的解释：指运动员从一个足球俱乐部转入另一个足球俱乐部[1]。这种解释不仅强调了运动员主体的转移，而且是在俱乐部之间的转移。该定义虽然直观明了，但是并未挖掘出转会的深层含义。中国足球协会对转会的定义是在此基础上，明确指出了运动员是在两个或两个以上俱乐部流动。从学术角度看，国内最早的解释是，转会指足球运动员从一个俱乐部或专业性球队，转到另一个单位踢球[2]。突出特点是，强调转会不仅可在专业队之间进行，还可在俱乐部与专业队之间进行，但这混淆了职业与专业的本质属性。随着转会实践的不断发展，人们对于转会内涵的认识也发生了巨大变化。有两种主流认识：第一，法学界认为，转会是指一名球员由其目前所属的俱乐部转入另外一家俱乐部的法律行为。强调球员所有权的转移以及劳动关系的变更[3]。第二，经济学界认为，转会是指职业运动员从一个职业俱乐部流向另一个俱乐部的经济行为和结果[4]。它是一种根据生产消费需求对各类体育劳动力进行交换、流动的活动[5]。换言之，他们认为转会是一种俱乐部为了获取利益最大化而产生的经营行为。上述两种主流解释虽然视角不同，但都反映了转会的实质内涵。

鉴于此，无论是"transfer"的汉语解释，还是前人对转会概念的界定，都意味着对转会进行较为确切、统一的概念界定并不现实。因此，笔者认为，从学术的角度看，单纯界定转会的概念并没有太大的实际意义，只有结合不同的具体研究情景，对转会的概念进行解释才能发扬其学术价值。为此，本研究将转会概念的解释分为表层解释与深层解释（图2），表层解释仅仅将转会认定为一种球员效力地点变更，而深层解释又分为法律层面与经济层面，前者强调俱乐部与球员劳资关系及产权的变更；后者则强调球员所有权变更的一种投资经营活动。总之，无论是效力地点变更，还是劳资关系、所有权变更，都内隐着俱乐部与球员间行为关系的变化。

---

[1] 陈安槐, 陈荫生. 体育大辞典[M]. 上海: 上海辞书出版社, 2000: 342-343.
[2] 王立红, 尹波. 论足球运动员的转会[J]. 山东体育科技, 1995（4）: 92-94.
[3] 徐海燕, 杨颖辉. 运动员转会制度的法律思考[J]. 当代法学, 2002（11）: 102.
[4] Stefaan Van de Bogaert. Practical regulation of the mobility of sports in the EU post bosman [M]. The Hague: Kluwer Law International, 2005: 164.
[5] 姜仁屏, 刘菊昌. 体育法学[M]. 哈尔滨: 黑龙江人民出版社, 1994: 221.

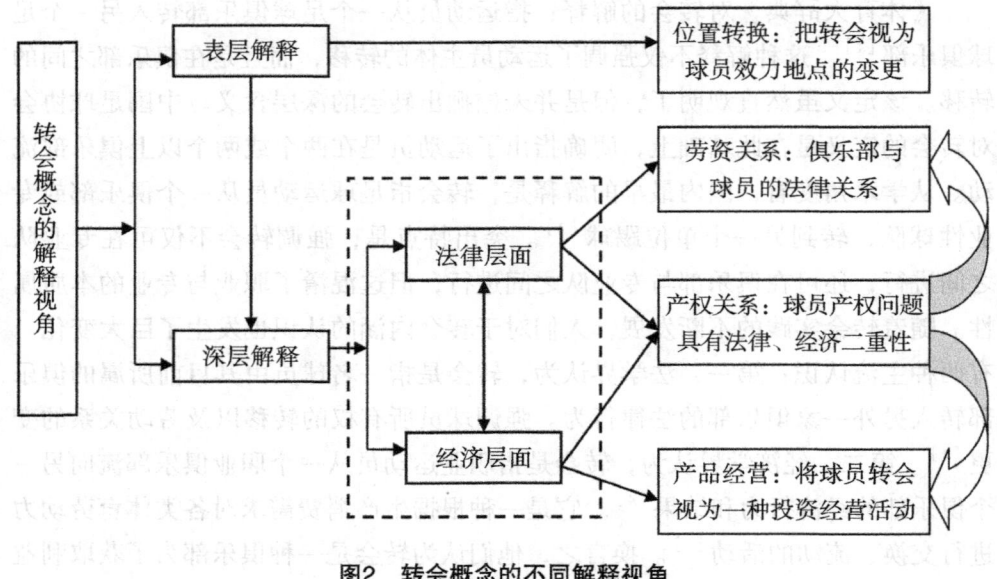

图2 转会概念的不同解释视角

二、制度的内涵

海德格尔曾言："语言是存在之家,聚生着事物的本质。"意思是说,语源也会透露某些词语的深层内涵。制度的英文表达有system与institution两种。然而,这两种表达的语源却不同,system是希腊语源,意思是将部分变成整体,后来引申为制度、组织与系统。institution则是拉丁文语源,其原意是设立、制定,经过历史洗礼与语言演化,后来才被引申为习惯与制度[1]。实际上,诺斯已从本质上区分了system与institution。system主要强调社会宏观意义上的制度,表征社会不同部分之间的互动而形成的一个体系。institution则是人们行动与互动过程中的各种规范和规则,从微观上建构了人们之间相互作用、相互影响的基本框架[2]。

古代汉语与现代汉语对"制度"词性的认识截然不同。古代汉语中的制度偏向于动词,强调通过人为的"制"实现一定的规模,属动宾结构。《汉书·文帝本纪》曾提到"帝自为庙,制度狭小",意思是汉文帝考虑到节俭,

---

[1] 何平立. 西方政治制度史[M]. 北京:中国政法大学出版社,2015:2-3.
[2] 道格拉斯·诺斯. 经济史中的结构与变迁[M]. 陈郁,等,译. 上海:上海三联书店,1994:225-229.

为自己立庙时，建造得很小。而现代汉语中的"制度"是名词，属并列结构，有两种解释：一是要求大家共同遵循的行动准则或办事规章；二是一定历史条件下形成的经济、政治、文化等方面的体系[1]。其他工具书对制度的注释大同小异，但是，制度的学术意义却丰富而深刻。

（一）经济学视野中的制度观

不同经济学家对制度的理解有一定的差异。凡勃伦认为，制度是个体或社会对某些关系或作用的一般思想习惯[2]。他将制度视为人们在本能心理基础上所产生的思想习惯，强调习俗、惯例对个体目标及行为塑造的重要作用。康芒斯认为，制度是指集体行动对个体行动的限制、解放和扩张[3]。集体行动会采取禁止或禁忌某种行为的方式，该做法可能使某个人成为自由的受益者，但其他人可能承受这种自由的风险。例如，企事业单位要承担职工辞职自由所带来的风险，反之，职工也要面临被单位解聘自由所带来的风险。这种集体行动的建立所强调的是权利与义务相对应的社会关系。从行为角度看，个体在集体行动的压制下，只能采取执行、禁止和忍耐策略。诺斯则认为，制度是一个社会的游戏规则，是为决定人们的相互关系而设定的系列约束，并由非正式约束和正式法规组成。对比system与institution的内涵，该定义从微观角度诠释了制度的本质，因而，诺斯更倾向于institution的解释[4]。此外，日本青木昌彦认为制度应包括博弈规则、博弈参与者及博弈均衡器，并把制度理解为博弈均衡器，是重复博弈的共同理念和自我维系系统[5]。这种均衡器就是一种标准，促使人们进行公平交易与互动。总之，无论何种学派，他们都将制度视为一种规则，用以约束人们的互动行为，降低人们交易的不确定性，使人们能根据规则实现个体利益最大化。

---

[1] 张涌，赵文山，宋辉跃.现代汉语辞海[M].北京：中国书籍出版社，2003：1381.
[2] 托斯丹·邦德·凡勃伦.有闲阶级论[M].蔡受百，译.北京：商务印书馆，1964：138.
[3] 康芒斯.制度经济学（珍藏版）[M].赵睿，译.北京：华夏出版社，2013：65.
[4] 道格拉斯·诺斯.制度、制度变迁与经济绩效[M].杭行，译.上海：上海三联书店，1994：3.
[5] 青木昌彦.比较制度分析：起因和一些初步的结论[J].曹莉，王信，译.经济社会体制比较，1997（1）：1-7.

（二）政治学视野中的制度观

早期制度主义主要关注制度的根源，探索具体制度的形式[1]，忽视了政治实际运行的过程，从而遭到行为主义的批判。随着理论研究不断深入，行为主义的主张逐渐受到新制度主义的批评，认为个体的真实偏好不可预见、个体利益无法聚合。彼得·霍尔和玛丽·泰勒将新制度主义划分为3个流派，即历史制度主义、理性选择制度主义及社会学制度主义[2]。历史制度主义认为，制度是嵌入政治、经济组织结构中的正式或非正式的规则、程序、惯例和规范，包括宪法规则、执法程序，主张制度本身就是一个行动主体，强调制度与个体行为之间的相互关系，并采用"算计途径"和"文化途径"描述个体行为与制度的互动。理性选择制度主义则主张个体行为完全是偏好最大化的工具，当个体为最大限度满足自身偏好而行动时，就很可能在集体层面上产生次优后果。然而，社会学制度主义认为，制度里面存在某种超越"理性"的东西，包括正式规则、程序、规范，它们是特定文化的一种实践形态。另外，克劳福德等人认为，制度是一种均衡、一种规范、一种规则，主张制度是理性的个体在相互理解偏好和选择行为基础上的一种结果，并表现出较为稳定的状态[3]。总之，政治学视野中的制度观更强调规范的意义。如同詹姆斯·马奇等人提出的恰似性逻辑，即指明角色与情境间的彼此关系及制度规定何种行为是恰当、合适的[4]。这与新古典经济学中的"理性人"、个体追求自身利益最大化的结果逻辑形成了鲜明的对照。

（三）法学视野中的制度观

《法学大辞典》对法律制度的解释是，调整约束某一类社会关系或者社会

---

[1] 斯科特.制度与组织——思想观念与物质利益[M].姚伟，王黎芳，译.北京：中国人民大学出版社，2010：11.

[2] 彼得·霍尔，玛丽·泰勒.政治科学与三个新制度主义[J].何俊智，译.经济社会体制比较，2003（5）：20–29.

[3] Crawford, Ostrom. A Grammar of Institutions [J]. Ameirican Political Science Review, 1995, 89（3）：582–599.

[4] 詹姆斯·马奇，约翰·奥尔森.重新发现制度：政治的组织基础[M].张伟，译.北京：生活·读书·新知三联书店，2011：160.

关系某一方面的法律规范的统称[1]。该解释强化了法律制度作为一种调整社会交往关系的法律规范，即法律制度就是一系列的法律规范。这与黄文艺研究法律制度的三种意义中的第一种极为相似。他提到，法律制度是调整特定社会关系的法律规范体系的泛称。从这个角度看，制度就是一系列的规范，倾向于规范意义。一般而言，法律制度是指一定范围内（国家、地区及社会形态等）所有法律的总称，具有一定的体系和结构。该定义承认了法律制度与法律等同，但似乎与形式逻辑相悖。后来黄文艺教授指出，法律制度虽然在一般意义上是所有法律的总称，但其内容仍然是法律规范[2]。然而，将法律制度视为一类社会制度的说法也是不准确的，因为，忽视了法律制度与其他制度关系的特殊性和复杂性。社会制度与社会共存亡、同发展。在原始社会（无阶级）中，社会制度代表着整个社会整体的利益，全体公民都接受和认可，制度单凭自身力量就能保证其顺利实施。但在阶级社会中，社会制度则代表统治阶级的利益，因而遭到统治阶级的反对和抗争，此时与统治阶级核心利益密切关联的社会制度须变成法律制度，以通过国家力量协助实施。因此，法律制度是统治阶级集体利益的集中体现，强调国家意志。在这种意义上，制度已经成为国家强制调整某些与国家整体利益紧密相关的社会关系行为的规范体系。总之，法学视野中的制度强调了两点：一是制度代表统治阶级的集体利益，这与其他制度具有难以逾越的鸿沟；二是强调制度的规范意义，而且这种规范必须通过国家力量予以实施。

（四）伦理学视野中的制度观

《伦理学大辞典》对制度的解释是从非个人关系角度表示一种人与人关系且具有规范意义的范畴，是人类道德生活中各种人伦关系的某些道德活动方式的稳定形式及规则规定[3]。该定义强调了制度在人与人间交往过程中的道德约束功能，但这并不能充分展现制度伦理的内在规定性。杨清荣认为，制度伦理包括制度的伦理和伦理的制度两方面。它们都是用制度整合人们的思想观念与行为，以提高社会大众的道德水平为己任[4]。然而，这容易造成人们对制度伦理认识的误区。首先，制度的伦理化是个较为模糊、模棱两可的概念。对此，

---

[1] 曾庆敏.法学大辞典[M].上海：上海辞书出版社，1998：995-996.
[2] 黄文艺.论法律制度的三种意义[J].政治与法律，1992（5）：12-16.
[3] 朱贻庭.伦理学大辞典[M].上海：上海辞书出版社，2002：270-271.
[4] 杨清荣.制度的伦理与伦理的制度——兼论我国当前道德建设的基本途径[J].马克思主义与现实，2002（4）：4.

有三种解释：其一，将原本处于制度之外的伦理纳入其中，使其符合某种伦理性；其二，主张实行一种"善"的制度，该制度是正义、合乎人性的；其三，强调严格的制度应具有"人情味"，权宜而变，不应刻板僵硬。其次，将制度伦理视为伦理的制度化也是一种混乱的认识。如果主张将人们的伦理道德规范通过立法方式向社会推行，使其具有权威性和实效性。那么，该主张就不应强调笼统含混的伦理的制度化，而应是一个"基本道德法规化"的问题[1]。综上，无论是制度的伦理化，还是伦理的制度化，它们对制度伦理的理解都是混乱的、在逻辑上行不通的。总之，关注对象不同，对制度理解也有很大区别。诸如，政治领域，人们往往侧重于制度本身的技术及实证属性，而伦理学则倾向于制度及其技术属性背后的价值属性。

（五）本文对制度的注释

尽管制度概念涉及多个学科，但总体上看，新制度经济学对制度的理解最为普遍，笔者也非常赞同制度是约束和规范人们行为的各种规则这一定义。然而，仅将其归结为约束人们行为的规则并不能很好地体现制度的本质，还需分析制度为何能够约束人们的行为。制度功能的实现是各种规则在人们交易中指导交易主体间利益分配和交易费用分摊的具有执行力的协调保障机制的体现。因而，制度协调人们交易的过程，也就是指导行为主体的利益分配和成本分摊的过程。制度本质上是一种利益分配规则和成本分摊机制，即制度的核心是利益分配和成本分摊。此外，任何制度的最终实现，必须以人为载体，如果不能为人们所实施，那么约束其行为也就无从谈起，所以激励是制度的最终作用结果和实现形式，尤其是资源配置型制度，不同的资源配置方式，对利益主体的激励作用也是不同的。

三、转会制度的概念界定

（一）转会制度的概念

已有学者做过转会制度概念的界定，虽有一定的价值，但并不能体现转会

---

[1] 高兆明. 社会失范论[M]. 南京：江苏人民出版社，2000：260-263.

制度的核心内涵。有研究报道，转会制度是管理者规范运动员在不同俱乐部之间流动的各种规则和约束[1]。运动员的转会行为需要约束，职业俱乐部的行为同样也需要规范，因而，只规范运动员行为的概念界定是不可取的。龚智敏认为[2]，转会制度包括三方面内容：运动员的转会资格问题、转会价格问题及转会形式问题。界定概念除了种差加邻近的属的方法外，直接对某个概念的内涵范畴做出说明也是一种界定方法。上述三方面显然不能包括转会制度的所有内涵，如合同问题等并未囊括在内。另外，还有学者将《中国足球协会球员身份与转会管理规定》默认为转会制度，虽然易于理解与表达，但可能对理论学术探究与转会实践发展产生不利影响。从词的结构来看，转会制度是一种并列结构的复合形式。根据新制度经济学，制度是一种约束人们行为的规则，但其本质是一种利益分配规则和成本分摊机制。那么关键是"人们的行为"在转会过程中到底涉及哪些主体的行为，解决了这个问题，转会制度的概念也就随之浮出。这里的"人们的行为"主要指俱乐部与运动员的行为。而前文已述，无论转会是效力地点变更，还是劳资关系、所有权变更，都内隐着一种俱乐部和球员的行为关系的变化。综上所述，在征求学界专家意见的基础上，本研究认为，转会制度是指约束职业俱乐部和球员的各种行为及其关系，指导转会交易的利益分配和成本分摊的规则集合。作为一种资源配置型制度，不同的资源配置方式对俱乐部和球员的激励也不同，进而影响他们对转会制度的执行态度及转会制度的实施效果。

（二）转会制度的属性

1. 经济后果属性

现实中，转会理论与实践尚未完善和达到逻辑一致的程度。运动员转会实践曾多次出现背离转会框架约束与规制的情况，因这种背离而产生的纠纷案例更是不胜枚举，其中较为典型的案例，如周某某转会事件、彭某某转会费纠纷以及申某拒绝报到事件等。实际上，转会制度的制订与实施经常受到不同利益集团的影响与干扰，许多从理论上能够产生的"真实而公允"的转会制度，往

---

[1] 杨天翼. 我国与欧洲足球职业联赛转会制度演进分析[D]. 北京：北京体育大学，2010：17.
[2] 龚智敏. 球员呼唤公平——对我国足球转会制度的透析与思考[J]. 体育与科学，2000，21（3）：37-39，62.

往由于不同利益集团的干扰而中途夭折或者形成妥协状态。转会过程看似只是一种简单的运动员的改换门庭，实质却是各利益集团经济前景的博弈，进而影响相关各方对社会资源的争夺及利益的分配，此时，转会制度不再是对一种纯粹的流动行为的约束手段，不同的转会制度对相关利益主体产生不同的规制宽度与力度，影响着职业俱乐部、运动员，甚至球迷等利益相关者的经济利益。

由于转会制度具有经济后果属性，单纯从理论上寻求最完美的转会制度并不现实。换言之，转会制度难以实现"帕累托最优"，即便能实现也是一种短暂的均衡状态，因而，实践中应着眼于寻找一种能达到"帕累托次优"的转会制度，这种"帕累托次优"实际上是帕累托改进，这种改进又称为卡尔多-希克斯改进（Kaldor Hicksim Provement），这是一种变化，在没有使任何人境况变坏的前提下，至少使一个人变得更好[1]。也就是说，通过帕累托改进使转会制度的经济后果尽可能公平、公正、合理。因而，转会制度的制订方不仅要熟悉职业体育相关理论，还要敏锐洞察转会市场在经济环境中的作用及转会制度对经济环境的影响。即使最完美、最理想的转会制度，也不一定代表了最公允的经济后果。事实上，由于强势利益集团的存在及不同利益主体的自利偏好与行为，实践中往往被采纳的也不是最具公允经济后果的经济行为。

2. 政治程序化属性

转会制度能够影响不同利益主体的经济利益，其制订或改革的过程必然引起不同利益集团的关注，尤其是那些可能担负因转会制度改革而产生不利经济后果的利益集团，必然想方设法对制度改革施加影响，迫使相关机构改变可能对其不利的转会制度。转会制度的制订与改革过程原本就是一种政治化程序，这种程序是经济后果的直接延伸。转会制度所具有的经济后果属性是出于对不同利益主体经济利益的协调，而政治化程序属性则强调转会制度的宏观效应，注意把控全局，尤其是职业联赛的发展。此时，转会制度往往被权力机构视为一种能实现既定目的的手段，通过干预转会制度制订与改革的过程与结果，强行将某项规则纳入转会制度并执行。例如，欧足联在欧洲推行的"本土球员规则"及国际足联推行的"6+5规则"，这两项制度的制订与实施似乎是欧足联与国际足联在足球监管权力上的"地盘争夺战"，而实际是在球员与球迷利益

---

[1] MBA智库百科. 帕累托改进 [EB/OL]. [2016-1-20]. http://wiki.mbalib.com/wiki.

基础上实现的保护主义措施[1]。欧足联试图通过"本土球员规则"来干预国际足联转会制度的改革，以实际行动迫使国际足联妥协，虽然未取得实质性进展，但欧足联、国际足联及欧盟委员会等权力机构正在协商与调解，最终结果也将由各权力机构综合博弈决定。这表明，转会制度的制订与改革，已与政治程序中达成一项协议没有什么本质性的差异。

国内转会制度受政治化影响也较为明显。中国足球协会重组与调整前，中国足球协会既是制度设计者，又是制度执行者，身份非常特殊，使其既在制度设计与制度安排上的垄断利益最大化，还想节约交易成本，使职业足球产出效益最大化[2]。中国足协的权力优势，使转会制度的改革受到了极为明显的政治化影响。另外，也有报道，转会制度的设计与制订权仍由中国足协掌控，这种政治干预已在制度变迁中暴露得淋漓尽致[3]。转会制度的改革更多的是为国家调控职业足球市场服务及满足宏观决策的需要。

3. 法治化倾向属性

转会市场是一个特殊的市场，与其他市场相比，既有共性也有差异。职业俱乐部与运动员是转会市场的主体。然而，职业俱乐部并非是完全意义上的企业，运动员作为商品进行交易，也不同于其他商品。因为俱乐部供应产品（比赛）需要依赖于其他俱乐部，而不像其他企业可独自向市场供应产品。运动员除了一般商品的特征外，还有自身的特殊性，其他商品产权都归所有者所有，但运动员产权归属并非如此简单。运动员产权包括所有权、处置权、占有权、支配权及使用权。在转会实践中，常常因产权不明而带来各种矛盾纠纷，而这些纠纷都需要按照一定程序予以解决。如果第三方协调未果，那么将最终走向诉诸仲裁的道路。解决纠纷的程序需要在转会制度中予以明确，这就在无意中使转会制度向法律程序靠拢。另外，转会制度的相应条款需要被《合同法》《劳动法》《劳动合同法》《反垄断法》等进行适用性审查，如果审查不能通过，某些条款必须做出相应改变，从而实现转会制度的法律化倾向。

加德纳等人认为，体育监管机构的传统自主权与外部法律干预之间关系紧

---

[1] Simon Gardiner, Roger Welch.Nationlity and protectionism in football:Why are FIFA's "6+5 rule" and UEFA's "home-grown player rule" on the agenda？[J].Soccer & Society, 2011, 12 (6): 774–787.

[2] 丛湖平, 石武.我国职业足球运动员转会制度研究[J].体育科学, 2009, 29 (5): 32–39.

[3] 雷震.中国足球职业球员转会制度的变迁与法治化[J].河北师范大学学报（哲学社会科学版），2013, 36 (6): 145–150.

张,尤其是欧洲法院的裁决与体育部门制订的最终规则之间的紧张关系,已经产生了不确定性及在反歧视法背景下的重新抵制。而解决的途径是基于《劳动法》的方法论采用集体协议或指令,解决其他类似的不确定性问题,如转会窗的合法性问题等[1]。从这个角度来看,欧洲转会制度越来越具有法治化倾向,通过部分规则的渗透逐渐将整个转会制度向法治化变迁。这种变化是由外部法律支撑转会制度逐渐转变成转会制度自身的法治化。很遗憾,我国足球职业化起步较晚,仍处于如何用相关法律支撑转会制度实施的时期,还未迈入转会制度自身的法治化阶段。但在不久的将来,也必然向转会制度自身法治化转变。

四、转会制度变迁的概念及类型归属

(一)变迁与制度变迁

根据《汉英词典》修订版,变迁可翻译为"change",然而"change"的汉语解释却有两种:动词解释为改变、变迁、变化,名词解释为改变、变革、转变[2]。从两种解释看,变迁实为一个名词,强调事物的变化过程。关于变迁的释义,各类工具书和网络解释都大同小异。好搜百科中,变迁被解释为事物的变化转移[3]。新华词典中,变迁是指事物逐步地变化转移[4]。比较而言,更突出了时间的重要性,强调逐渐、慢慢地变化,并非突然地变化转移。从词性上看,变迁属于动词,突出时间节奏的变化实属应然。因为变化转移的状态有两种,一种是逐渐地变化转移(渐变);另一种是突然地变化转移(突变)。因此,站在学术的立场,对于变迁的解释,不说明时间节奏的变化特点是不合适、不科学的。综上所述,笔者认为,用事物逐渐地发生变化转移来解释"变迁"更为稳妥和恰当。

结合"变迁"的释义,从字面理解,制度变迁就是制度随着时间的推移而不断发生变化。诺斯认为,制度变迁是制度创立、变更及随着时间变化而被打

---

[1] Simon Gardiner, Roger Welch. Bosman—there and back again: The legitimacy of playing quotas under European union sports policy [J]. European Law Journal, 2011, 17: 828-849.

[2] 蔡文萦,赵瑄,陈作卿,等.英汉词典 [M].北京:商务印书馆,2003:256-257.

[3] 好搜百科.变迁 [EB/OL].[2017-03-10].http://baike.haosou.com/doc/5429284-5667508.html.

[4] 新华词典编纂组.新华词典·修订版 [M].北京:商务印书馆,1989:55.

破的方式。它是一个复杂的过程，是一系列规则、非正式约束、实施形式及有效变迁的结果[1]。制度总是不断演化，并不断改变着我们的选择。制度变迁实际是新制度产生，旧制度被否定、抛弃的过程。对不同利益主体来说，是一种预期收益更高的制度替代收益较低的制度的渐进性过程。罗纳德认为，制度变迁至少包括三个变化：特定组织的行为变化、组织与环境相互关系的变化及组织环境中支配行为与相互关系的规则的变化[2]。制度变迁过程是一个制度均衡到非均衡，再到均衡的变化过程。这里的均衡实际是一种稳定状态，即一定条件下利益主体没有能力或不愿意改变现存制度的状态[3]。然而，制度均衡并非常态，制度非均衡才是常态。制度非均衡状态促使其不断发生改变，以适应时代发展需要和利益主体的收益递增。制度变迁表征的是社会行为规范的客观运动状态及其事实陈述，是一定条件下制度或规则的形式、内容、结构或功能逐渐发生变化的过程。

（二）转会制度变迁的概念及类型归属

表面来看，转会制度变迁是一种制度变迁，由"转会制度"与"变迁"共同组成。"转会制度"是名词短语，"变迁"是动词，强调逐步变化的过程。实际上，转会制度变迁就是转会制度的变迁。既然转会制度是约束职业俱乐部和运动员的各种行为及其关系，指导转会交易的利益分配和成本分摊的一系列规则集合，那么其变迁也必然是一系列规则的变迁。根据制度变迁的含义，并征求学界专家的意见，笔者将转会制度变迁定义为：约束职业俱乐部和运动员的各种行为及其关系，指导转会交易的利益分配和成本分摊的一系列规则（形式、内容、结构等）逐渐发生变化的过程。

根据制度变迁的动力，可分为诱致性制度变迁和强制性制度变迁[4]。前者是由组织或个人在寻求潜在利润过程中主动倡导、组织、实施的制度改革，其特点是渐进性、自发性及利益趋同性。后者是政府行政命令或法律引入而实施的新制度，具有快速性、速效性特点。根据制度变迁的速度，可分为渐进式制

---

[1] 道格拉斯·诺斯.制度、制度变迁与经济绩效[M].杭行，译.上海：上海三联书店，1994：7.
[2] 罗纳德·哈里·科斯，道格拉斯·诺斯，阿曼·阿尔钦，等.财产权利与制度变迁[C].刘守英，等，译.上海：上海人民出版社、上海三联书店，1994：333.
[3] 卢现祥.新制度经济学[M].北京：中国发展出版社，2003：143-145.
[4] 徐大伟.新制度经济学[M].北京：清华大学出版社，2015：48.

度变迁和激进式制度变迁[1]。所谓渐进式变迁是期望制度变革分阶段实施，以增量利益的增加逐步引导和促进利益存量布局的调整，把制度变迁的成本分散到不同阶段，有效降低制度变迁的不确定性。激进式变迁则指期望制度变革能够一步到位，增量利益分配及利益存量布局的调整能够一次完成，实现变迁收益全面覆盖成本。转会制度的变迁既存在强制性变迁，也有诱致性变迁。纵观我国职业足球转会制度的变迁实践，以诱致性变迁为主，强制性变迁较少。主要体现在转会问题出现后，中国足协立即采取行政干预，拟定新的转会制度并推行实施。关于我国职业足球转会制度变迁的速度，笔者认为，既有激进式变迁，也存在渐进式变迁，只是在不同的变迁阶段所表现出的变迁形式不同而已。

第二节 相关概念辨析

一、运动员流动与运动员转会

运动员流动就是运动员转会吗？它们之间是何关系？对于这两个问题，不同学者可能有不同的观点。毋庸置疑，在体育领域，转会与流动既有内在联系（表2），又存在一定差异，二者不能等同视之。但是，当前学界对转会与流动的使用依然存在含混不清、相互替代的情况，这不仅容易在实践上产生误解，还可能影响该领域的学术发展。

"流动"，英文解释有三种——"flow""stream""fluxion"，但"stream"常表示气流、水流等，而"flow"与"fluxion"则既可表示液体流动，也可表示人才流动、资金流动。也就是说，"流动"并非专属体育领域中的人才流动。《体育大辞典》明确强调，转会是职业体育领域的专用术语[2]。从涉事主体来看，由于转会是职业体育的专用术语，职业球员与俱乐部作为经济主体，也必然是转会过程的主体。而流动既可做物品流动使用，也可做人才流动使用。运动员流动是人才流动的一部分，诚然，主体涉及运动员及专业队、俱乐部、体校等，具有多元化特征。也就是说，运动员流动不仅可以是职

---

[1] 吴革.中国会计制度国际化变迁：路径、特征、困境与创新[J].财会通讯，2004（9）：5.
[2] 陈安槐，陈萌生.体育大辞典[M].上海：上海辞书出版社，2000：342-343.

业运动员流动，还可以是专业或业余运动员流动；不仅可在职业俱乐部之间流动，也可在职业俱乐部、专业队、体校等之间流动。例如，20世纪80年代中期，足球运动员黄某某从南京部队足球队转回家乡参加上海队的比赛[1]，这是运动员在专业队之间的流动，也可称之为广义上的转会，但并不具有转会的实质内涵。

表2 运动员流动与转会的区别与联系

	运动员转会	运动员流动
区别	职业体育专用术语	非体育领域专用术语
	专指职业运动员的流动	既可指职业运动员，也可指专业或业余、普通运动员的流动
	仅限职业俱乐部之间流动	既可在俱乐部之间，也可在专业队之间或俱乐部与专业队之间流动
	以发挥运动员商业价值最大化为目的	既可以商业价值最大化为目的，也可以政治利益最大化为目的，或两种目的皆有
	属于市场资源配置	既可以属于市场资源配置，也可以属于行政资源配置
联系	转会包含于流动，它是运动员流动的一部分，即二者属于种属关系	

沃伦·弗里德曼认为，职业体育是一种商业性活动，包括买卖职业体育赛事的各种权力和义务及运动员通过技能展示或参加比赛来获得经济回报[2]。既然职业体育是一种商业活动，以商业化运作为基本途径，那么其必然以商业盈利最大化为目标。转会是职业体育的专用术语，也必然以发挥运动员商业价值最大化为目的进行实践操作。球员流动可能发生于专业队、俱乐部或体校之间，追求经济利益最大化可能只是目的之一，还可能是出于政治利益的追逐，为了增加部门政绩而实施的利益交换。市场经济是一种商品经济，职业体育处于经济市场中，遵循市场资源配置规律也属应然。前面提到，运动员流动可能是出于政治利益交换的目的，在这种情况下，行政资源配置才是运动员流动的根本原因。当然，两者并不是完全割裂的，他们之间也存在某种联系：运动员转会包含于流动，它只是运动员流动的一部分，二者在形式逻辑中的关系属于

---

[1] 苏连雄.中国足球职业化人才流动要立法[N].浙江日报，1993-01-13（4）.
[2] Warren Freedman. Profeesional sports and antitrust contributors [M]. New York: Quorum Books, 1987: 69.

种属关系。对此，学界专家也都同意上述的观点和看法。

二、制度创新、制度演化与制度变迁

制度变迁的内涵前文已述，这里只讨论制度创新、制度演化，以及三者之间的联系与区别。

（一）制度创新

《辞海》对"创新"的解释：抛开旧的，创造新的[1]。1912年，著名经济学家熊彼特首次提出了"创新理论"。熊彼特认为，创新过程是一个不断打破旧结构，创建新结构的过程，是一个创造性的破坏过程，这种"创造性破坏"被视为资本主义的本质性事实[2]。戴维斯等人认为，新的制度安排只有在两种情况下才产生，即创新改变了制度安排的潜在利润；创新成本降低使制度变革更为合算。据报道，在国内，制度创新是指以制度框架的形式提供信息沟通和创新者的博弈规则，降低所处环境状态的不确定性[3]。尽管减少人们交往过程的不确定性是制度的主要任务，但仅以提供信息沟通和博弈规则来展现制度创新的内涵是不恰当的，因为这种界定并未凸显制度创新中"创新"的核心含义。此外，还有人提出，制度创新就是改变现有制度安排或引入一种全新的制度以提高制度效率及其合理性的活动[4]。这种认识虽有一定的进步性，但难免与制度演化、变迁在时间及范围上相混淆。

（二）制度演化

《当代汉语词典》把"演化"解释为演变，把演变解释为历史较久的发展变化[5]。在英文中，"演化"被翻译成"evolution"，而制度演化则被翻译

---

[1] 张涌，赵文山，宋辉跃. 现代汉语辞海 [M]. 北京：中国书籍出版社，2003：172.
[2] 约瑟夫·阿洛伊斯·熊彼特. 经济发展理论 [M]. 何畏，易家详，译. 北京：商务印书馆，1990：73-74.
[3] 刘劲杨. 知识创新、技术创新与制度创新概念的再界定 [J]. 科学学与技术管理，2002（5）：5-8.
[4] 姚洁，孟雪，刘研. 浅析技术创新、制度创新及其相互关系 [J]. 工业技术经济，2006，25（3）：49-50.
[5] 编委会. 当代汉语词典 [M]. 北京：中华书局，2009：1667.

成"institutional evolution"。虽然，制度变迁与制度演化的含义非常相似，但在英文中具有明显的差异，制度变迁被翻译为"institutional change"。这种细微差异铸就了二者非同义词，理应加以注解。有趣的是，有研究者在早期制度分析过程中，却更多地使用"制度变迁"，因为他们是从新古典经济学角度探讨制度变迁的，所以要强调一种静态的分析范式。但到了后期，诺斯分析制度变迁的理论思想发生了重大变化，理念逐渐转向动态制度分析，该分析范式与纳尔逊、温特等制度演化思想形成一定的趋同。制度变迁与制度演化都是制度的变化过程，虽然有时可以替换使用，但在学术上这种替换是不严谨、不科学的。因为同是制度的变化，但它们在变化时间和节奏上具有一定的差异。举个例子，假如将制度用（I）表示，那么制度（I）的微分即是制度变迁，制度演化则是制度（I）的长期、无限的发展变化[1]。

（三）制度创新、制度演化及制度变迁之间的关系

1. 三者间的区别

区别主要体现在变化时间、制度范围及新、旧制度间的关系上（表3）。首先，从时间维度看：制度创新是在一个十分不确定的不太长的时间段内，制度或规则的结构、形式、功能的变革。制度变迁是制度在一个相当长的时期内发生变化的过程。制度演化除了制度发生变化外，变化时间应更长一些。其次，在范围上：制度创新强调某项制度或规则的具体变革情况，并且是"瞬时性"动作。制度变迁则强调制度的整体性变革，不同制度安排具有一定的协同效应，协同性变化是制度创新中未能体现的。制度演化不仅强调制度安排的变革，还强调制度环境的改变。最后，在新制度与旧制度的关系上：制度创新不仅可在旧制度基础上形成一种新制度，还可在旧制度之外直接创造出一种全新的制度，也就是说，既可以在制度"原件"基础上实现创新，也可另起炉灶创新。制度变迁具有新制度是从旧制度逐渐演变而来的意思，尽管新制度和旧制度不同，且新制度抛弃了旧制度不符合时代发展要求的内容，但新制度依然承载着旧制度的某些要素或印痕。从这个意义上讲，制度演化的涵义与制度变迁似乎非常接近。

---

[1] 费友海. 中国农业保险制度演化研究[D]. 成都：西南财经大学，2009：44.

2. 三者间的联系

除了上述区别外，它们之间还具有一定的内在联系（表3）。从逻辑上来看，制度创新既是制度演化、制度变迁的逻辑前提，也是制度演化、制度变迁的手段和方式。制度变迁是制度不断创新的结果，持续的制度变迁构成了制度的不断演化。制度变迁作为一个长期的历史过程，它是制度或规则变化的过程和结果。制度创新突出了制度"破"的动作，制度变迁则凸显制度"立"的过程。制度的"破"与"立"彰显了制度变迁与制度创新的内在联系。但是，制度创新并不一定就能引发制度变迁，因为新制度的建立需要得到社会的认可，而只有被社会接受、得到人们认可时，制度创新才能实现制度的变迁。然而，制度演化除了有制度创新推动外，还有制度的自我发展、自我组织的过程。这种制度自组织过程是演化经济学探究制度的亮点和特点。

表3 制度创新、制度演化及制度变迁的区别与联系

	变化项	制度创新	制度变迁	制度演化
区别	变化时间的长短	较短	较长	更长
	制度变化的范围	强调某项制度或规则的具体变化	强调制度的整体性变化以及各种制度安排的协同变化	不仅强调各种制度安排的协同变化，而且强调制度环境的改变
	新制度与旧制度的关系	既可在制度"原件"基础上实现创新，也可另起炉灶创新	只能在制度"原件"基础上实现	只能在制度"原件"基础上实现
联系		制度创新既是制度变迁、制度演化的逻辑前提，也是制度变迁、制度演化的方式和手段		

本章小结

采用文献资料法、比较法及逻辑分析法等，重新厘定了转会制度的概念，并对运动员转会与流动等相关概念进行了辨析。

转会制度是指约束职业俱乐部与球员的各种行为及其关系，指导转会交易

的利益分配和成本分摊的规则集合，具有经济后果、政治化程序以及法治化倾向等属性。转会制度变迁是指约束职业俱乐部与运动员的各种行为及其关系，指导转会交易的利益分配和成本分摊的一系列规则（形式、内容、结构等）逐渐发生变化的过程。运动员转会包含于流动，是运动员流动的一部分，二者属于种属关系。制度创新既是制度变迁、制度演化的逻辑前提，又是制度变迁、制度演化的手段和方式，制度变迁和制度演化则是制度创新的结果。

第二章 演化经济学与我国职业足球转会制度变迁

演化经济学（Evolutionary Economics）是以技术创新和制度变迁为研究对象，以创新为现象背后的根本力量，用自然界的进化规律研究社会动态演化规律及发展趋势，形成的一种诠释制度变迁、技术创新的新范式[1]。新古典经济学主张物理均衡模式，以"理性、均衡"为前提，强调制度变迁为被动变迁，但因过分强调"完全理性"等形式化假设而远离了经济现实。演化经济学提倡真实全面客观反映经济现实，以"不完全理性、非均衡"为前提，强调制度变迁既有被动变迁，也有自生自发性及环境适应能力，能够更好地拟合真实情境，从而弥补新古典经济学固有的缺陷。演化经济学能否适用于我国职业足球转会制度变迁研究，不仅是本章重点解决的问题，也是后续研究能否进行的关键。

第一节 演化经济学的理论溯源

一、生物演化思想简述

大约500万年前，生物演化在其物质意义和纯粹意义生理学上的改进已基本停滞，生物演化达到了最大的提升空间[2]。但生物演化思想的发展却远未止步。例如，亚里士多德曾对生命个体从受精卵到成年的发展过程进行了深刻

---

[1] 孙晓华，邵珊，孙笑竹. 演化经济学研究综述［J］. 中国地质大学学报（社科版），2010，10（5）：119-124.

[2] 刘业进. 生物演化、文化演化和个体感知三个维度上的交换与分工［J］. 制度经济学研究，2009（4）：203-218.

诠释；梁前进等人在研究中，运用生物演化逻辑思想，探究了人口增长与食物供应的关系，推导出必须对人口实施周期控制的科学论断，对达尔文理论的形成起到了"触媒"作用[1]。1809年，拉马克认为，在"万物创造者发挥的力量"作用下，生物必然沿着复杂和完善的方向进化。并且环境决定了生物的具体进化路径，环境的变化引发生物进化以适应新环境，导致生物某些器官的结构、功能、形态发生改变，进而遗传给后代。"用进废退"及"获得性遗传"假说为生物进化论的形成奠定了良好的基础。19世纪50年代末《物种起源》的发表，彻底改变了人们传统的思想观念，改变了生物科学的基本概貌。从此，进化思想替代了僵化的自然科学观[2]。达尔文主张：一是自然选择学说，强调生物有机体间的竞争，"物竞天择、适者生存"即为自然选择对个体变异的作用；二是共同起源和物种多样性，强调不同物种可能具有共同的祖先，同一个祖先能进化成不同物种。1865年，孟德尔通过豌豆杂交实验，提出遗传因子重组和分离的假设，并定量佐证了理论假设的正确性[3]，推动生物进化论不断完善。当前，社会学、经济学等将生物演化思想继续发扬，逐步加深对演化思想的认识，凸显出生物演化思想的旺盛生命力。

二、经济演化思想的缘起与发展

马歇尔曾言："经济学家的麦加在于经济生物学而非经济力学"[4]。演化经济学研究的先驱是经济演化思想的倡导者，其核心观点使演化思想表现得淋漓尽致。

（一）凡勃伦的经济演化思想

凡勃伦认为，社会演化没有方向性、目的性，一切都顺理成章，任何结果都在遵循以往轨迹而有序展开。这里遵循以往轨迹的说法与累积因果思想惊人相似。累积因果指个体行为是由其过去的经历及宗教、文化、社会、环境和遗

---

[1] 梁前进，郏杰，张根发.达尔文——科学进化论的奠基者[J].遗传，2009，31（12）：1171-1176.
[2] 王秋安.自然进化论与达尔文的生物进化论探析[J].湖北社会科学，2012（9）：90-93.
[3] Mendel GJ.Versuche uber pflanzen-Hybriden.Verhandlungen des Naturfors chenden Vereines[J]. Abhandlungen, Brunn, 1866（4）：3-47.
[4] 阿弗里德·马歇尔.经济学原理（上卷）[M].朱志泰，陈良壁，译.北京：商务印书馆，1997：18.

传等因素决定的,且因素具有累积效应[1]。也就是说,人们的行为是由过去积累的经历及社会、文化、遗传等因素综合决定的,下一步行动将受当前行为的影响。制度变迁实际是累积因果变化的结果,是长期从因果链条中渐渐产生演化的过程,是无止境的。因此,制度是人类习惯和思想长期累积的产物,人类习惯和思想观念产生变化的过程即为制度变迁过程。当环境变化时,已有的思想和习惯可能不再适合新环境,此时人类的思想和习惯将顺势改变,即原有制度发生了新变化。凡勃伦在《有闲阶级论》中提出,社会经济系统演化主要以人口、知识和技能的改变为动力[2]。人们现存习惯和思想的改变,都是一种迫切适应新环境的被动改变。也就是说,现存制度总是有一直延续的惯性,但当环境改变时,制度就不得不改变,继而导致社会经济结构的变革。总体来看,人类社会经济系统的演化是一个渐变过程,累积因果是演化过程的动力。但凡勃伦过于注重人类整体思想和习惯及制度对人的作用和影响,并未关注人的有限理性,以及未将微观个体行为纳入研究范畴。

(二)熊彼特的经济演化思想

熊彼特认为,创新和模仿之间的相互作用能够影响经济增长。在一个成功的创新出现后,将有一大批模仿者出现,结果是出现该创新的产业在短时间内迅猛增长,同时可能引发一系列其他创新[3]。然而,一段时间后,这种集群式增长将放缓,直到下一个创新出现,届时产业内集群式增长将形成循环模式。同时,他认为创新是现存设备、资源等的"新组合",并以"创新"概念为内核提出了经济发展理论[4]。熊彼特在早期的《经济发展理论》中极力赞扬了企业家个人,突出其创新在经济发展中的作用,却忽视了企业家精神及企业组织创新对经济发展的重要性。综上所述,经济社会系统演化的直接动力是企业家创新。他提出了"创新"的概念,并将其视为经济社会变迁的动力,同时把经济增长过程描述成一个动态、渐近的非均衡过程,但他却忽视了持续性学习对经济和社会变革的作用。

---

[1] 靳涛. 关于演化经济学思想的比较[J]. 经济科学, 2002(4): 122–128.
[2] Veblen T. The Theory of Leisure Class An Economic Study of Institutions [M]. New York: Vanguard Press, 1899: 72–80.
[3] 张敏, 张肃. 熊彼特以来的演化经济学理论发展综述[J]. 商业研究, 2012(6): 111–118.
[4] 刘志铭, 郭惠武. 创新、创造性破坏与内生经济变迁[J]. 财经研究, 2008, 34(2): 18–30.

(三) 哈耶克的经济演化思想

哈耶克认为,制度或规则的形成是一个缓慢、渐进的长期演化过程,既不由人的超验意志所决定,也非人的理性设计之结果,只能是人类行动的结果[1]。他将社会规则划分为内部规则和外部规则。内部规则是社会在长期的文化演化过程中自发形成的果实,是一种自生性规则。这种规则是小规模群体以渐进的方式逐渐扩展至大规模群体,以至于最终普遍适用于全社会成员之间的关系调适。外部规则是立法者或权力中心根据特定目的,人为设计、规划的制度安排,表现为特定组织设计特定规则,是依靠外部力量形成的产物[2]。尽管哈耶克将规则分为内部规则和外部规则,但他并不承认规则可人为理性地设计出来,因为人具有有限理性,且人的知识不完备。总之,自然演化是一切规则形成之根本,此为哈耶克的核心观点。但他却完全否定了人类理性设计制度的积极意义。

(四) 纳尔逊和温特的经济演化思想

纳尔逊和温特提出,企业是由一系列惯例所组成的集合,包括技术惯例、招聘与解雇程序、投资开发政策及产品销售战略等[3]。这些惯例看似没有特别之处,但在企业变迁中却等同于生物进化中的基因。他们除了重视"惯例"外,还特别关注"搜寻"。企业搜寻投入取决于搜寻规则的特点、企业投资意愿和能力[4],企业的搜寻能力依赖于企业的绩效,所以大企业总是具有小企业不可比拟的优势。不同企业所遵循的惯例具有差异性,产出绩效也就不同,且存在明显的优劣之分。绩效低的企业不断搜寻绩效高的企业的各种惯例。这样,追求高绩效企业的惯例就必须改变。市场竞争中,高绩效企业的惯例自然会被更多企业引入和吸收,这些惯例也就得以生存和延续,而那些低绩效的惯

---

[1] Hayek. The Errors of Constructivism, New Studies in Philosophy, Politics, Economics and the History of Ideas [M]. Chicago: University of Chicago Press, 1978: 5.
[2] 邓正来. 哈耶克法律哲学的研究 [M]. 北京: 法律出版社, 2002: 33.
[3] 理查德·R·纳尔逊. 经济变迁的演化理论 [M]. 胡世凯, 译. 北京: 商务印书馆, 1997: 19.
[4] Malerba F, Nelson RR, Orsenigo L, et al. History-friendly models of industry evolution: the computer industry [J]. Industrial Dynamics and Corporate Change, 1998 (8): 1-36.

例将被淘汰，此为经济学的"优胜劣汰"。综上所述，经济演化思想的变迁基本承载了演化经济学自创生、起步、缓慢发展到快速发展的变迁过程，凡勃伦等的演化思想对完善演化经济学理论起了关键作用。

第二节　演化经济学研究的核心范畴与基本假设

一、核心范畴

（一）范畴与核心范畴

"范畴"最早源于希腊文，其原意是指示、证明。在分类学中，范畴是最高层次的"类"的统称。马克思认为，范畴是各知识领域的基本概念，指反映客观事物本质联系的思维方式。任何学科的理论大厦都是由范畴建构起来的。没有范畴，何来理性；没有范畴也就没有理论活动和理论表现[1]。范畴是人类理性认识不断深化的必然产物。核心范畴统领基本范畴及范畴之间的内在逻辑关系，它不仅能提高对研究对象的理性认识，还能统领的基本范畴形成强大凝聚力，进而使基本范畴更具系统性和理论性。核心范畴不能由其他范畴替代，因为它既是某一学科的研究起点，也是研究终点[2]。任何一种理论要形成学派或体系，都必须有自己的理论基石，而这恰恰是学科的核心范畴[3]。核心范畴是一定立场、方法、观点的集中表现，是一种理论体系区别于其他理论体系的标志。

（二）演化经济学研究的核心范畴

演化虽为生物学的核心概念，但并不只有生物学界才存在演化现象。只要具备发生演化过程的条件，同样能在其他地方发生。

---

[1] 陈金钊.论法学的核心范畴[J].法学评论，2000（2）：23-30.
[2] 童之伟.论法学的核心范畴和基本范畴[J].法学，1999（6）：6-10.
[3] 张文显.法学基本范畴研究[M].北京：中国政法大学出版社，1993：11.

1. 基因——信息载体选择

生物学中，物种传递之所以相对稳定正是基因存在的结果。如果基因没有这种既能保持相对稳定，又能代际传递并具变异功能的实体存在，那么生物进化也就失去了根基[1]。演化经济学作为研究人类行为的理论，"基因"必将从支配人类行为的要素中探寻，且应具备生物学基因的基本条件。然而，不同演化经济学家对这种"基因"的描述存在很大差异。早期，斯密和马尔萨斯将分工和个人视为信息载体，博尔丁将人类人工制品看作选择单位。到了20世纪80年代，纳尔逊和温特提出了"惯例"概念，并将其视为企业的组织记忆[2]；后来，霍奇逊又主张把整个社会制度看作生物学基因的隐喻物。尽管学者们还未达成一致意见，但他们选择的基因隐喻物都具有相对稳定、承载并传递信息、具备变异的功能。从本质上讲，这些基因隐喻物均可还原为"类生成的知识"[3]，但在信息传递方式、速度及载体层次性方面与生物学基因存在一定差异。

2. 变异——创新行为改变

遗传学表明，遗传性变异与进化密切相关，是由基因所携带的遗传信息发生改变所致。只有基因发生变异，生物才能由低级到高级逐步进化。那么，社会经济系统演化过程需要的"变异"是什么？演化经济学家认为，这种"变异"是指新奇现象的出现，且将其视为社会经济演化的源动力[4]。学者们对社会经济系统中新奇现象的认识存在差异。凡勃伦认为，经济系统的"变异"是指新思想和新的做事习惯或方法；熊彼特将企业家的创新活动视为"变异"；纳尔逊和温特则将惯例的改变视为"变异"。企业的惯例不同，绩效也有高有低，在利润诱导下低绩效企业将搜寻绩效高的企业惯例，使低绩效企业惯例得以改变。对已有惯例的破坏，推动了低绩效企业对新奇事物（惯例）的搜寻，这是不可预测的。社会经济动态系统不可能存在一个已知、确定且唯一的解，因为经济系统的演化过程会因新奇事物揭示出的特定内涵而异。新奇事物的

---

[1] 杨虎涛.演化经济学中的生物学隐喻：合理性、相似性和差异性[J].学术月刊，2006，38（6）：89-94.

[2] 孙晓华，邵珊，孙笑竹.演化经济学研究综述[J].中国地质大学学报（社科版），2010，10（5）：119-124.

[3] 白瑞雪.生物学类比与演化经济学发展阶段[J].教学与研究，2011（3）：84-90.

[4] 杨虎涛.演化经济学中的生物学隐喻：合理性、相似性和差异性[J].学术月刊，2006，38（6）：89-94.

创造取决于社会制度是否激励创新及个体的认知模式。前者属于普遍的思想习惯,后者则属个体行为偏好[1]。

3. 选择——适者生存效应

社会经济系统的"创新"出现后,是否能得到社会其他个体的承认和效仿还取决于市场选择[2]。然而,在阿尔奇安等人看来,市场竞争是市场选择的核心,在激烈的竞争压力下,只有那些能获得多方资源的行为个体才能继续存活[3]。佛罗门提出,选择分为主体自己的选择和外在市场的选择,并且适应性学习和市场选择是并列的选择机制[4]。而哈耶克认为,选择具有多层次性,包括知识与智力演化、文化演化及生理的遗传性选择。通过该选择过程,不仅能了解经济系统的运行状态,还可预测演化方向。总之,如果社会经济系统产生的"变异"能适应生存环境,那么它将成为经济系统普遍的主流状态。相反则将被淘汰。

二、基本假设

(一)完全理性、最优反应到有限理性、满意反应的跨越

新古典经济学对人的能力、动机及相互关系进行了简化处理,此即为人们比较熟悉的"理性人"或"经济人"假设。其所有理论都建立在该假设基础之上,因而被视为新古典经济学的核心假设和理论"内核"[5]。新古典经济学主张以机械力学和原子论为理论根基,探究了均衡状态下各种社会经济现象,从而实现最优控制和最优路径。事实上,人们的知识和能力是有限的,不可能完全预知未来将要发生的状况,更不可能预测人们采取行动之后的结果。这种情

---

[1] 贾根良.奥地利学派的演进:传统与突变[J].社会科学战线,2004(3):65-71.

[2] 孙晓华,邵珊,孙笑竹.演化经济学研究综述[J].中国地质大学学报(社科版),2010,10(5):119-124.

[3] Alchian, A, A.Evolution and Economic Theory[J]. Journal of Political Economy, 1950, 58: 211-213.

[4] 杰克·J·佛罗门.经济演化:探究新制度经济学的理论基础[M].李振明,刘社建,等,译.北京:经济科学出版社,2003:128.

[5] 刘文超.新古典经济学"理性人"假设的逻辑[J].北京社会科学,2015(7):104-112.

况下,行为人不可能针对问题立即做出最优反应、找到解决问题的最优路径。因此,建立在均衡基础上的完全理性人假设很难拟合现实世界。演化经济学强调行为人的理性是有限的,因为与最优反应相关的所有知识和信息并不是所有人都能全部掌握,行为人得到的信息是有限的,并且具有不可预测的无意识的知识。在"有限理性"理念基础上,演化经济学提出了"满意"假说。由于行为人的理性程度是有限的,不可能预先知道决策的后果,因此,不断地试错将是行为人选择和决策过程的策略选择,并且不再追求最优化,只是追求满意即可。演化经济学用"抱负水平"解释了行为人对某一行动可能产生的后果的期望水平[1]。倘若某一行为后果达到了行为人的抱负水平,那么行为人就是满意的;相反,则是不满意的。不满意是行为人搜寻新未知的助力器。当不良现状干扰了行为人的抱负水平时,即使不知道搜寻新未知能否成功,行为人也会产生搜寻动机。如果行为人搜寻新未知成功,其抱负水平将提高到新的水平;如果失败,行为人将自觉降低抱负水平。

(二)同质性到多样性的跨越

新古典经济学将行为人看作一个整体,完全忽略了行为个体间的差异,并将这种差异视为外生变量,建模时不予考虑。这样,就排除了个体的新奇行为和创造性作用。新古典经济学把变异看作对理想类型的偏离,由外部力量干预造成的畸变,因此忽略了具体例子之间的差异。而从长远来看,这种差异的存在才是促使经济长期增长的源动力。演化经济学将经济世界视为一个充满不确定性和多样性的复杂系统。不确定性并不是世界的杂乱无序,而是创新行为、新奇现象的不断涌现。它将多样性视为研究起点,并将个体选择置于多样化行为的群体中,此即个体群思维(Population Thinking),强调个体主观偏好特异性和行为异质性对新奇事物和行为创造过程的重要性[2]。只有出现新奇现象和创新行为,才能使经济演化成为可能。纳尔森认为,新奇现象和创新行为是多样性的主要来源,也正是如此才推动了经济系统的演化进路[3]。总之,演化经济学的多样性假设能更好地拟合现实世界,对经济演化和制度变迁过程的诠释要更接地气(图3)。

---

[1] 商孟华,刘春英.演化经济学方法论述评[J].文史哲,2007(5):163-168.
[2] 贾根良.理解演化经济学[J].中国社会科学,2004(2):33-41.
[3] Hodgson, G. M. The Evolution of Evolutionary Economics [J]. Scottish Journal of Political Economy, 1995, 42: 469.

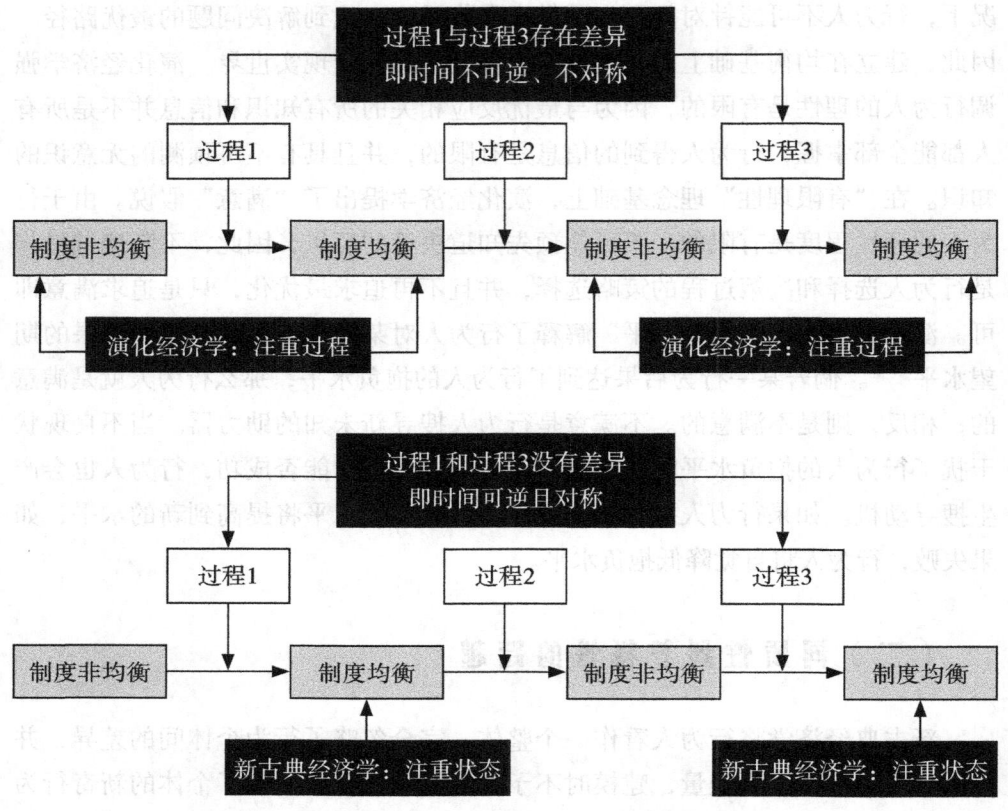

图3 演化经济学（上）与新古典经济学（下）时间理念的比较

（三）时间可逆到时间不可逆的跨越

新古典经济学认为，所有与时间相关的经济问题都可忽略时间的作用，即使讨论时间问题，也将时间视为对称、可逆的。新古典经济学注重均衡状态的研究，而演化经济学注重研究达到均衡的过程。由于许多事件是偶发的唯一事件，不能为人们所预测。因而，过去的时间与未来的时间不可能存在对称性，也即时间是不可逆的。时间不可逆鲜明地体现了演化经济学的重要理念。一旦社会经济系统要素发生变化，且导致要素变化的力量已经消失，那么系统不可能完全回到最初的状态。就制度变迁而言，演化经济学强调制度达到均衡的过程。过程研究无法回避时间观念的确认。正是时间的不对称和不可逆，微小的历史事件才能通过正反馈效应造成某种并非最优的制度产生"锁定"状态。

第三节 演化经济学的主要理论

一、自组织理论

自组织理论是一种研究系统自组织过程机制、规律的演化理论,注重以世界的本原研究世界。自组织理论不是一个独立的理论体系,而是理论物理分支和数学分支组成的学科群,且属于横向并进的关系[1],包括耗散结构理论、协同学、突变论、超循环理论、分形理论及混沌论。

(一) 自组织理论群概述

1. 耗散结构理论

1969年,普利高津首次提出耗散结构理论。他认为,耗散结构是指一个远离平衡的、开放的非线性系统,不管是物理、生物系统还是社会、经济系统,都在持续不断地与外界环境进行物质、能量和信息交换。当系统内部某种要素的变化达到临界值或阈值,且内外部涨落因素诱发,将造成系统产生非平衡相变[2],继而使系统的无序混沌状态变得有序,包括时间、空间、结构和功能的有序状态。新形成的宏观有序结构的维持需要不断地与外部环境进行物质、能量和信息交换,所以被称为"耗散结构"[3]。该理论主要探究复杂系统怎样开放、开放程度如何及怎样创造条件使系统趋向于自组织。因此可判断某个系统是否满足自组织条件,是否能从混沌无序状态自发演化成有序结构。

2. 协同学

协同学是1970年由德国物理学家哈肯创建的。哈肯认为,即使性质完全不

---

[1] 张彦,林德宏. 系统自组织概论 [M]. 南京:南京大学出版社,1990:8.
[2] 即突变,是指系统变化过程中的突然间断或转换。
[3] 湛垦华,沈小峰. 普利高津与耗散结构理论 [M]. 西安:科学技术出版社,1982:1.

同的系统，也都是由大量子系统或要素所构成，并且不同子系统或要素之间始终存在既相互竞争又彼此合作的竞合关系[1]，促使系统不断自主演化。同时，协同学还论述了序参量概念及慢变量支配原则[2]。序参量是指系统中的变量有些属于慢变量，当系统处于无序状态时，其值为零，当系统由无序向有序转变时，慢变量就会由小变大，该变量即为序参量[3]。序参量表达了系统的有序程度。因此，系统演化受序参量的控制。协同学重点探究复杂系统通过内部各要素之间的竞合作用最终形成有序结构的自组织动力机制。

3. 突变论

突变论是1972年由法国数学家托姆（Thom）提出的。他认为，任何系统内部发生变化都可分为量变和质变，即渐变和突变[4]。突变是系统结构产生改变的根源。系统所处状态可用参数表示，当系统某一参数取值唯一时，系统处于稳定状态，但当取值不唯一时，系统就处于不稳定状态。随着参数变化，系统由稳定到不稳定，再到稳定，在刹那间发生了突变。突变论主要解决系统自组织演化采用何种途径的问题，突破了以往渐进演化思想，揭示了原因连续作用造成结果的突然改变，拓展了人们对系统由无序向有序转变途径多样性的理解。

4. 超循环理论

德国物理化学家艾根提出了超循环理论。他认为，生命成长过程中，化学反应阶段和生命进化阶段之间还存在一个生物大分子的自组织过程[5]。生物大分子的自组织过程实际上形成了一个超循环组织架构，为生物大分子自组织提供物质和能量。但是，超循环组织之间的竞争与协同进一步扩大了循环链圈，使其逐渐波及整个细胞内部组织，最终导致生物进化。超循环作为一个自组织过程，内含众多随机事件，且随机事件产生的结果又反作用于该过程的起点，进而又变成放大效应的起始原因，这种原因和结果的不断循环往复和累积，使生物系统逐渐向有序的宏观组织进化。

---

［1］H·哈肯.高等协同学［M］.郭治安，译.北京：科学出版社，1989：1.
［2］吴彤.论协同学理论方法：自组织动力学方法及其应用［J］.内蒙古社会科学（汉文版），2000（6）：19–26.
［3］H·哈肯.信息与自组织［M］.宁存政，译.成都：四川教育出版社，1988：56–57.
［4］吴彤.自组织方法论研究［M］.北京：清华大学出版社，2001：3–6.
［5］曼弗雷德·艾根.超循环论［M］.曾国屏，译.上海：上海译文出版社，1990：56.

5. 分形理论

1975年，法国数学家曼德尔布洛特提出了新的分形理论。所谓分形，即为一种形态。传统数学主要研究规则的形状，例如三角形、正方形、菱形等。然而，现实中却存在大量不规则图形，例如动物肺中的血管、破碎玻璃等。当系统整体的部分呈现出破碎的、不规则的形状时，系统整体的部分就与整体具有一定程度的相似性[1]。因而，通过对部分的自相似性描述，就可解释系统整体的内部结构。这不仅突破了传统几何只研究规则图形及其空间关系的局限，还突破了数学抽象思维和逻辑推理的传统，揭示了系统自组织演化的复杂性。

6. 混沌论

混沌论是由美国气象学家洛伦兹创立的。混沌论与分形理论同为非线性科学的两个分支，是复杂系统在时间和空间上的统一。复杂系统的混沌在不同时间维度上具有类似的变化模式，呈现出时间上的标度不变性，分形则表征空间上的标度不变性[2]。因而，分形理论在空间维度上反映了系统的复杂性；混沌论在时间维度上反映了系统的复杂性。看似混沌是一种无规律、不可预测的随机行为，实质上却由精确的规则或规律所决定。基于此，研究复杂系统的变迁，不能以简单线性问题的处理方式解决非线性问题。

（二）六种理论对系统自组织演化的作用

耗散结构、协同学、突变论等理论从自组织演化的前提条件、动力、途径、形式、时间及空间特性方面对复杂系统的演化发展过程进行了全方位的阐释（图4）。尽管六种理论内容不同，但它们具有共同的研究对象，并且最终目的都是揭示复杂系统自组织演化过程及内在机制。因而，它们之间没有清晰的分界线。因此，运用自组织理论研究复杂系统的演化可概述为以耗散结构为基本前提条件，一个远离平衡、开放的非线性系统在持续与外界环境进行物质、能量和信息交换的过程中，以系统内部各要素间的非线性作用所形成的竞争与协同为演化动力，产生的"序参量"及系统内部要素的随机涨落进一步推动了系统各要素之间的竞争与协同，使系统进入交叉、循环作用并和放大的循环链圈发生关联和

---

[1] Manddelbrot. Catastrophe Geometry of Nature [M]. Freeman, 1982: 8.
[2] 吴祥兴. 混沌学导论 [M]. 上海：上海科学技术文献出版社，1996: 15.

牵扯。通过物质、能量和信息交换，复杂系统内部某个要素或子系统达到一定的阈值或临界值时，就产生由量变（渐变）到质变（突变）、由无序到有序的跃迁，促使整个系统由低级向高级、从混沌到有序的自组织演化发展。

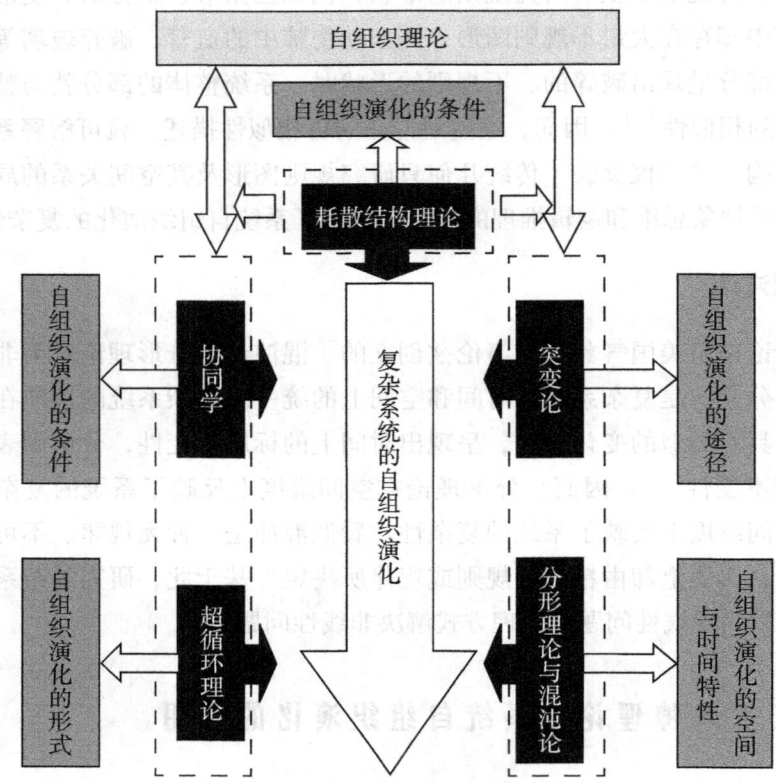

图4 六种理论对复杂系统演化的作用与分工示意图

二、演化博弈论

1978年，生态学家泰勒和乔恩克提出了模仿者（复制者）动态的概念，表征演化博弈的稳定状态，演化稳定策略则表征向稳定状态逐渐收敛的过程[1]。随后，经济学家们创建了随机稳定模型，并将模仿者动态模型发展成随机的个体学习动态模型，继而解决复杂经济学问题。

---

[1] Taylor, Jonker.Evolutionary Stable Strategies and Game Dynamics [J]. Mathematical Biosciences, 1978, 40（1-2）: 145-156.

（一）演化博弈论与传统博弈论区别与联系

1. 对行为人"理性"认识的差异

传统博弈以原子论和机械力学为理论基础，强调博弈者（行为人）具有完全理性。由于具有完全理性，行为人可在博弈过程中迅速对外界环境的变化制订出一个最优方案，且所有参与博弈者都是行为最优者。然而，演化博弈论认为，行为人是不可能做到完全理性的，只能是符合现实情况的有限理性。由于行为人受模仿的驱动，并受制于群体内部和外部对其施加影响的其他群体，所以行为人的行动并非最优。在长期反复博弈过程中，行为人通过模仿、学习及不断试错，最终只能采取符合实际的"满意"策略。

2. 对"时间"认识的差异

传统博弈强调时间的可逆性。无论在什么情况下，行为人的行动都会产生相应的信息，且最终博弈结果取决于预测的行动信息，二者是前后对应关系。因而，系统均衡是常态，系统能从一种均衡状态"瞬间"达到另一种均衡状态，其转换过程可忽略不计。演化博弈强调时间不可逆及系统达到均衡的过程。系统演化过程中，许多事件是偶发的，人们不能事先运用有限的理性和知识准确预测，过去的时间和未来的时间是不对称的。当然，人的有限理性致使行为人不能对环境变化做出最优反应，只能在不断试错、学习和模仿中选择"满意"策略。因而系统非均衡是常态，系统由不均衡到均衡并非瞬间完成，而是一个渐进过程。

3. 对"博弈方"认识的差异

这种差异主要是博弈方是否固定及其数量问题。传统博弈主要研究固定博弈者之间的博弈，博弈者都是同质的（完全理性）且数量较少。然而，演化博弈则是考察一个或多个利益群体，内含许多博弈者，并且这些博弈者既可是同质的，也可是异质的，博弈也是随机配对的。

此外，差异的存在并不能磨灭两者之间的有机联系（表4）。传统博弈论产生较早，已建立较为成熟、完整的分析框架，演化博弈是在传统博弈优势的基础上通过吸收演化思想而发展起来的理论武器。反过来，演化博弈论弥补了传统博弈的缺陷，是对传统博弈论的扬弃、继承和发展。

表4 传统博弈论与演化博弈论的区别与联系

	认识	传统博弈论	演化博弈论
区别	"理性"的认识	强调博弈者"完全理性",且行动最优	强调博弈者"有限理性",行动并非最优而是满意
	"时间"的认识	强调均衡是常态,且系统能在瞬间"跳跃式"达到均衡状态	强调非均衡是常态,且系统均衡状态并非瞬间完成,而是渐进过程
	"博弈方"的认识	确定的博弈方进行博弈	多个博弈方参与博弈
联系		传统博弈论是演化博弈论的基础,演化博弈论是传统博弈论的继承和发展	

(二)演化博弈模型

演化博弈分析的重点是不同博弈方的群体成员策略调整过程、趋势与稳定性,而不是博弈双方的最优策略。这里的稳定性不是某个博弈方采取不变的策略,而是博弈方的群体成员采取特定策略的比例不变。如果博弈方的理性程度较低,抑或涉及集体决策时,那么博弈者感知错误和调整策略的能力较差,此时博弈者行为的变化是渐进的而非快速模仿学习。复制动态过程尤其适用于博弈方理性程度较低的大群体内部演化研究。

采用蛙鸣博弈不仅便于理解演化博弈的本质,还可有效诠释复制动态过程对制度变迁的解释力。雄蛙作为一个种群,当雄蛙群中有一只"呱呱"(鸣叫)时,旁边的雄蛙也会随着鸣叫几声,甚至成百上千只雄蛙都跟着鸣叫。实验表明,两只都不鸣叫的雄蛙获得繁衍的概率都是50%,然而一只鸣叫另一只不鸣叫时,前者获得繁衍的概率提升至60%[1],故选择鸣叫不总是"上策"。首先,雄蛙鸣叫可提高繁衍后代的概率,但也会增加暴露其具体位置的概率,容易带来生命危险。其次,在鸣叫问题上也会出现"搭便车",不鸣叫往往能从鸣叫的雄蛙身上获得收益(繁衍概率提高)而不需付出任何代价。

我们把上述蛙鸣问题抽象成两只雄蛙的策略博弈。假定:①两只雄蛙同时不鸣叫,产生收益为0,付出成本也为0;②如果一只雄蛙鸣叫,而另一只不鸣叫,鸣叫的获得收益为z($0.5<z<1$),付出成本为w;不鸣叫的获得收益为

---

[1] 刘云.供应链管理的蛙鸣博弈分析[J].中国流通经济,2005(1):12-15.

$1-z$，付出成本为0；③两只雄蛙同时鸣叫，产生的收益为k（$z<k<1$），付出成本为z；④雄蛙采取"鸣叫"和"不鸣叫"的比例分别是x，$1-x$。在这种情况下，雄蛙选择"鸣叫"还是"不鸣叫"，都会产生相应的收益和成本。蛙鸣博弈的得益矩阵见图5。

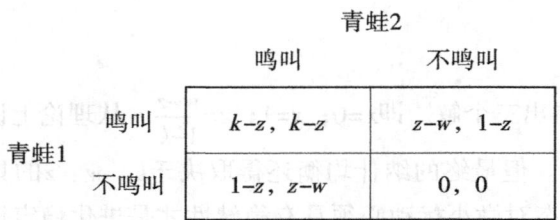

图5 蛙鸣博弈的得益矩阵示意图

一般情况下，博弈方模仿学习的速度由两个因素决定：其一，模仿学习对象的数量。该数值决定了模仿和学习的X难易程度；其二，模仿对象的策略收益。该收益决定了模仿学习的激励程度。然而，用何种模型来描述上述问题？马尔萨斯提出了人口模型[1]，其与蛙鸣博弈中雄蛙模仿学习速度的描述较为拟合。因而，运用人口方程（数学模型）探讨蛙鸣博弈中模仿对象数量变化与策略得益的关系是恰当、合理的。于是，得到马尔萨斯的人口方程：

$$\frac{dx}{dt}=x(A-\overline{A}) \tag{3-1}$$

在式（3-1）中，t表示时间；x表示雄蛙鸣叫的比例；A表示某个雄蛙的平均收益；$\overline{A}$表示雄蛙种群的平均得益。

那么，雄蛙采取"不鸣叫"策略的平均收益为：

$$A_m=x(1-z)+(1-x)0 \tag{3-2}$$

雄蛙采取"鸣叫"策略的平均得益为：

$$A_n=x(k-z)+(1-x)(z-w) \tag{3-3}$$

雄蛙种群的平均收益是：

$$\overline{A}=xA_n+(1-x)A_m \tag{3-4}$$

---

[1] 王宏，陈宝国，丁长青.企业知识共享机制的进化博弈分析[J].科技管理研究，2007（11）：217-220.

将式（3-2）～（3-4）代入式（3-1），可以得出：

$$\frac{dx}{dt}=x(A_n-\overline{A})=x[A_n-xA_n-(1-x)A_m]$$

即 $\frac{dx}{dt}=x(A_n-\overline{A})=x(1-x)(A_n-A_m)=x(1-x)[x(k-z-1+w)+(1-w)(w-z)]$ （3-5）

令 $\frac{dx}{dt}=0$，得出三个解。即 $x=0$；$x=1$；$x=\frac{w-z}{1-k}$。从理论上讲，这三个解是可能的稳定状态点。但最终的纳什均衡还得取决于 k、w、z 的具体数值和相对水平。一个稳定状态对微小扰动必须具有稳健性才是进化稳定策略。作为进化稳定策略点 x，除自身是均衡状态点外，如果博弈方因错误行为而偏离采取了随机策略 x_1，那么复制动态仍会使 x_1 恢复至均衡状态 x。与微分方程的稳定性定理相类似[1]，当微小扰动致使 x_1 高于 x 时，必须小于0；而当微小扰动致使 x_1 低于 x 时，则必须大于0。

有鉴于此，可以得到三种蛙鸣博弈复制者动态相位图。

1）当 $\frac{w-z}{1-k}<0$ 时，由于 $1-k>0$，所以 $w-z<0$，即 $w<z$，只有 $x=0$；$x=1$ 两个不动点符合要求，此时蛙鸣博弈复制动态相位图见图6。不难看出，蛙鸣博弈复制动态唯一稳定的均衡点是 $x=0$，即所有雄蛙都不采取"鸣叫"策略，即使有少数鸣叫，也将很快消失，整个雄蛙种群将全部向"不鸣叫"策略的方向演化。

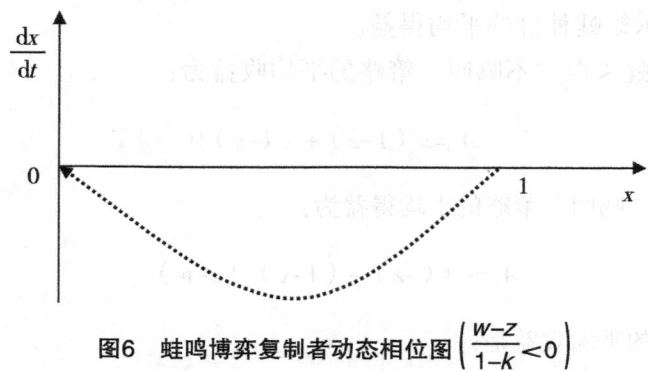

图6 蛙鸣博弈复制者动态相位图 $\left(\frac{w-z}{1-k}<0\right)$

---

[1] 李文学，周佩佩，林雪萍，等. 随机微分方程稳定性的新的充分条件[J]. 黑龙江大学自然科学学报，2012，29（6）：701-705.

2）当 $0<\frac{w-z}{1-k}<1$ 时，由于三个均衡解都处于 $0 \leqslant x \leqslant 1$ 的范围之内，所以这三个稳定点都是合理的，但只有 $x=\frac{w-z}{1-k}$ 是蛙鸣博弈的进化稳定策略，此时蛙鸣博弈复制动态相位图见图7。一旦有少数雄蛙采取的策略由不鸣叫向鸣叫变异，那么该变异将在雄蛙中扩散，使策略改变的雄蛙越来越多，直至达到 $x=\frac{w-z}{1-k}$ 的均衡比例。然而，当鸣叫的雄蛙超过该比例时，就会有少量不鸣叫的策略变异在种群中扩散，因为选择"不鸣叫"策略得益远大于成本，即所谓的"搭便车"行为。一旦选择"搭便车"行为的雄蛙数量增多，得益就会逐渐减少，最终又将退回 $x=\frac{w-z}{1-k}$ 的均衡比例。总之，整个种群朝着"部分不鸣叫、部分鸣叫"策略的方向演化。

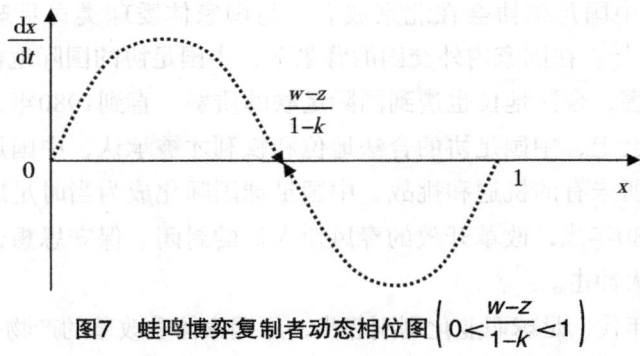

图7 蛙鸣博弈复制者动态相位图 $\left(0<\frac{w-z}{1-k}<1\right)$

3）当 $\frac{w-z}{1-k}>1$ 时，即 $w-z>1-k$，只有 $x=0$；$x=1$ 两个不动点符合要求，但蛙鸣博弈复制者动态唯一稳定的均衡点是 $x=1$，此时蛙鸣博弈复制动态相位图见图8。此即为所有雄蛙都选择"鸣叫"策略。当然，这种情况在雄蛙天敌较少且鸣叫的得益远超过成本时才是合理的。

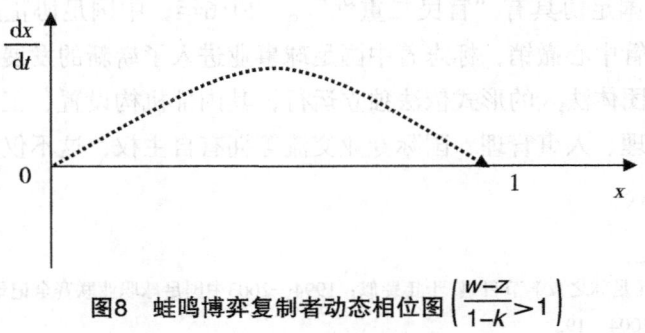

图8 蛙鸣博弈复制者动态相位图 $\left(\frac{w-z}{1-k}>1\right)$

综上所述，在有限理性条件下，各博弈方在开始阶段，策略选择并不能瞬间实现最优，但经过不断模仿、学习，最终趋向最优均衡的动态过程。从本质上讲，复制动态过程就是某个种群采取某种策略的比例的微分方程。进化稳定策略是一个复制动态的渐进稳定点，却未必是进化稳定策略。

第四节 我国职业足球转会制度的变迁

一、中国足球协会及其职能

1955年，中国足球协会在北京成立，与国家体委球类司足球处是一个机构、两块牌子[1]。在国家内外交困的背景下，中国足协的国际地位和话语权遭到了严重的伤害，合法地位也遭到国际足联的质疑。直到1980年，在国际足联第42届代表大会上，中国足协的合法地位和权利才被承认，中国足球事业的发展也迎来了前所未有的机遇和挑战。中国足球国际化成为当时足球发展的时代命题。20世纪80年代，改革开放的春风使人们的封闭、保守思想，甚至传统价值观受到了极大冲击。

20世纪90年代，足球职业化刚刚起步，原国家体委改革的产物——国家足球管理中心正式成立，尽管是足球管理机构，对外却以中国足协名义进行国际联络和交往。1998年，国家体委正式改组为国家体育总局，下设足球运动管理中心，该组织架构不但强化了行政干预在项目发展中的地位，还为再次形成"两块牌子、一套人马"的管理模式奠定了组织基础。由于足管中心仍以中国足协名义参与国际足球事务，两个机构的职能重合，中国足协和足管中心便形成了"两块牌子、一套人马"的组织架构，足管中心（足协）集行政、事业、社团、企业职能于一身，使中国足协具有"官民二重性"。2016年，中国足协正式与国家体育总局脱钩，足管中心撤销，标志着中国足球事业进入了崭新的发展阶段。中国足协正式以社会团体法人的形式依法独立运行，其内部机构设置、工作计划制订、财务和薪酬管理、人事管理、国际专业交流等拥有自主权，这不仅为职业足球俱

---

[1] 中央电视台《足球之夜》节目组.十年疑似：1994—2003中国足球职业联赛全记录[M].武汉：武汉出版社，2004：19.

乐部建设和运营、足球竞赛体系及国家队建设等提供了组织基础，还为中国职业足球政策、制度等改革提供了国际趋同的组织保障。

随着足管中心的成立、发展到撤销，中国足协与足管中心的关系伴随着整个足球职业化进程。两者的分分合合造就了职业足球不同的组织管理架构，形成了差异显著的管理模式。足球管理体制的差异必然引起政策、制度、规章等改革思路的变化。职业足球转会制度直接关系着球员和俱乐部的生存与发展，而制度的设计、实施与机构性质、内部机构及管理模式有着千丝万缕的联系。因此，我国职业足球转会制度变迁很大程度上是足球管理体制改革的外在显现，而足球管理体制改革则内隐于中国足协与足管中心关系的变化。

二、我国职业足球转会制度变迁的阶段划分与原因探析

足球职业化之初，我国正处于计划经济体制向市场经济体制转型时期，计划思维充斥着国内转会市场，市场经济思维尚未形成。计划经济主要是行政干预手段，市场经济则是经济和法律手段，二者具有本质区别。基于此，根据行政干预和市场调节在我国职业足球转会制度变迁过程中的力量变化及关键事件的发生，对我国转会制度变迁进行阶段划分是可行的。

（一）有限自由转会制：行政干预为主，市场调节为辅（1994—1997年）

中国足协于1994年11月在成都举行的足球工作会议上，出台了中国足球史上第一套足球运动员转会细则及关于人才交流的若干规定，并于1995年1月1日起在中国足协管理范围内全面实施。总体而言，该规则是以原俱乐部、球员和新俱乐部三方合意为基础，着重探索有限制的自由转会制在中国的实践。一方面，合同期满或两个月后合同期满的球员享有较大的自由转会权，例如，俱乐部有责任按时向中国足协申报符合转会条件的运动员；尽管合同期满后原俱乐部有权优先与球员续约，但如若球员不同意，仍可实现自由转会。另一方面，球员自由转会也存在诸多干预。例如，对于合同期未满球员具有较大的限制，如果原俱乐部不同意该球员转会，那么他就不能转会。如果在原俱乐部服役未满4年，且俱乐部不同意转会，那么该球员就不能转会；如果原俱乐部当年降级，且只要俱乐部不同意，即便合同期满，球员也不能实现转会。此外，中国足协的行政干预因素较多，主要表现在：第一，严格规定了转会费、培训费的

分配比例及转会费的交付时间、方式和比例；第二，若球员二次转会的转会费高于首次转会费，原俱乐部要从高出的部分中获得20%的分成；第三，转入联赛名次低于原俱乐部的球员，奖金和工资不得高于原俱乐部，违者吊销比赛许可证；第四，球员转会后与俱乐部签订工作合同，待遇应与其他球员相当[1]。此外，1997年中国足协提出，球员转会只能在同级别或上级俱乐部转会，除非俱乐部申报，否则甲级队球员不能转至乙级队。再者，乙级俱乐部不得引进外籍球员。诸此种种，均体现出中国足协行政干预力量的强大。

在特殊国情下，完全依靠"无政府"的市场调节进行资源配置是行不通的，因为这种无政府调控的市场经济容易产生经济危机，且风险不可预估。然而，足球职业化迫切需要中国由计划经济向市场经济转变，但转变绝不仅是建立几支俱乐部、实行转会制那么简单，毕竟社会主义市场经济具有一些基本特征，例如政企、政经分开；国家宏观调控下市场在资源配置中起基础性作用；按劳分配为主，多种分配方式并存等[2]。笔者认为，该时期行政干预力量之所以强大，市场调节被圈缩在狭小空间内，主要原因在于：第一，中国足协的机构性质问题。从理论上讲，中国足协是行业协会，是民事主体的社团法人，并非政府职能部门[3]。然而，中国足协从建立之初到1998年国家体育总局足管中心成立一直采用"两块牌子、一套人马"的组织架构和管理模式。也就是说，中国足协只是一个披着社会团体外衣而行使政府管理职能的行业协会，政企并未分开，致使转会制度改革依旧未能摆脱计划经济体制的笼罩，如计划经济体制下的平均主义（球员转会后与俱乐部签订工作合同，待遇应与其他球员相当）；第二，原来的专业运动队突然变成足球俱乐部，大部分俱乐部仍为行政部门（体委）所有或掌控大部分股权，俱乐部管理并未抛弃计划经济思维模式，将其完全推向市场没有那么容易[4]；第三，基于中国社会传统文化的考虑，由于中国足协（足管中心）都是体制内在编人员，受计划经济的谦虚、保守、谨慎思想的影响，在足球职业化改革过程中，行政规划、指导的成分较多，利用市场调节转会市场的成分较少。

综上，受中国足协官民二重性、俱乐部职业化不彻底及计划经济体制下行政干预思维的影响，整个转会过程表现出浓厚的行政干预色彩。尽管前期确立

---

[1] 杨一民. 中国足球事业年鉴（1992-1998）[M]. 北京：新华出版社，2000：151-154.
[2] 汪强. 论我国社会主义市场经济 [D]. 北京：中共中央党校，2012：54-56.
[3] 郭成岗. 中国足球协会的性质界定 [J]. 南京体育学院学报，2003，17（2）：31-34.
[4] 访谈对象：冯老师. 时间：2016年5月12日11:15-12:06. 地点：北京市海淀区首都体育学院教学楼8层会议室. 形式：面访. 录音编号：ZGZX20160512FJM。

了自由转会方针,并强调充分发挥市场调节的作用,这种"自由"和"市场"却仍被行政力量压制于有限的空间范围内。

(二)摘牌制:完全行政干预(1998—2002年)

  1998年,国家体委重新改组,进一步强化了中国足协(足管中心)的官方性质和行政权力。在诸多情况下,中国足协借鉴NBA球员的挂牌摘牌制转会模式,摘牌制主要包括顺摘牌和倒摘牌,至于有学者提出的双轨制(倒摘牌+自由摘取)[1],已失去了完全行政干预的色彩。通过顺摘和倒摘形式,中国足协将俱乐部和球员的转会行为牢牢地掌控在其行政权力的笼子里,进而将前期仅有的市场调节成分驱除殆尽。

  在挂牌摘牌制中,中国足协实施了更为严厉的行政干预,主要表现在:第一,球员首次合同期满,如俱乐部要求续约,球员至少续签一年合同;第二,在转会程序上卡得过死。比如,中国足协根据俱乐部上报的名单确定球员转入的俱乐部,如果球员不愿意转入,则失去当年转会资格;第三,如果同一名球员有多个俱乐部需要,则按当年有球员转出的俱乐部联赛名次,列前者优先;第四,转会费在俱乐部双方签订协议时必须一次性付清;第五,关于转会管理费(5%),此款必须于收到转会费的一周内付清,如果不按时付款,则转会无效;第六,除了中国足球协会职业部可做转会中介,其他机构未经批准不得介入球员转会事宜[2]。此外,1999年转会形式又做了调整,转会球员一次性上榜,召开摘牌大会一次性摘牌,且每轮次只能摘取1名球员,最多摘取5轮等。2001年,将顺摘改为倒摘,并且一旦摘牌,球员不许反悔,俱乐部不许退牌[3]。诸此种种,中国职业足球转会市场完全被控制在行政权力的笼子里,尤其在微观层面,无不显示出计划配置的主观随意性、人才资源配置的盲目性及权力干预的强制性。尽管挂牌摘牌制有效遏制了户口、豪宅、签字费等私下交易现象,但在保证球员自由和权益方面,以及俱乐部人才选择的灵活性上都存在重大缺陷。无论顺摘还是倒摘,都出现了"抢摘""截留"等问题,导致矛

---

[1] 贾文彤,张振芳.对我国职业足球转会纠纷个案的分析[J].河北体育学院学报,2004,18(1):23-25.

[2] 杨一民.中国足球事业年鉴(1992-1998)[M].北京:新华出版社,2000:200-201.

[3] 朱志斌,李泓,贾文彤.对我国职业足球转会制度的研究[J].河北体育学院学报,2005,19(3):6-7.

盾纠纷不断。因为在摘牌过程中球员的转会意愿得不到尊重，俱乐部人才选择的权力受到巨大约束。据报道，2001年度摘牌大会上，原深圳平安俱乐部球员并不愿意去四川全兴，可在挂牌后摘牌俱乐部就是四川全兴[1]。此时，球员在巨大的行政权力威慑下失去了自由权，俱乐部的人才选择也受到极大限制，造成各方意见一致也未必能达成交易的情况。实际上，挂牌摘牌制是计划思维下的产物，是一种违背市场经济规律的家长式管理模式。转会市场首先是一个市场，既然是市场就必须严格遵循市场经济法则，如果将市场调节的任务以行政干预的方式解决，必将严重影响职业足球转会市场的健康发展。

综上，在转会市场秩序混乱、转会流向有悖常态及足协行政权力趋于强化的背景下，摘牌制登上了中国历史舞台。挂牌摘牌制实质上是计划经济体制下"计划"思维定势的延续。无论顺摘还是倒摘，都是一种过分强化行政干预的组织管理模式。"大包大揽"是其主要特征，尤其在微观层面，行政干预过多，且包揽了本应市场调节的任务，以达到立竿见影的治理效果，表现出我国转会制度改革中政绩高于一切的急功近利思想。

（三）双轨转会制：行政干预趋弱，市场调节趋强（2003—2009年）

时任中国足协注册办主任马成全表示，摘牌制度确实存在不合理之处，迟早要被取消，最终还是要过渡到自由转会这一形式上[2]。尽管对俱乐部和球员转会程序、行为并没有放松管制，但事实上，摘牌制自2002年就已经开始走下坡路。2003年，中国足协实行了所谓的"自由摘取"+倒摘牌制度。尽管转会"自由"的范围较为有限，但这种改良实质上是中国足协将自身部分行政管理职能赋予了市场调控。2003年转会制度中明确规定，各俱乐部可在中国足协公布的转会名单中自由摘取1名球员。但是，中国足协并未解释制度中的"自由"为何？是买卖双方的交易自由，还是买卖双方及球员都有自由选择的权利？据报道，足协及各俱乐部对这种"自由"的解释是，只要买卖双方俱乐部达成一致，即可完成交易，球员并没有资格选择拒绝[3]。诚然，自由摘取对

---

[1] 张蕾.摘牌—平安与全兴"冤家"相争 朱广沪"基本满意"[N].深圳商报，2000-12-06.
[2] 王耀铭.足协：存在不合理之处 摘牌制迟早会寿终正寝[EB/OL].http://sports.sina.com.cn/c/2002-01-08/0822 4000.shtml.
[3] 张玮.何以哄抢—对吴承瑛转会的思考[N].解放日报，2003-01-09.

球员而言并非真正意义上的自由。中国足协将部分球员转会的裁决权逐渐转交给了足球俱乐部。

但是，它也并未充分信任市场调节的能力，仍在诸多微观细节中实施了权力干涉。主要表现在：第一，除了每个俱乐部可自由摘取1名球员外，其他挂牌球员仍要通过严格的程序摘牌；第二，转会费限额过死，要求转会费最高不能超过500万[1]，球员交易实际直接由中国足协拍板决定；第三，如果同一名球员有多个俱乐部需要，则按当年有球员转出的俱乐部联赛名次，列前者优先；第四，转会费在俱乐部双方签订协议时必须一次性付清，等等（表5）。2004年，尽管每个俱乐部可自由摘取的球员数量有所增加，由1名增加至3名，但其他欲转会的球员仍然需要通过摘牌大会寻求出路。除此之外，还对各俱乐部引进国家队球员的数量做了限制，如果某俱乐部已经拥有4名及以上国脚，那么就不能再摘取等。这些限制可能产生平衡各俱乐部竞争实力的短期效果，却干扰了转会市场的正常秩序，造成俱乐部和球员转会意愿得不到良好的保障，资源配置效率低下。

表5　2003年国内球员的转会费数额情况（单位：万元）

姓　名	俱乐部报价	足协实际定价	姓　名	俱乐部报价	足协实际定价
江　*	600	495	李　*	589	480
吴*瑛	1300	495	陈　*	470	470
张*宁	500	490	曲　*	500	460
杨　*	500	480	姚　*	500	450
李　*	600	480	高　*	500	420

2005年，在原来每个俱乐部可自由摘取3名球员的基础上增加到5名球员，在一定程度上释放了市场活力。也就是从这时开始，中国足协将某些微观转会细节的行政干预转变为市场调节，如转会费支付方式和时间限制的消失，等等。然而，逐渐交由市场调节固然是好，但中国足协只是将转会裁决权下放到俱乐部，球员却毫无话语权。主要表现在：第一，球员与俱乐部合同期满前30天，若俱乐部提出续约，则球员不能转会；第二，若当年球员所属俱乐部降级，且俱乐部不同意转会并提出续约的，球员也不能转会[2]。并且，中国足

---

[1] 冉雄飞.足协强令身价最高500万 昔日国脚转会价格20万 [N].体坛周报，2003-01-01.
[2] 中国足协.中国足球协会运动员身份及转会规定 [Z].2006-11-23.

协提出了"自由人"规定,即合同期满后30个月以上未参加原俱乐部比赛或从未属于任何俱乐部的球员,才能注册为"自由人"。抑或不再参加全国性正式比赛的球员,如在第一次转会期前,俱乐部明确提出不再与球员续约,该球员才可申请注册为"自由人"。换句话说,球员合同期满后,只要俱乐部不同意球员转会,球员就不能转会,此时,俱乐部掌握着球员能否转会的生杀大权。然而,30个月的保护期造就了一系列的转会风波,诸如冯某某、周某某转会事件,都是中国足协保护期的"土政策"与国际足联球员合同期满后即可自由转会政策相悖的产物。此外,2006年,国青、国少双线失利后,中国足协意识到我国足球人才后备梯队严重不足,同时正值国足备战2008奥运会的迫切需求,中国足协不仅增加了俱乐部的国内球员配额,除了5名转会指标外,最多可转入3名21岁以下球员,还专门印发了《关于2007年国奥运动员转会事宜的通知》,指出凡同意转出国奥球员的俱乐部,在转会意向方面要与球员协商,在不违反有关规定的前提下,尽量尊重球员意愿。为何单纯要求俱乐部尊重国奥球员的转会意愿,其他球员就可以不尊重吗?显然,不应这样做。但是,在举国体制、奥运战略利益驱动下,看似是中国足协对转会市场的宏观调控,实际仍透露出中国足协(足管中心)的政绩观及计划经济体制下的"计划"配置思维。

综上所述,"自由摘取"+倒摘牌制是中国足协与转会市场主体相妥协的产物,中国足协将自身部分行政管理职能转交给了市场调控。然而,这种权力下放只是将转会裁决权赋予俱乐部,球员却毫无话语权。总体来看,我国职业足球转会市场逐渐趋向于市场调控,微观行政干预逐渐减少,并向宏观调控转变,但仍难改变中国足协管办不分造成的矛盾格局。

(四)自由转会制:市场调节为主,行政调控为辅(2010—2016年)

2009年,冯某某、周某某等转会事件,迫使中国足协发布新的转会制度,新制度废除了原来球员转为自由人的30个月保护期,只要合同期满,球员就可自由转会,而转入俱乐部无需支付转会费,但如果是首次注册为职业球员,或转会在23周岁赛季前,转入俱乐部需要支付培训补偿。如果俱乐部违反合同约定,一年内累积拖欠球员工资或奖金超过3个月,球员有权单方面终止劳动合同[1]。同时,足协最新规定,球员在一个赛季中上场时间不足10%时,有权以体育正当

---

[1]中国足协.中国足球协会球员身份及转会暂行规定[Z].2009-12-28.

理由提前终止劳动合同[1]，职业球员的自由转会权得到有力保护，地位得到巨大提升。并且，2010年正式取消了挂牌摘牌的转会方式，各俱乐部的转会名单不用直接上报中国足协，而在会员协会完成转会手续，报备中国足协即可。此外，在球员配额限制方面，国内俱乐部引援一直沿用的"5+3"政策，即5名无年龄限制球员，3名21岁以下球员。而在外援引进上，2012年中超俱乐部留用和引入外籍球员不得超过5名，其中来自非亚足联会员协会的球员不得超过4名，而中甲俱乐部外援最多不超过4名。2014年中国足协再次增加了中超外援名额，两个转会窗累积不超过7名[2]。从外援限制的变化来看，中国足协通过引入高水平外援带动职业足球联赛整体水平提高的同时，出于本土球员考虑，需要加以限制，否则将挤压国内本土球员的发展空间。这一点在欧洲五大职业联赛中均有鲜明体现。

2015年12月，中国足协出台了关于调整港澳台球员转会政策的通知，明确提出港澳台球员引入按国际转会程序及办法进行操作。然而，港、澳、台一直就是国际足联的会员协会，理应按国际转会程序操作，为何现在才提出呢？中国足协马老师称，"国务院港澳台办有些优惠政策，总局外联司港澳台处为了迎合国家政策，所以就强加上去的"[3]。其实，原来港澳台球员引入是按国外球员转会操作的，但只占用国内球员名额而不占用外援名额。然而，近年来港澳台球员大多是归化球员（巴西人较多），其水平远高于国内球员，这种优惠政策已成为俱乐部引援受益的灰色地带，以致国内足球俱乐部间产生不公平竞争。诚然，港澳台球员转会政策的变化充分折射出原中国足协官民二重性造成的深层矛盾格局。另外，2015版转会规定，中国足协不再收取转会管理费（手续费），这对俱乐部来说是一个极好的消息，因为当前转会市场异常火爆，球员的天价转会费，动辄几千万甚至上亿，转会费的10%确实是一笔不小的开支。取消管理费，除了减轻俱乐部的经济负担外，还可降低俱乐部因逃避支付管理费造假转会合同发生的概率[4]。

---

[1] 中国足协.中国足球协会球员身份及转会管理规定［Z］.2015-12-30.
[2] 足协公布2014赛季球员转会时限 外援累计不超7名［EB/OL］.［2017-04-03］.http://sports.huanqiu.com/article/9CaKrnJDE2q.
[3] 访谈对象：马老师。时间：2016年4月1日9:40-11:04。地点：北京市东城区夕照寺街东玖大厦A座804室。形式：面访。录音编号：ZGZX20160401MM。
[4] 访谈对象：纪老师。时间：2016年5月4日14:10-16:05。地点：山东省济南市历下区山大路如家快捷酒店235房间。形式：面访。录音编号：JLB20160504JMH。

综上，随着我国市场经济体制的逐步完善，我国职业足球转会市场也得到了进一步规范。中国足协与总局脱钩，其官民二重性随之消失。中国足协行政光环的剥离使转会市场释放出巨大的活力，但并不意味着完全脱离政府的宏观调控。总体来看，市场手段在我国职业足球转会市场中成为利益调节和资源配置的主要方式，中国足协更多地从宏观上引导、监督转会市场的健康发展。

第五节 演化经济学与我国职业足球转会制度变迁研究的契合

一、具备演化经济学研究的要素条件

我国职业足球转会制度变迁是一个不断充实和创新的过程。要想运用演化经济学理论解释转会制度变迁规律，还必须满足一定的条件。演化经济学最核心的生物学隐喻就是基因、变异和选择，它们之间具有严密的逻辑关系，共同支撑演化经济学的理论架构。因而，这些生物学隐喻能否嫁接到我国职业足球转会制度变迁研究中是可行性研究的关键。

（一）基因类比物——选择单位

我国职业足球转会制度作为足球俱乐部之间进行球员交易的基本规范和准则，调节着俱乐部之间及俱乐部与运动员之间的各种关系，其制订实际上是一种制度安排。俱乐部、球员等需求的不断变化促使转会制度自身的各种规定发生改变，而且转会制度也将随着俱乐部、球员等需求的减弱而逐渐消亡。纵观我国职业足球发展史，转会制度在演化发展中保持了相对稳定。转会制度从无到有、从简单到复杂、从经验提炼到科学设计，其核心要素始终保持了较高的稳定性。首先，中国足协、地方足协等机构的稳定性及俱乐部、球员等核心利益群体也保持着相对稳定。其次，转会细则承载了各种约束足球俱乐部和球员行为的规范信息及足协的权利与义务，如转会协议、球员注册、转会费、转会时间、球员不能转会的情形，等等。这些都为减少交易信息不对称及准确获取转会信息提供了有力保障。因而我们认为，我国职业足球转会制度具有信息载

体、历时传递及相对稳定等特征，符合演化经济学选择单位的条件，能够充当演化分析中的选择单位。

（二）变异——创新行为

当前，世界足球正处于大变革、大发展的戏剧化时代。我国职业足球转会制度是保障职业足球联赛健康发展的核心制度，新形势下也必然面临足球改革浪潮的洗涤。转会制度所处的环境每时每刻都在发生变化，即使转会制度的稳定性较高，也难免受周围环境变化的影响而发生改变。因而，转会制度在保持自身稳定性的同时，也不断地进行修订和完善，抑或创新转会规则，以保证自身的科学化，更好地满足不同利益主体的需求。当然，我国转会制度的制订既可完全是本土化转会规则的制订，也可通过模仿与学习国外先进的转会规则，实现转会制度的创新。但是，在我国转会制度变异过程中，仍保留了某些"遗传性"特征。因此，完全采用国际先进的转会规则模式也是不可能的，相反，它将与原有规则模式存在一定的联系和相似性。因为，完全采用国际先进规则模式将失去自身本土化环境的塑造和支撑，失去汲取原有规则模式承载的有益信息的条件。

（三）选择——市场选择

一种新奇或变异出现后，如何在系统中扩散导致社会群体思维模式的改变？人类的选择行为是复杂多样的，既可传承自身胜利的经验，也可借鉴并模仿其他成功者，还可依靠提升努力程度实现目标。自然选择学说强调"物竞天择，适者生存，不适者淘汰"，暗示了竞争在自然选择中的重要作用。其实，在演化经济学看来，市场竞争也是如此，尤其在新制度产生后，市场选择将决定其是否能够得到积极贯彻执行，是否能满足利益主体的需求，并最终决定其是否能继续生存下去。新的转会规则产生后，必将受到俱乐部、球员及制度环境的考验。如果受到俱乐部和球员的抵制，或不能适应本土制度环境，那么新转会制度必将遭到淘汰。因为不管转会制度制订者的主观偏好如何，一旦新转会制度出现，市场过程将对其进行检验和筛选，通过市场检验其才能进入扩散阶段，逐渐变成社会广泛认可、利益主体高度满意的转会制度。但如果没有通过筛选、检测，那么将终究难逃脱被淘汰的命运，而竞争获胜的其他新转会制度则保留下来，进入扩散和广泛认同阶段。

二、运用演化经济学研究的独特优势

尽管新古典经济学对我国职业足球转会制度变迁研究做出了重要贡献，但对某些问题的解释，仍难以掩盖其自身缺陷。例如，有目的、有意图的转会制度设计却产生令人意想不到的后果；转会制度系统中仅部分群体的利益按照预设发生改变，其他并未达到预期的结果等。演化经济学具有自身的独特优势。

（一）转会制度系统的形成过程——动态诠释

社会经济系统的演化经历着变异、淘汰和保持阶段，变异阶段即是其形成过程。吕守军认为，本期系统是前期系统演化发展的结果，二者之间的差异并不明显，存在物种黏着性的假定[1]。该黏着性即是物种的遗传性，将当前与过去紧密地联系在一起。因而，为了优化我国职业足球转会制度的制订主体、程序等，梳理转会制度的变迁轨迹、逻辑推演转会制度的变迁规律显得非常重要。对系统演化的历史研究，不能仅关注历史数据的整理、统计和分析，还应挖掘导致系统产生变异的偶然因素。在我国职业足球转会制度变迁过程中，偶然（突发）事件造成转会制度发生"变异"的情形并不罕见。诸如，"王某"合同门事件、"周某"转会事件等同样是我国职业足球转会制度出现"变异"的突发因素。也就是说，偶然因素或事件也会造成我国职业足球转会制度产生变迁。演化经济学除了重视系统创发历史必然的解释之外，还兼顾系统"变异"偶然事件（因素）的分析，因此，它将对我国职业足球转会制度变迁具有独到的解释。

（二）转会制度系统的形成结果——建构说明

如果说社会经济系统的变异阶段就是其形成过程，那么淘汰和保持阶段就是其形成结果。我国职业足球转会制度作为社会经济系统的一个分支，市场选择必然也能类比于生物学的自然淘汰。但是，选择与淘汰并非

---

[1] 吕守军.演化经济学视野下的模仿与创新[M].上海：学林出版社，2008：16.

只发生于市场竞争，还包括组织内部的筛选，即个体行为层面的选择[1]。我国职业足球转会制度的制订主体、程序及具体内容的形成结果，都要经过以市场为主体的外部竞争环境的选择、利益相关者组织层面的选择及个体行为层面的选择等选择过程。也就是说，转会制度的选择并非一次就能完成，既要经过内部不同群体（如球员、俱乐部、足协、球迷）的选择，也要通过外部环境（如本土经济体制、法律、法规及国际足联、欧足联相关政策、规程）的洗涤和过滤。这样，新转会制度才能得以生存和发展。由于演化经济学在关注以市场为主体的外部竞争环境选择的同时，还关注利益相关者层面及个体行为层面的选择，因此，这种多层面的选择过程对我国职业足球转会制度的形成结果具有特定的说明。

综上，运用演化经济学的独特优势有两点：第一，既能阐释我国职业足球转会制度创发的历史必然性，又能诠释偶发事件对转会制度变迁的影响。第二，既关注转会制度外部环境的选择，又关注个体行为层面和利益相关者层面的选择。这种多层面的选择必然对我国职业足球转会制度的形成结果具有较强的解释力。

三、我国职业足球转会制度变迁的演化分析框架生成

前文述及，我国职业足球转会制度变迁符合演化经济学研究的核心要素条件，且具有独特的研究优势，因此，演化经济学理论能为解释我国职业足球转会制度变迁规律提供有力的技术支持。

我国职业足球转会制度变迁的演化经济学分析框架主要源于自组织理论和演化博弈理论，它们是搭建本研究主体架构的核心要件。第一，运用自组织理论，以宏观视角探讨我国职业足球转会制度系统内部演进力量对转会制度变迁的决定性作用，即自组织本质与自组织演化机理。第二，运用演化博弈论建立转会制度变迁的演化博弈模型（复制动态模型），在宏观解释基础上，从俱乐部、球员及足协等利益主体博弈的微观视角，进一步分析我国职业足球转会制度变迁的动力和趋势（图9）。从逻辑上看，两者对我国职业足球转会制度变迁过程的解释具有递进关系，即从宏观递进至微观，认识更加全面、深刻。

---

[1] 吕守军.演化经济学视野下的模仿与创新[M].上海：学林出版社，2008：21.

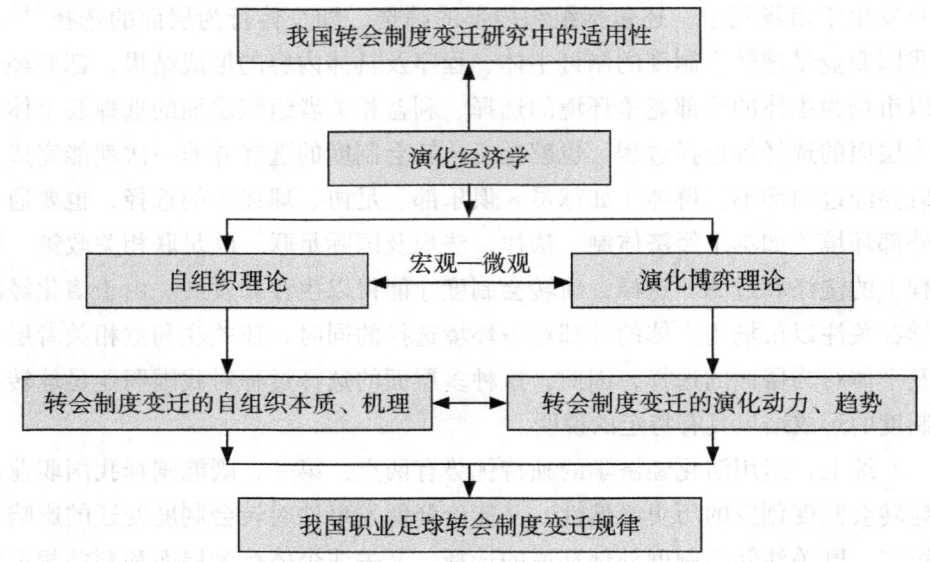

图9 我国职业足球转会制度变迁的演化经济学分析框架

本章小结

采用文献资料法、逻辑法、历史方法等，分析了演化经济学的理论溯源、核心范畴、基本假设、主要理论及我国职业足球转会制度变迁过程，在此基础上，对演化经济学的适用性、独特优势及演化分析框架的生成进行了探讨。

我国职业足球转会制度变迁过程可分为有限自由转会制、摘牌制、双轨转会制及自由转会制4个阶段，并内含了演化经济学的核心要素。第一，我国转会制度具有信息载体、历时传递及相对稳定等特征，符合演化经济学选择单位的条件。第二，我国转会制度在保持相对稳定的同时，也不断地进行调整完善。第三，规则调整后，如果受到俱乐部、球员的抵制，或不能适应本土制度环境，那么新转会规则必将遭到淘汰。运用演化经济学理论的独特优势，既能阐释我国职业足球转会制度创发的历史必然性，又能诠释偶然事件对转会制度变迁的影响；既关注转会制度外部环境的选择，又关注个体行为层面和利益相关者层面的选择，从而对转会制度的形成结果进行特定的解释。基于以上，确立了我国职业足球转会制度变迁的自组织演化和演化博弈分析框架。

第三章 我国职业足球转会制度变迁的自组织演化分析

新古典经济学对转会制度变迁问题的探究，难以面对转会市场监管的复杂变化、转会制度的环境适应能力及自生自发性，对我国职业足球转会制度变迁实践的诠释并不完善，仍需进一步探索。20世纪60年代，自组织理论成为一门新兴前沿的理论学科，强调考察事物自主、自发形成结构的问题。我国职业足球转会市场主体间的交互作用及整体特征的变化是自组织理论探究制度变迁规律的基础。与其他自组织系统一样，我国职业足球转会制度变迁既是一个自我调适、自我发展和自我完善的过程，也是一个从低级、混沌无序向高级、有序的转变过程，同时还是转会制度结构功能不断升级和完善的过程。

第一节 我国职业足球转会制度变迁的自组织本质

我国职业足球转会制度变迁既表现出不同利益主体的利益格局的改变，同时，利益格局的改变也反作用于不同利益主体。新古典经济学框架下，我国转会制度变迁总是遵循特定的单向线性关系，遵循自上而下、从实践到理论的单向路径，并将其完全归为因外生变量的改变而引起的被动式变迁，忽视了转会制度变迁的自组织动力。因此，亟须从自组织角度，阐释我国职业足球转会制度变迁的自组织本质。

一、我国职业足球转会制度系统的界定

我国职业足球转会制度作为一种资源配置型制度，能影响不同利益主体的利益分配，而这种分配关系又通过不同利益主体间的非线性作用反馈于转

会制度[1]，因此，对我国职业足球转会制度的研究实际就可转化为对其不同利益主体（核心主体）行为的研究上。如果把我国职业足球转会制度视为一个复杂系统，那么构成要素必然是不同利益主体。然而，这些利益主体包括哪些？除足球俱乐部、球员及中国足协外，地方足协、经纪人、新闻媒体等也应纳入转会制度系统。其中，足球俱乐部、球员及中国足协为核心利益主体。此界定有利于我们对转会制度系统的构成有一个清晰的认识。在此，只对核心利益主体做一个简要说明。

（一）职业球员

球员是转会市场的核心利益主体之一。没有球员，转会市场也就无法形成。球员作为一种特殊商品，不同俱乐部可通过球员买卖，实现自身利益最大化。然而，球员又是靠踢球谋生的劳动者，与俱乐部共同构成了劳资双方，除了作为俱乐部谋取利益的手段外，球员自身也有特殊的利益诉求。笔者认为，球员转会的利益诉求无非有两点：第一，谋取可观的劳动报酬和福利待遇；第二，谋求更广阔的职业发展平台。如果在原转会制度下，球员的利益诉求得不到满足，如转会自由受限、无球可踢等，那么他们将对原转会制度产生不满和厌恶，继而推动我国职业足球转会制度改革。

（二）足球俱乐部

足球俱乐部也是转会市场的核心利益主体之一，其生存发展状态与转会市场息息相关。没有俱乐部，也就无所谓转会市场[2]。笔者认为，足球俱乐部在转会市场的行为可分为两种，一是转入球员；二是转出球员。俱乐部通过球员的转入或转出实现利益最大化。对于转入俱乐部而言，获得价格合理、竞技水平高，且满足俱乐部队伍建设需要的球员是其利益诉求；而对于转出俱乐部，实现球员转出的盈利最大化、满足俱乐部队伍建设需求是其利益诉求。但无论如何，能使球员在转会市场中配置科学、合理，保障转会市场的公平正义，实

---

[1] 杨献南，于振峰，潘迎旭，等. 论转会的概念及转会制度的本质属性[J]. 山东体育学院学报，2015，31（6）：16-22.

[2] 杨献南，于振峰，史衍，等. 欧足联FFP规则的法律适用及其对我国的启示[J]. 天津体育学院学报，2015，30（6）：493-499.

现他们合理的利益诉求，才是转会制度的功能所在。如果在原转会制度下，不同俱乐部的利益诉求得不到满足或利益分配不公，例如球员选择权受限、球员配置失衡等，他们也会产生不满和厌恶，甚至反抗，继而推动我国职业足球转会制度改革。

（三）中国足球协会

作为我国足球转会市场的监管者和转会制度的制订者，中国足协以特有的行政权力（脱钩前）调节着与俱乐部及球员的利益格局，利用转会制度规范俱乐部和球员的利益分配，维护成本分摊的公平正义，从而谋求我国足球转会秩序稳定、职业联赛健康发展。同时，中国足协也希望能带动并引领体育产业发展，与国家相关法律、政策保持高度统一，以提高我国足球转会市场的效率[1]。但随着我国足球改革不断向纵深推进，新问题不断涌现，各种法律、法规（诸如劳动合同法、体育法、民法通则、仲裁法等）也不断调整以适应新形势，导致我国职业足球转会制度与它们的兼容性降低，监管转会市场的效率也随之下降。为提高转会市场的监管效率，中国足协也将推动我国职业足球转会制度改革。此外，国际转会惯例、欧洲转会市场等变化，也促使我国职业足球转会制度逐步实现与国际接轨。

二、我国职业足球转会制度变迁的自组织本质

开放、远离平衡是系统自组织的前提条件，我国职业足球转会制度系统是否具备呢？第一，从系统与外界环境的关系看，我国职业足球转会制度从创立到发展，是其系统内部与外界环境不断进行物质、信息、能量交换的结果。转会制度创立之初，经济体制的初始状态、路径选择及发展趋势就已锁定转会制度的基础结构、演化轨迹和发展方向。转会制度不仅规范了我国职业足球转会市场秩序，拉动了体育产业经济增长，且在某种意义上，还促使我国市场经济体制不断完善。此外，由于长期以来中国足协的"官民二重性"，行政干预力量一直存在，使转会市场的自主调节能力受到一定限制，但总体来看，这种限制呈现逐渐弱化的趋势。由此，我国职业足球转会制度系统是一个相对开放的

---

[1] 访谈对象：马老师。时间：2016年4月1日9:40–11:04。地点：北京市东城区夕照寺街东玖大厦A座804室。形式：面访。录音编号：ZGZX20160401MM。

系统。第二，从转会制度系统内不同要素间的关系看，不同主体的利益诉求具有绝对差异性，满足于现有利益分配格局的主体将极力维护现有转会制度，而利益受损、反对既定利益格局的主体将极力打破现有转会制度，这种相互竞争使我国转会制度系统失去稳定。因此，运用自组织理论研究我国职业足球转会制度变迁的过程是可行的。

随机涨落是系统自组织演化的诱因。我国职业足球转会制度变迁过程中，总是遇到来自转会制度系统内、外的涨落因素，如体育管理体制改革、法律政策修订、经济体制转型及国际转会环境变化等。它们的存在导致我国转会制度系统内不同利益主体的利益格局发生变化，进而产生非线性相互作用。不同利益主体间的竞争与协同产生了序参量，而序参量反过来役使不同利益主体的行动，从而支配转会制度系统，成为系统演化的动力。诸如从有限自由转会制演化为摘牌制，就是因官办足球俱乐部难以满足转会市场要求而面临严峻的市场考验所引发，而当他们的利益诉求占绝对优势时，原有利益格局和制度结构被打破，远离平衡状态。

分叉和环境选择使系统自组织演化的路径具有多样性，这里有3种情形[1]：第一，经过临界区域的演化路径，不能预料演化结局；第二，间断性的演化路径，大部分路径可预测；第三，渐进性的演化路径，基本可以预测。从转会制度与俱乐部经营管理及球员就业的协调角度看，应该选择渐进性的演化路径。但由于中国足协的官民二重性，行政力量在我国职业足球转会制度变迁中占据较大优势，因此，转会制度演化路径表现为局部跳跃变迁和整体渐进变迁。

我国职业足球转会制度是一个相对开放的系统，内部不同利益主体间的竞争与协同产生了序参量，而序参量反过来役使不同利益主体的行动，使系统走向失稳状态。当微涨落聚成巨涨落时，将对转会制度系统产生强烈冲击，造成原有转会制度的结构无法适应新环境，最终形成新的利益格局和转会秩序，建立一个新的平衡状态（图10）。

[1] 自组织理论［EB/OL］. http://baike.so.com/doc/5145979-5375912.html.

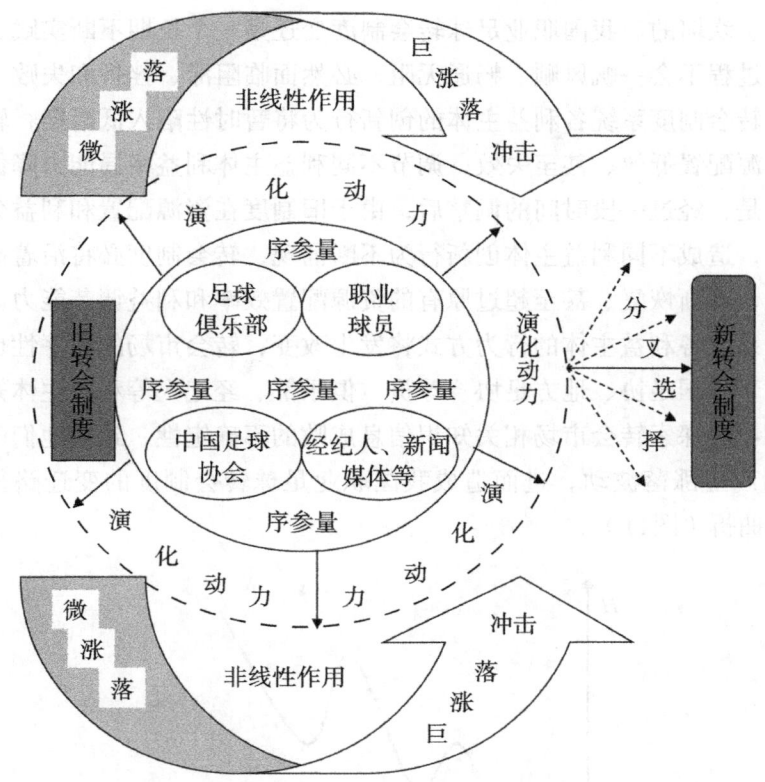

图10 我国职业足球转会制度变迁的自组织本质示图

第二节 我国职业足球转会制度变迁的自组织演化特点

既然我国职业足球转会制度的各利益主体组成了一个系统,那么以系统的自组织性为前提,就能利用因变量和自变量的关系函数来探讨我国职业足球转会制度变迁的自组织特点,推测转会制度系统的内部状态和系统行为的变化,进而通过初始状态的差异探讨转会制度的移植问题及通过内部输入差异探究转会制度变迁的动力。由此,我国职业足球转会制度变迁具有以下自组织特点。

一、曲折性

辩证唯物主义发展观认为,只有用历史的眼光看待历史,才能正确地把握事物的发展规律。任何事物的发展方向都是上升的、前进的,但具体发展路径是曲折的、坎坷的。我国职业足球转会制度变迁是一个长期不断实践、探索的过程，该过程不会一帆风顺、畅通无阻，必然面临阻滞、挫折和失败。在遭遇挫败时，转会制度系统各利益主体的创新行为将暂时性陷入低落期，转会制度将产生资源配置低效、甚至失效，调节不同利益主体利益格局能力降低等不良后果。但是，经过一段时间的调整后，由于旧制度在资源配置和利益分配等方面的低效，造成不同利益主体创新行为不断涌现，转会制度必将沿着高效率的方向演化，逐渐恢复、甚至超过原有的资源配置效率和利益调节能力。这样，转会制度系统各利益主体的行为方式将发生改变，转会市场的秩序性也将有所规范。由于中国足协、地方足协、球员、俱乐部、经纪人等利益主体知识储备有限及学习、探索转会市场相关知识信息成败的不确定性，致使他们的创新行为和举措产生涨落波动，进而造成我国职业足球转会制度的变迁路径起伏不定、蜿蜒曲折（图11）。

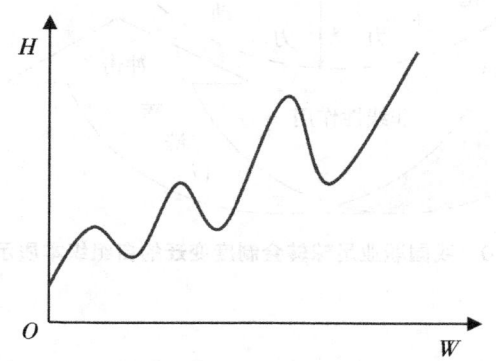

图11　我国职业足球转会制度变迁的曲折性特征

自1995年我国第一套职业足球转会制度诞生至今已有20多年的发展，经历了从无到有、从低级、简单到高级、复杂的逐步完善的发展过程。在有限自由转会制中，整个转会过程表现出较强的行政干预色彩。尽管前期确立了自由转会方针，并强调充分发挥市场调节的作用，但这种"自由"和"市场"仍被行政力量压制于有限的空间范围内。这一时期，主要是行政干预为主，市场调节为辅。而为了应对我国足球俱乐部竞技实力、人才流动的不均衡，遏制转会市场负外部行为，及时掌控整个转会市场秩序，中国足协将原有的"自由"成分驱逐殆尽，强制实施完全行政干预的摘牌制。摘牌制在特殊历史时期起到一定作用的同时，也给我国转会市场制造了不小的麻烦。球员的转会意愿得不到尊重，俱乐部人才选择权受到极大限制，俱乐部弃摘增多，球员就业率急剧下降，中国足协为扭转局面实行了在摘牌制基础上每个俱乐部可自由摘取1名球员的政策。诚然，严格的挂牌摘牌制已经开始松动，俱乐部有了一定的人才选择权。随着时间推移，自由摘取球员的数量逐渐增多，由1人、3人，到后来的5人。可以说，俱乐部的人才选择权逐步扩大，但职业球员仍受到极大的束缚，当然这并非出于足协的挂牌摘牌，而是来自俱乐部30个月保护期的本土政策，即使合同期满，俱乐部仍有30个月的球员归属权。本土转会政策与国际足联转会惯例的冲突，造成球员大量外流，俱乐部利益受损，在国际交涉被动情况下，中国足协废除了不合理的政策，实施了自由转会制。纵观整个发展历程，尽管我国职业足球转会制度正在逐步完善，但这个过程是曲折的，且波动性较大。

二、突变性

所谓突变，即突然变化或突然改变。尽管新制度经济学视野下我国职业足球转会制度变迁具有渐进性特征，却难以解释因外界环境改变造成的转会制度的跃迁性变革。我国职业足球转会制度不同利益主体组成的系统内部涨落和转会制度滞后性的共同作用，引发了转会制度变迁的突变性。当外界环境刺激对利益主体尚未达到一定的压力阈值时，他们的创新行为并不能产生良好的促改效果，但能将外界环境刺激转变成转会制度自身的"量变"积累，因而，此时转会制度只能发生渐变性改变，而不会发生突变性改革。然而，当外界环境刺激达到或逼近某一压力阈值时，转会制度系统内哪怕只出现一个微小涨落，就能通过外界环境选择和系统非线性作用（关系），将微小涨落衍生成巨大涨落，继而促使转会制度发生跳跃式变革（图12）。换言之，只有外界环境刺激强度超出利益主体的承受底线，才能发生突变式变迁。

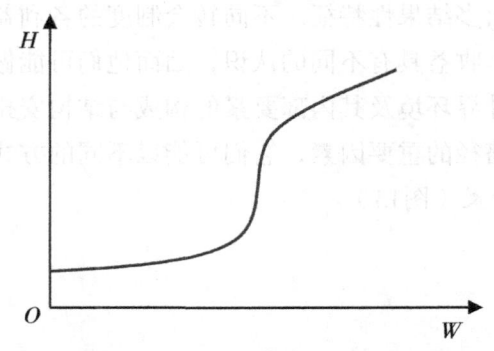

图12 我国职业足球转会制度变迁的突变性特征

1997年，在有限自由转会中，许多俱乐部为了得到所需球员，通过正常途径交涉往往无功而返，而一些俱乐部私自与合同期内球员接触，以户口、豪宅及高薪水等形式引诱球员，进而吸引了众多高水平球员的加盟，造成俱乐部间竞技实力差距拉大。财富实力强的转入俱乐部不惜代价，转出俱乐部则漫天要价，致使球员身价迅速提高。此外，一些年轻且发展潜力巨大的球员，如延边队的金某某，为何从甲A俱乐部转向甲B俱乐部，最终又转向乙级俱乐部？如果不是背后的利益驱使，很难出现这种有悖常态的逆向转会。面对俱乐部财富实力、竞技水平差距逐步增大，加之球员转会的逆流，致使转会市场环境一度极为恶劣，极大地刺激了转会制度的各利益主体，尤其是中国足协和一些中小俱乐部，转会市场已然脱离中国足协的监控。于是，为了尽快掌控转会市场，及时遏制各种不良转会现象发生，中国足协将有限自由转会制度直接改革为完全行政干预的挂牌摘牌制，使我国职业足球转会制度发生了突变性变迁。

三、多结果性

制度变迁的多结果性，即同一制度的变迁路径并不唯一，可能具有多条路径。同样地，我国职业足球转会制度的变迁路径也不是唯一的，也存在一因多果的非线性特征。由于外围环境的差异性及系统内部要素的差异性造成职业足球转会制度的变迁路径具有较大的差异。职业足球转会制度在不同的外围环境下不仅产生不同的变迁路径，且变迁速度亦存在差异。即使在相同的外部环境下，由于转会制度系统内部要素的不同，也会导致要素之间相互作用的方式及不同要素之间的对抗力量存在较大差异，从而造成职业足球转会制度的变迁呈现出多结果性特征。不同转会制度的各利益主体对其创新行为的外界环境和成本收益具有不同的认识，因而他们可能做出不同的创新选择。诚然，系统的外界环境及其内部要素的构成与结构安排，都是影响职业足球转会制度变迁路径的重要因素，它们可能以不同的方式促使职业足球转会制度的演化路径分叉（图13）。

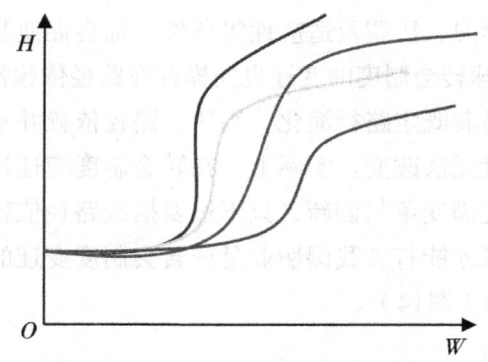

图13　我国职业足球转会制度变迁的多结果性特征
（注：图中曲线表示我国职业足球转会制度演化的可能路径。）

我国和日本的足球职业化几乎是同时开始的，但转会制度却出现了不同的演化路径。在足球职业化之初，我国和日本都是在借鉴欧洲职业足球转会制度基础上进行移植创新。然而，两国转会制度的变迁却走上了不同的道路。日本从足球职业化之初就采用了自由转会制度，并建立了职业足球联盟和球员工会。尽管某些细节与国际足联还有一定的差异，如转会补偿金、球员的薪金分类、23岁以下球员的转会等，但其转会制度变迁总体上类似于英格兰的变迁路径。通过足球联盟与球员工会间的斗争与妥协，在市场调节与行业监督下逐步提高转会制度的效率。然而，我国足球职业化之初采用了有限自由转会制度，但并未配套成立足球联盟和球员工会，而是由中国足协（足管中心）总揽全局。而后，职业足球转会市场乱象丛生，我国便踏上了一条从有限自由转会制到挂牌摘牌制、双轨制，再到自由转会制的演化路径。很明显，职业足球转会制度的变迁出现了分叉。

四、路径依赖性

路径依赖类似于物理学中的"惯性"，一旦进入某一路径，惯性的力量会使这种选择不断自我强化，且不易开辟新路径。制度的形成与变迁并不是随机、随意的，而是深受历史影响，具有显著的路径依赖性。报酬递增是制度变迁产生路径依赖的来源，是由初始制度选择的既定条件而引发的。诸如初始机构的设置、制度的学习、协调及适应性等条件，都会促使制度变迁产生路径依赖[1]。我国职业足球转会制度的变迁也同样存在路径依赖性。转会制度的初始选择一经确定，将沿着既定路径演化。当然，路径依赖并不意味着转会制度变迁陷入路径闭锁后就无法改变。实际上，在转会制度变迁过程中，不仅充斥着路径依赖，同时也充满变革与创新，只不过要摆脱路径依赖，必须借助强烈的外部压力和内在危机才能打破我国职业足球转会制度变迁的路径闭锁，使之重新选择新的变迁路径（图14）。

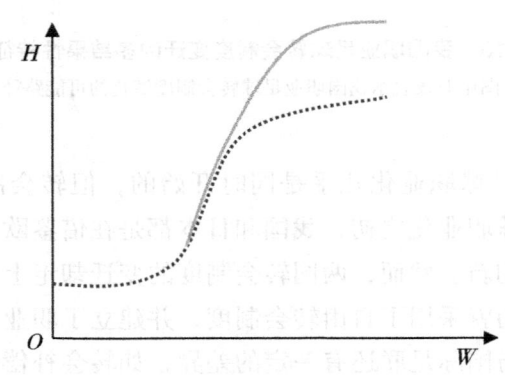

图14　我国职业足球转会制度变迁的路径依赖性特征
（注：图中虚线表示我国职业足球转会制度变迁的旧路径，实线表示新路径。）

从2003年开始，中国足协就实施了双轨转会制，即自由摘取+摘牌。完全摘牌制与自由摘取+摘牌制的主要区别在于，对于后者，每个俱乐部可在挂牌球员名单里自由摘取球员，除了少数被自由摘取的球员外，其他球员依然要通过挂牌、摘牌大会等严格的摘牌程序。然而，这种自由仅限于俱乐部，对于球员而言并没有丝毫自由。俱乐部从自由摘取1名、3名，到后来的5名球员，俱乐部自由摘取球员的名额在原来基础上逐步增加，这种转会规定的变化具有明显的路径依赖。在俱乐部获得一定的人才选择权的同时，职业球员自由转会的意愿却始终被压制，尤其是"自由人"规定，合同期满后30个月以上未参加原俱乐部比赛或从未属于任何俱乐部的球员，才能注册为"自由人"。在球员自由受到长期压制的背景下，部分球员利用国内本土政策的漏洞，突破了足协、俱乐部的束缚。2009年，冯某某、周某某自由转会等偶然事件的爆发，改变了以往职业球员的生存环境，促使我国职业足球转会制度进入一个新的发展轨道。

---

[1] 马耀鹏. 制度与路径依赖：社会主义经济制度变迁的历史与现实 [D]. 武汉：华中师范大学，2009：25–26.

第三节　我国职业足球转会制度变迁的自组织演化机制

我国职业足球转会制度从创生到发展可划分为4个阶段，先后经历3次大变迁，即从有限自由转会制变迁为摘牌制、从摘牌制变迁为双轨转会制、从双轨转会制变迁为自由转会制。因而，本节以这3次大变迁为支撑，分析我国职业足球转会制度变迁实践的自组织演化。

一、有限自由转会制演化为摘牌制

（一）诱因：官办俱乐部改制难以满足转会市场要求

20世纪90年代，我国正由计划经济体制向市场经济体制转型，以我国经济体制转型为背景、借鉴国外足球转会实践经验为基础，中国足协于1994年11月在成都足球工作会议上出台了我国足球史上第一套足球运动员转会细则及关于人才交流若干规定，并于1995年1月1日起全面实施。该规则是原俱乐部、球员和新俱乐部三方合意为基础，着重探索有限自由转会制在中国的实践。一方面，合同期满或两个月后合同期满的球员享有较大的自由转会权，例如合同期满后原俱乐部有权优先与球员续约，但如果球员不同意，仍可实现自由转会[1]。另一方面，球员自由转会也存在诸多干预。例如对于合同期未满的球员，如果原俱乐部不同意转会，那么他就不能转会。在有限自由转会制落实初期，转会市场秩序稳定，收到了良好的实施效果。然而，受传统计划经济体制下"大锅饭""平均主义"思想及国家办运动队思维的影响，原有的省、市体工队（足球队）转型为企业性质俱乐部受阻，将其完全推向市场遭遇瓶颈。同时，像大连万达等财力雄厚的民办俱乐部的出现，使我国转会市场变得活跃起来，他们通过高额签字费、高薪等手段，大量招募高水平球员，以致到后期有限自由转会制对俱

---

[1] 杨一民. 中国足球事业年鉴（1992-1998）[M]. 北京：新华出版社，2000：151-154.

部，尤其是对民办俱乐部的规范和约束能力减弱，不遵循转会制度的俱乐部越来越多，转会秩序陷入紊乱状态。建立适应我国足球转会市场发展的俱乐部制并不能一步到位，在不完全具备足球职业化的条件下实施有限自由转会制，必定会带来不良的后果。长期以来，基于国家办专业运动队的体制，部分俱乐部仍属行政单位，还有部分俱乐部改制后属于半官半民性质，不是一个纯粹的企业[1]。并且，计划经济体制下的足球专业队，是地方体育局（体委）领导下的运动队，改制后大部分俱乐部仍完全为行政部门（体委）所有或持有大部分股权，俱乐部管理也未及时由计划经济向市场经济转换，以致我国足球职业化初期部分官办俱乐部受到转会市场的排斥，竞争实力下降，甚至被迫退出。

案例1：八一足球俱乐部成立于1993年，足球职业化及甲A联赛开始后，球队由于产权所属和军队的性质背景等原因，一直不能向完全的职业俱乐部转变。尽管试图多次向脱离军队行政体制的职业足球俱乐部过渡，但是始终无法获得成功。由于球队隶属于军队的特殊性，最初所有八一的成年球员都是现役军人，且接受军队体制的管理。这一体制也直接决定了八一球员历年待遇都远低于其他职业足球俱乐部，球队只能根据军队的基础薪酬适当调整。并且，由于其它足球俱乐部的球员不是军人，所以无法转会至八一，限制了球队的人员流动，造成球队人才流失严重，2003年球员全部转让，俱乐部撤编、解散，最终以被迫退出职业足球而告终。（来源：甲A十年）

案例1表明，八一足球俱乐部改制受到计划经济体制和军队体制的羁绊，以致薪酬管理、人才流动都很难满足开放的职业足球转会市场的要求。不能满足转会市场要求，意味着要受到转会市场的排斥。在转会过程中，球员具有谋取可观的劳动报酬和福利待遇的利益诉求，俱乐部又有获得高水平球员的利益诉求。当官办俱乐部难以满足球员的利益诉求时，就会出现像某些球员宁愿脱离体制，也要去民办俱乐部获取高薪的现象。这种矛盾格局的形成在我国经济体制改革过程中是不可避免的，需要在深化改革中解决。因此，转会市场中类似于八一俱乐部等官办俱乐部，都会因民办俱乐部的高薪引援行为不受制度约

---

[1] 国家体育总局政策法规司.国家体育总局体育哲学社会科学研究成果汇编（体育产业卷2001-2006）[M].北京：人民体育出版社，2009：389.

束，且不能满足球员的利益需求而产生"水土不服"。体制的羁绊使高水平球员严重流失，且外部高水平球员难以加盟，导致官办俱乐部竞技实力下滑。民办俱乐部作为民营企业，自负盈亏，是市场经济发展到一定阶段的产物，不存在薪酬管理等体制束缚问题。这样，便引发了我国不同性质足球俱乐部利益格局的改变。

（二）动力：不同性质俱乐部管理当局的利益博弈

竞争是推动系统不断演化最活跃的动力[1]（图15）。20世纪90年代中期，我国职业足球转会市场存在3种俱乐部，即官办俱乐部、半官半民俱乐部、民办俱乐部。一个转会制度系统内的不同要素，必然在转会市场上存在激烈竞争。而这种竞争使我国职业足球转会制度系统失去稳定，原有的利益格局被打破。为调整利益格局，中国足协必然改革原有转会制度，促使转会市场恢复有序健康发展。

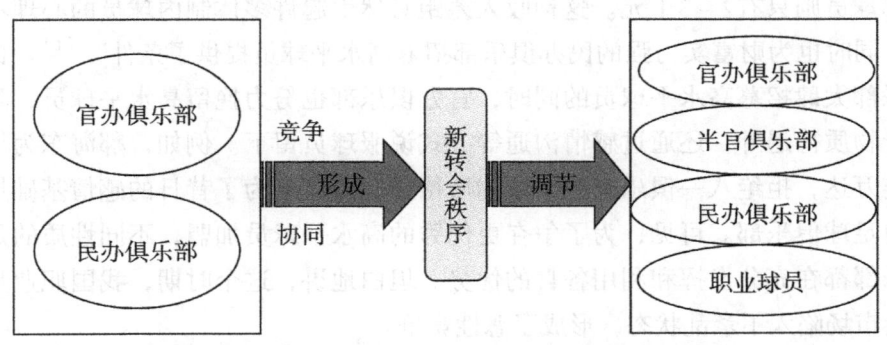

图15　有限自由转会制演化为摘牌制的具体动力

案例2：1994年，大连万达集团注资与大连市体委合办，足球队改组为大连万达足球俱乐部，万达集团每年赞助球队400万。1995年，在市政府领导的指示下，大连体委将万达俱乐部完全转让给了大连万达。至此，大连万达足球俱乐部完成了改制，成为完全意义上的职业足球俱乐部。在官办俱乐部投入受限的情况下，大连万达集团却拥有巨额资金，用高额薪酬吸引了更多大牌球员。这样，大连万达一路势如破竹，以12胜10平的

---

[1] 吴彤. 论协同学理论方法：自组织动力学方法及其应用[J]. 内蒙古社会科学（汉文版），2000，(6)：19–26.

不败战绩获得联赛冠军！这一成绩使大连万达队成为中国职业联赛历史上迄今为止唯一一支赛季不败的球队。（来源：风雨驰骋：万达97-98甲A征战录）

由案例1、案例2可知，八一和大连万达分属不同性质的足球俱乐部，一个为官办，一个为民办。他们在薪酬调整、人员配备机制等方面存在较大差异。受行政体制的束缚，尽管官办俱乐部身处职业足球转会市场，但只能利用计划经济体制下的管理办法，根据国家正式在编职工薪酬管理规定，调整球员薪酬和福利待遇，且人事关系较为复杂，例如人员调动需要上级部门的行政审批等。民办俱乐部则受转会市场的供求关系影响，可随时根据转会市场需求及相关政策、制度的变化，调整用人待遇。因此，官办俱乐部和民办俱乐部在球员薪酬、福利待遇等方面产生了强烈对比。山东鲁能俱乐部的专家纪老师称："20世纪90年代中后期，不同性质的足球俱乐部在球员薪酬待遇上存在很大差距，民办俱乐部球员月薪可达2~3万元，高水平球员甚至可达10万元，官办俱乐部球员则只有2~3千元。这种收入差距必然引起许多体制内球员的心理不平衡，同时也为财富实力强的民办俱乐部招募高水平球员提供了条件"[1]。民办俱乐部大肆招募高水平球员的同时，官办俱乐部也努力挽留高水平球员，除了提升物质待遇外，还通过感情沟通等方式说服球员留下。例如，郝海东为了去大连万达，拒绝八一俱乐部的丰厚物质待遇；黄某某为了昔日的感情基础加入延边足球俱乐部。可见，为了争夺更优秀的高水平球员加盟，不同性质的足球俱乐部都在充分发挥和利用各自的优势。坦白地讲，这个时期，我国职业足球转会市场陷入了紊乱状态，形成了恶性竞争。

案例3：1997年，大连万达出现了一些混乱现象，那时俱乐部眼光都比较窄，在官办俱乐部投入都不是很大的情况下，大连万达却用高额薪酬吸引更多大牌球员，比如郝某某，八一队为了留住他，承诺给他在北京配车配房。但他宁愿脱下军装，执意去大连万达踢球，最终大连万达花费了220万元破纪录的价格将其招致麾下。在这种情形下，大连万达成了巨无霸，实力太强了（大半支国家队），只要想拿冠军，就能年年拿冠军。并且，他在万达踢球的年收入是300万左右，而在去大连万达踢球之前（八一

---

[1] 访谈对象：纪老师。时间：2016年5月4日14:10-16:05。地点：山东省济南市历下区山大路如家快捷酒店235房间。形式：面访。录音编号：JLB20160504JMH。

俱乐部）他的收入只有10万~20万。（来源：风雨驰骋：万达97-98甲A征战录、专家访谈笔录）

案例4：黄某某16岁时入选沈阳部队青年足球队，是国内著名的前锋之一。当时，担任延边足球队（吉林足球队）领队的高某因早期也在沈阳部队踢球，凭借战友的面子，真心诚意地向他求援，相约加入延边队。他说："我之所以选择延边足球队，不仅因为我欣赏这个队的战术风格，传球意识好，善于整体配合，还有一个起关键作用的'情感'因素"。（来源：96中国足球甲A）

在转会市场陷入紊乱，市场负外部行为泛滥的情况下，官办、半官半民、民办俱乐部吸引高水平球员的能力有着巨大差距。中国足协的专家冯老师称："当时大连万达凭借巨额资金，吸引了很多大牌球员，球队实力剧增，一路势如破竹，联赛成绩辉煌，成了一支巨无霸球队"[1]。反观八一俱乐部，因军队体制束缚，不仅已有的高水平球员流失严重，且很难从外界引进外援，竞技实力日趋减弱，与万达形成了鲜明对比。显然，高水平球员在俱乐部间的配置失衡，造成不同俱乐部间竞技实力差距不断扩大，严重影响我国职业足球联赛的健康发展。球员配置失衡必然引起利益分配不当，受益俱乐部极力维护现有转会制度，受损方则极力反对。故而，在这种维护与反抗的竞争中产生了新秩序，而新秩序反过来又支配他们的行动，继而推动转会制度走向非平衡状态。

（三）路径选择：行政干预趋强，背离国际惯例

我国职业足球转会制度变迁的多结果性决定了变迁路径的多样性和不确定性。在有限自由转会制下，俱乐部、球员及中国足协等利益主体面临不同的困境。对于俱乐部而言，遭遇发展困境的主要是官办俱乐部。由于薪酬管理机制、球员编制等问题，即使合同期满，原俱乐部有权优先与球员续约，但如果球员不同意，仍可实现自由转会。在这种情况下，官办俱乐部吸引高水平球员的能力降低，也就是说，很难挽留或招募高水平球员，继而无法提高自身竞争实力。相比之下，民办俱乐部的获益更多。对于球员而言，职业化初期，足球

---

[1] 访谈对象：冯老师。时间：2016年5月12日11:15—12:06。地点：北京市海淀区首都体育学院教学楼8层会议室。形式：面访。录音编号：ZGZX20160512FJM。

专业队需要转型，球员同样需要由专业队员向职业球员转变，但转变不可能一蹴而就。由于专业队员都是计划经济体制下的国家正式在编人员，转会行动也受到行政约束和编制阻碍，很难实现自由转会。此外，中国足协作为转会制度的制订者和监管者，建设稳定而有活力的足球转会市场是其工作目标。但在有限自由转会制下，市场主体的负外部行为频现，转会市场秩序紊乱，甲A联赛俱乐部竞争实力失衡，联赛效益大幅下降。因此，如何尽快平衡不同性质俱乐部吸引高水平球员的能力，恢复转会秩序，保障联赛健康发展是其主要困境。中国足协的专家冯老师称："在我国实施球员转会制初期，国内转会市场较为混乱，尤其像大连万达这种真正意义上的职业足球俱乐部出现后，转会市场陷入了发展困境，而且把整个甲A联赛竞技实力搞得严重失衡，造成弱的越弱、强的越强，联赛市场面临失控，同时也引起了八一、国安等官办俱乐部的不满"[1]。诚然，不同性质足球俱乐部的竞争实力差距增大，加之足球转会市场秩序失稳，造成了中国足协近乎难以控制的局面。

当然，解决问题的途径有很多，但为何选择摘牌制？其实，这是我国经济体制转型、足球职业化改革过程中的必然阵痛，理应在深化改革中解决。但受当时具体环境的约束，我国职业足球转会制度并未在继续市场化改革路径上前进。中国足协具有官民二重性（实际是官方），在权衡官办和民办俱乐部利益问题时，出于政治影响的考虑，必然倾向于利用转会制度保护官办俱乐部的利益，且出于转会市场秩序紊乱问题解决的急迫性，只能塑造一种能快速规范转会市场秩序、且成本较低的制度。山东鲁能俱乐部的专家纪老师称："中国足球的管理者，在管理方式上，球员转会有问题了，只是简单地去解决问题、堵住漏洞。中国足协采用摘牌制是一种模仿，主要模仿NBA的摘牌，这种制度操作简单易行，同时具有一定的规范性"[2]。我国足球职业化初期，学习、模仿NBA摘牌制的成本最低，且除具有较强规范性外，还能立即平衡联赛俱乐部间的竞争实力，保障转会市场的秩序性。于是，在多方利益博弈下，摘牌制变成效仿对象。然而，摘牌制具有强烈的行政干预性，尽管起到了规范市场的积极作用，但这种家长安排式的管理模式已然背离了国际足联的自由转会惯例。

---

[1] 访谈对象：冯老师。时间：2016年5月12日11:15-12:06。地点：北京市海淀区首都体育学院教学楼8层会议室。形式：面访。录音编号：ZGZX20160512FJM。

[2] 访谈对象：纪老师。时间：2016年5月4日14:10-16:05。地点：山东省济南市山大路如家快捷酒店235房间。形式：面访。录音编号：JLB20160504JMH。

二、摘牌制演化为双轨转会制

(一) 诱因：转会市场核心群体利益受损逼近极限

1998年，国家体委重新改组，在多方博弈和权衡下，中国足协借鉴了NBA的摘牌制转会模式。但在顺摘牌和倒摘牌过程中，中国足协仍掌控俱乐部和球员转会的权力，使之前的市场调节难以实现。主要表现在：球员首次合同期满，如俱乐部要求续约，球员至少续签一年合同；如果同一名球员有多个俱乐部需要，则按当年有球员转出的俱乐部联赛名次，列前者优先[1]。1999年又做了调整，转会球员一次性上榜，召开摘牌大会时一次性摘牌，且每轮只能摘取1名球员，最多摘取5轮。2001年，又把顺摘改为倒摘，且一旦摘牌，球员不许反悔，俱乐部不允许退牌等[2]。可以说，我国职业足球转会市场完全被控制在行政权力的笼子里，尤其在微观层面，无不显示出计划配置的主观性及权力干预的强制性。尽管摘牌制在特定历史时期具有一定的积极作用，但随着我国足球职业化改革不断深入，改革势在必行。摘牌制实施初期，俱乐部和球员的市场负外部行为得到了有效遏制，转会市场秩序井然，职业联赛的效益也有所恢复。但随着他们对摘牌制的不断适应以及足协行政干预的增强，其弊端变得越发明显，俱乐部和球员对转会制度的执行力度大幅降低。在足协的强力行政干预下，哪怕转出俱乐部、球员、转入俱乐部三方达成一致，转会交易也未必如愿实现。突出表现为，球员的转会意愿得不到尊重，俱乐部的人才选择权受到极大限制，致使他们以不同形式和途径表达不满并形成合谋。

案例5：魏某某曾遭受三次"截杀"，第一次发生在1999年初，他本来已经找到了接受自己的球队，但被广州松日俱乐部中途"截"走。2001年俱乐部将其挂牌，他再次找到了心仪球队，没想到又被"截"到了八一俱乐部。2002年他再次挂牌转会，同样也找到了新东家，却被陕西国力俱乐部中途"截"走！在国力俱乐部度过不愉快的一年后，他选择了退役。

---

[1] 杨一民. 中国足球事业年鉴（1992-1998）[M]. 北京：新华出版社，2000：200-201.
[2] 访谈对象：纪铭华. 时间：2016年5月4日14:10-16:05. 地点：山东省济南市山大路如家快捷酒店235房间. 形式：面访. 录音编号：JLB20160504JMH.

（来源：南方体育报）

案例6：徐某在摘牌大会前，已经多次与重庆队进行接洽，彼此都很满意，重庆队此前也公开表示锁定他的意愿。但是没想到，半路杀出个"程咬金"，山东队半路将他"截"走了，重庆力帆对此提出抗议，但无果而终。对此，徐某也表示："我实在太意外了，他们事先根本就没有和我联系过，事情已经这样了，我也只能接受，下赛季尽力为山东队踢好球，希望他们能尽早和我联系。"对此，李某某说："那么多年了，我们已经习惯了，我们说了不算。"（来源：文汇报）

在案例5中，魏某某曾一度被认为是我国摘牌制的最大牺牲品，曾三次找到意向俱乐部，但均在摘牌大会上被"截杀"，最终导致他以退役而告终。案例6中，除了徐某被"截杀"外，还遭到重庆力帆俱乐部的严重抗议。这表明，在摘牌制下，球员和俱乐部均陷入一种"有苦难言"的尴尬境地。球员消极对待，俱乐部的足球热情消退。山东鲁能俱乐部的专家纪老师称："在当时，一旦球员被某个足球俱乐部摘牌，球员如若不同意，只有两条路：一是继续效力这个俱乐部；二是选择退役。那时候球员转会并不像现在当作生意来谈，而更多的是感情"[1]。显然，这是一种残酷的选择。但相比面临失业的球员，被截摘也是一种幸福，毕竟还能继续在绿荫场上奔跑。据报道，在2002年摘牌大会上，挂牌人数高达458人，但俱乐部只摘取了48人，而且天津泰达、山东鲁能、四川全兴及大连实德都选择了弃摘[2]。球员的转会意愿得不到尊重，俱乐部也不能选择人才的归属，投资与收益差距较大。限制俱乐部的人才选择权的直接结果是，资金投入减少，且不可能减少训练、场地等费用，而只能压缩球员工资和转会费，进一步加剧了转会市场的低迷[3]。因而，俱乐部的人才选择权受限，且球员的转会意愿得不到尊重，直接诱发了我国转会制度系统的原有利益格局的改变。

---

[1] 访谈对象：纪老师。时间：2016年5月4日14:10–16:05。地点：山东省济南市山大路如家快捷酒店235房间。形式：面访。录音编号：JLB20160504JMH。

[2] 2002年球员转会摘牌结果[EB/OL].[2017-04-01]. http://sports.sina.com.cn/focus/zhuanhui.shtml.

[3] 访谈对象：吴老师。时间：2016年5月9日15:35–16:56。地点：北京市西城区先农坛体育场足协办公楼308室。形式：面访。录音编号：JLB20160509WS。

（二）动力：转会市场主体的隐蔽性合谋行动

俱乐部和球员作为转会制度系统内两个不同的利益主体，他们具有各自的利益诉求。球员追逐可观的劳动报酬和福利待遇及对自身发展最合适的俱乐部，足球俱乐部则追求时下最火热的球星，追求利益最大化是他们的根本动机[1]（图16）。从这个角度看，两者利益诉求不一致似乎很难形成合谋，但当转会制度安排或行为不当，两者的利益同时得不到满足时，产生合谋也就不难理解了。正是合谋的存在，才加快了我国职业足球转会制度的改革进程。摘牌制造成俱乐部的人才选择权受到限制，球员的转会意愿得不到满足，且生存陷入困境。在这种情形下，他们形成了隐蔽性合谋，共同与中国足协利益博弈。

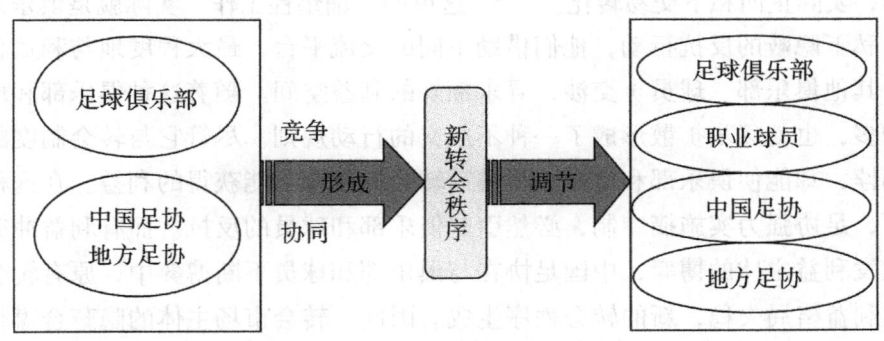

图16　摘牌制演化为双轨转会制的具体动力

案例7：2002年1月，我国甲级俱乐部总经理联席会议在成都举行，会上青岛颐中俱乐部总经理秦某把他们看中的姜某、江某和王某3名球员的名字印在纸上分发给各甲级俱乐部老总，并在上面写明这3名球员我们已经与他们谈妥，他们也都愿意来青岛效力，还请各俱乐部高抬贵手，不要摘他们，我们也绝不会搅各位的好局。会后，各甲级俱乐部又都接到了青岛颐中俱乐部发来的传真，再次确认了上述3名球员的名字。（来源：北京青年报）

案例8：2002年1月，我国著名球员申某，为了保证在摘牌大会上不被其他俱乐部"截杀"，他写了一份恳请书，以个人名义向各甲级俱乐部发

---

[1] 沈佳.我国职业足球俱乐部利益群体研究[M].北京：中国时代经济出版社，2012：130-131.

传真，表明他已经有了钟情的上海中远俱乐部，请大家高抬贵手，并祝各俱乐部新年快乐，今年取得好成绩。（来源：北京青年报）

上述案例中，为了维护自身利益，青岛颐中总经理秦某通过甲级俱乐部联席会议，表达了对摘牌制的不满。球员申某则以向各甲级俱乐部发"恳请书"的形式，为自己能在摘牌大会上顺利被钟情俱乐部摘到而努力。这些私下行为表明，俱乐部、球员通过不同形式和途径表达了对摘牌制的不满，同时也以隐蔽的实际行动与摘牌制抗衡。俨然，摘牌制已经变成一个没有实质内容的空壳子，挂牌、摘牌过程也变成了一种"默契"。山东鲁能俱乐部的专家纪老师称："每年摘牌看似很简单，实际隐藏玄机，摘牌大会前，俱乐部、球员都在做一些铺垫性工作，以在摘牌大会上争取最大的利益。看似公开、公正的转会摘牌，实际正向私下交易转化。"[1]这里的"铺垫性工作"实际就是俱乐部和球员私下隐蔽的反抗行动，他们借助不同的交流平台，最大程度地与利益相关方（其他俱乐部、球员）交涉，寻求额外的利益空间。随着这种俱乐部和球员的增多，也就逐步扩散形成了一种不成文的行动规则。尽管它与转会制度的精神相悖，却能使俱乐部和球员获得遵循转会制度所不能获得的利益。在这种情况下，足协强力实施摘牌制，必然引起俱乐部和球员的反抗。而有利益冲突必然触发利益主体的博弈，中国足协在与俱乐部和球员不断博弈中，原有转会秩序和利益格局失稳，新的转会秩序生成。因此，转会市场主体的隐蔽合谋行动推动了我国职业足球转会制度——摘牌制的改革。

（三）路径选择：调整利益格局，创造国际接轨条件

外部环境决定了我国转会制度的改革路径。摘牌制下，国内足球转会生态系统遭到严重破坏，使中国足协、俱乐部及球员等陷入了不同的困境。对中国足协而言，面临两种困境：第一，尽管每次摘牌俱乐部都有5次机会，但俱乐部弃摘现象日益增加。河南建业俱乐部的专家陈老师称："实施摘牌制后，引起了众多俱乐部的不满，很多俱乐部想要的球员进不来，不想要的球员又出不去，俱乐部受到了巨大限制，对这种不合理的制度非常消极。并且，就摘牌

---

[1] 访谈对象：纪老师。时间：2016年5月4日14:10—16:05。地点：山东省济南市山大路如家快捷酒店235房间。形式：面访。录音编号：JLB20160504JMH。

那几年，几乎每年都有俱乐部弃摘，而且弃摘的俱乐部也越来越多。"[1]中国足协这种"拉郎配"式的安排，造成俱乐部的人才选择权受限，不能引入理想的、适合俱乐部自身发展的球员。第二，球员就业率急剧下降。这种就业是指挂牌球员能够找到下一家效力的俱乐部。许多球员无法顺利找到中意的俱乐部，部分处于待业状态，有些则直接选择退役。案例5即呈现了这种事实，魏某某连续三次被中途"截摘"，以致与效力俱乐部闹得不欢而散，这不仅严重影响了我国足球转会生态系统的可持续，还给专业、业余球员带去了更多的消极信号。对俱乐部而言，在摘牌制下只能根据规定的摘牌顺序（倒序或正序）摘取球员，但未必能获得意向球员。当投资与收益不匹配时，俱乐部的发展也就陷入了低迷状态。相比俱乐部，球员的困境似乎更重。摘牌制严格规定了球员的转会趋向，一旦被摘牌，不管愿意与否都要执行，否则就要失业。可以说，球员的转会意愿不但没得到重视，发展空间还受到极大限制，甚至面临生存危机。

然而，中国足协已经意识到摘牌制给俱乐部与球员造成的困境及其对我国职业足球联赛发展造成的不良影响。2002年摘牌大会后，时任中国足协联赛部主任马成全曾表示："摘牌制度确实存在不合理之处，迟早要被取消，最终还是要过渡到自由转会这一形式上"。这表明，我国职业足球转会制度的改革方向基本确定。既然目标已定，那么怎样改革才能达到这一目标？中国足协的专家冯老师称："当时，为了应对我国转会市场存在的危机，足协也曾多次探讨改革方向，是直接改革成自由转会制，还是渐进式的改革成自由转会制，又或是继续摘牌。面对三种方向，继续摘牌已经不可能了，而直接改成自由转会制又怕出现足球职业化初期的转会市场的紊乱，最后才选择了渐进式的过渡形式。"[2]因为顾忌有限自由转会制所造成的转会市场失稳，所以当时中国足协不可能实施完全式的放权管理，将所有的控制权下放，但又困于转会市场核心利益主体的合谋行动，致使中国足协又不得不做出改变。再者，囿于我国经济体制不断转型及体育管理体制的渐进式改革，我国职业足球转会制度的改革也不可能独立于渐进式改革的环境之外。因而，综合上述境况，逐步放权管理，渐进调整利益格局是中国足协做出的适应当时环境的制度改革路径选择。通过渐进改革，逐步创造与国际转会惯例接轨的环境条件。

---

[1] 访谈对象：陈老师。时间：2016年3月15日17:02-18:40。地点：河南省郑州市东风路金帝咖啡馆2层。形式：面访。录音编号：JLB20160315CWJ。

[2] 访谈对象：冯老师。时间：2016年5月12日11:15-12:06。地点：北京市海淀区首都体育学院教学楼8层会议室。形式：面访。录音编号：ZGZX20160512FJM。

三、双轨转会制演化为自由转会制

（一）诱因：本土与国际转会惯例的不兼容

2003年，经过多方博弈，中国足协实行了"自由摘取"+倒摘牌（双轨转会制）制度。尽管转会自由的范围有限，但确是中国足协部分管理权下放的重要表现。转会制度规定，各俱乐部可在足协公布的转会名单中自由摘取1名球员，其他球员转会仍要按照严格的挂牌摘牌程序[1]。而这里的"自由"是买卖双方的交易自由，还是买卖双方与球员都有自由选择的权力？从实践来看，只要双方俱乐部达成一致，交易就能完成，球员并没有资格选择拒绝。此后，2004—2005年，俱乐部自由摘取球员的数量逐步增加，一定程度上释放了转会市场的活力。然而，中国足协仅是将转会裁决权下放到了俱乐部，球员却没有话语权。突出表现为合同期满后30个月以上未参加原俱乐部比赛或从未属于任何俱乐部的球员，才能注册为"自由人"。整体而言，在双轨制实施过程中，俱乐部获得了一定的人才自由选择权，且选择范围越来越大，由于他们的获益增多，对双轨转会制的执行落实也逐步增强。但从球员角度，转会意愿不仅没得到尊重，反而对其束缚更加苛刻。那么，对于双轨制，球员的态度始终处于消极执行状态，且反抗意识逐步加深。而从国际上看，博斯曼事件后，只要合同期满，球员就可自由转会，甚至一度出现合同未到期，只要支付违约金和培训金也可以转会的情况。国际转会惯例规定："一名职业球员可在与其现签约俱乐部的合同结束或将在6个月内到期的前提下，可自由与另一家俱乐部签约。"[2]但我国却仍实行着"自由摘取"+摘牌制，且"自由"实际并不自由。广州恒大俱乐部的专家黎老师称："为了保护俱乐部利益，中国足协出台了一项特别条款，那些能够自由转会的球员实际不自由，如果俱乐部不同意转会，那么只有30个月不参加比赛，才能成为真正的自由人，单凭合同到期没多大用。"[3]因此，球员想要获得自由身十分不易。当然，俱乐部的利益也要保护，否则将造成

---

[1] 冉雄飞.足协强令身价最高500万 昔日国脚转会价格20万[N].体坛周报，2003-01-01（6）.

[2] FIFA.Regulations on the status and transfer of players[EB/OL].http://www.fifa.com/governance/dispute-resolution-system/index.html.

[3] 访谈对象：黎老师。时间：2016年4月13日9:15-10:50。地点：广东省广州市恒大中心27层会议室。形式：面访。录音编号：JLB20160413LJY。

转会秩序失稳、职业联赛发展迟滞的恶果，但不应该以牺牲球员利益为代价。

案例9：2006年，北京国安俱乐部的高某某被租借到澳超新西兰骑士队，然而，在赛季结束后，他再没有与北京国安签约，北京国安也没为他注册，由此他的注册关系转至澳超。在结束了澳超比赛后，他成了一名自由球员。2007年，他以"自由球员"身份转会至芬超迈帕队，迈帕俱乐部经纪人声称，他的注册手续是在新西兰骑士队效力的时候注册的，因此不受中国足协规定的"即使未签约，球员关系也将在原俱乐部保留30个月"的约束。对于高某某在芬兰亮相，北京国安某高层称："按照足协的30个月保护期，他仍属于北京国安，我们都没有想到他是自由球员，但现在已经这样了，我们也正在为他办理转会手续，希望他把握好机会吧。"（来源：新华网、北京青年报）

案例9中，高某某实现了自己的转会意愿，且将国内转会"土政策"与国际转会惯例的矛盾展现得淋漓尽致。他加盟芬超迈帕队，名义上自由转会，实质并不符合中国足协的转会规定。按照足协规定，即使他在北京国安效力的合同期满，由于仍在30个月保护期内，所以他不算自由球员，其归属还是北京国安。但是，像澳大利亚足协、芬兰足协等都隶属于国际足联，他们始终遵循国际足联的转会规定，即球员合同到期后，就是自由球员，不再隶属于原俱乐部，没有所谓的保护期。而在国内，球员合同期满后，除了俱乐部具有优先签约权外，球员只有连续30个月不踢比赛才能获得自由身，俱乐部控制着球员的自由转会权。但令人费解的是，外援的引进是按照国际转会程序，同样是合同期满，外籍球员就可以自由转会，国内球员却有30个月保护期[1]。俨然，这种转会政策与国际转会惯例产生了明显的冲突，势必会成为我国职业足球转会制度改革的导火索。

（二）动力：球员的行动倒逼与国际足联的施压

由于球员的自由转会权被俱乐部控制，因而球员的创新行为（冲破控制）一定是以牺牲俱乐部既定利益为代价。球员的利益受损，奋起反抗也是必然。于是，部分球员利用国内转会制度与国际转会惯例不兼容的漏洞，与俱乐部、

---

[1] 中国足协.中国足球协会运动员身份及转会规定[Z].2007-12-27.

中国足协博弈，自由转会至国外俱乐部，诸如周某某、冯某某等球员都是通过该途径实现了自由转会，获得了更大的发展空间。具体动力如图17所示。

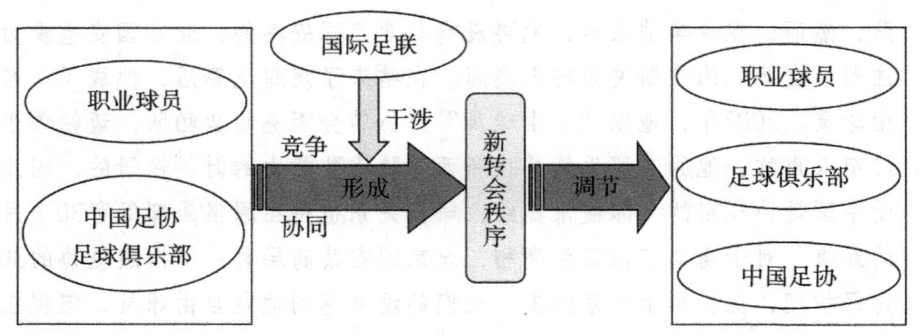

图17　双轨转会制演化为自由转会制的具体动力

案例10：2008年12月31日，周某某与山东鲁能的合同期已满，之后便在经纪人操作下，瞒着俱乐部，瞒着队友，也瞒着中国足协，在没有支付俱乐部转会费的情况下，他以自由人的身份加盟了荷甲埃因霍温俱乐部，这让刚刚平静下来的中国足坛再次"炸了锅"。直至2009年2月6日，他在上海召开新闻发布会时，相关部门这才"醒"过来，原来他真的要走了，而且任何土政策也阻挡不了……国内一位球员曾说："他确实让人羡慕，也让我们感激。希望这一事件后，中国足协能尽快实行自由转会，这样我们球员的利益就有了更充分的保障。"（来源：新民周刊、搜狐体育）

案例11：2009年，冯某某通过其经纪人的运作，在1月22日与韩国大邱俱乐部正式签订了转会合同。但中国足协迟迟未能发放他的国际转会证明。1月31日，经纪人正式致函国际足联球员身份委员会，声称：在国际转会问题上，只有国际足联拟定的转会规定才是唯一适用依据，一名职业球员在与其现签约的俱乐部的合同结束或将在6个月内到期的前提下，可自由与另一家俱乐部签约。根据这个条款，他自由转会韩国毫无争议。这份信函同时被抄送给了中国足协以及大连实德俱乐部。国际足联接到申诉后就致函中国足协，要求尽快将他与大连实德俱乐部的合同以及其他相关材料上报给国际足联。（来源：新华网、济南时报、网易体育）

案例10和案例11都是震惊中国足坛的重大转会事件，具有里程碑式的意义。为了获得自由转会的权利，周某某和冯某某利用国内转会政策的漏洞，先后发起了挑战。看似是球员与俱乐部和中国足协的利益之争，实则凸显的是国内转会政策与国际转会惯例的尖锐矛盾。他们之所以成功自由转会，并不是山东鲁能、大连实德及中国足协的理解与包容，更多的是无法阻挡国际足联的转会规定。当然，在整体利益既定的情况下，球员的利益增加，必然引起某个主体的利益受损。在这两个事件中，埃因霍温俱乐部、大邱俱乐部都未支付任何转会费，而他们分别转入山东鲁能、大连实德时，按照足协规定，两个俱乐部均支付了巨额转会费。因而俱乐部认为，他们成了我国职业足球转会制度漏洞的牺牲品。表面来看，球员自由转会至国外俱乐部，原国内俱乐部的利益受到损害，但实际受损害的这部分利益也是通过原有转会制度规范下在其他利益主体的基础上获得的。其结果要归咎于转会制度设计的缺陷，俱乐部承担了本应足协承担的制度设计缺陷的部分成本，致使球员与俱乐部之间产生了不可调和的利益矛盾。随着事态扩展，冯某某事件已不仅是普通转会纠纷，争议已上升至中国足协和国际足联的层面。因为大连实德与中国足协拒绝开具国际转会证明，所以中国足协被告上了国际足联。最终中国足协国际交涉失败，毕竟国内转会政策难以规制其他国际足联会员协会俱乐部的转会行为，顺势是唯一选择。因而，球员自由转会行动的倒逼与国际足联的施压，推动了我国职业足球双轨转会制的改革进程。

（三）路径选择：力求国际接轨，但仍留"中国特色"

选择一条什么样的改革路径需要中国足协综合权衡外界环境、成本与收益等因素。双轨转会制下，俱乐部、球员及中国足协等面临不同的困境。对于俱乐部，尽管人才选择权有所扩大，对球员的控制力进一步增强，但由于国内转会政策与国际转会惯例不兼容，他们始终担心自身利益受到冲击，一旦出现球员国际自由转会行动，他们的利益损失是巨大的。而对于球员，从摘牌制到双轨转会制，他们在转会问题上没有话语权，使得他们的失业风险加大而逐渐陷入生存危机。如何平衡俱乐部和球员的利益，保障转会市场良性运行和职业联赛健康发展，是中国足协科学设计转会制度的初衷。但在球员自由转会的行动倒逼下，国内转会市场秩序失稳，球员们通过学习模仿周某某、冯某某的做法，以致局面事态扩大，中国足协也面临俱乐部的严厉谴责和国际交涉失败的困境。北京国安俱乐部的专家吴老师称："周某某、冯某某事件后，俱乐部也担心球员会大范围出走，因为当时国内转会的球员都是一年一签，许多球员面临合同到期,搞得俱乐部高层人心惶惶。"[1]并且,当时某足协官员宣称,如果冯某某可以自由转会,那么中国职业足球转会市场势必大乱[2]。然而,中国足协、大连实德都试图争回该球员的所有权,迫使韩国足协承认国内转会的"土政策",但在国际交涉中却以失败告终,这意味着必须废除30个月保护期的转会政策,尽快对双轨转会制实施改革,重新调整利益分配格局。中国足协的专家马老师称:"周、冯事件后,我们曾多次召开内部会议,而且已经意识到转会制度接轨国际足联势在必行,但当时也有许多顾虑和无奈,比如一旦球员自由转会,俱乐部利益如何平衡,损失如何补救,如果这个问题处理不好,俱乐部也定会不依不饶。"[3]因而,与国际转会惯例接轨已是大势所趋,但囿于平衡不同主体的利益分配格局,不能不顾及国内俱乐部的利益诉求,所以完全与国际接轨也不现实。于是,在力求国际接轨的同时,仍在细节上保留了中国特色。为此,中国足协提出了特别规定:第一,球员国际转会至其他俱乐部时,工作合同少于半年的,不算球员自由转会。第二,球员合同期满后,俱乐部想与球员继续续约,只要俱乐部提出不低于原合同的工作条件,球员必须续约合同。尽管特别规定具有时效性,但仍表现出俱乐部利益庇护的倾向。

2010年,中国足协对外取消了挂牌摘牌的转会方式,各俱乐部的转会名单不用直接上报中国足协,而在会员协会完成转会手续,报备中国足协即可,即实现了自由转会制。只要合同到期,球员就可自由转会至中意的俱乐部。对球员自由转会限制的解除,极大地提高了球员的地位和话语权。例如,2010—2011赛季,如果俱乐部一年内累积拖欠球员工资或奖金超过3个月,球员有权单方面终止劳动合同。另外,2015年12月中国足协提出,当球员在一个赛季中上场时间不足10%时,有权以体育正当理由提前终止劳动合同。由此可见,球员的利益得到了进一步保障,在转会中有了相对较多的自由选择权。此外,关于引援问题,中国足协也逐步制定了相对完善的引援管理规定。2012年中超俱乐部留用和引入外籍球员不得超过5名,其中来自非亚足联会员协会的球员不得超过4名,中甲俱乐部外援最多不超过4名。2014年,中国足协再次增加了中超外援名额,两个转会窗累积不超过7名。从外援数量限制的变化来看,通过引入高水平外援带动我国职业足球联赛整体水平提高的同时,出于本土球员考虑,需

---

[1] 访谈对象:吴老师。时间:2016年5月9日15:35—16:56。地点:北京市西城区先农坛体育场足协办公楼308室。形式:面访。录音编号:JLB20160509WS。

[2] 隋海涛.球员想走谁也拦不了 冯潇霆转会事件考问足协[N].半岛晨报,2009-02-04。

[3] 访谈对象:马老师。时间:2016年4月1日9:40—11:04。地点:北京市东城区夕照寺街东玖大厦A座804室。形式:面访。录音编号:ZGZX20160401MM。

要加以限制，否则将挤压国内本土球员的发展空间。

为保护国内球员的发展空间，中国足协提出，港澳台球员引入要按国际转会程序及办法进行操作。实际上，原来港澳台球员引入是按国际转会操作的，但只占用国内球员名额而不占外援名额。然而，近年来港澳台球员大都是归化球员（巴西人较多），竞技水平远高于国内球员，这种优惠政策已成为俱乐部引援受益的灰色地带，造成国内俱乐部间产生了不公平竞争。2017年5月，中国足协规定，从2017—2018赛季起，各俱乐部整场比赛累计上场比赛的U23国内（港澳台除外）球员，必须与整场比赛累计上场比赛的外籍球员人数相同[1]。这明显加强了对国内年轻球员的保护力度，促进竞技能力的持续提升。此外，为限制俱乐部的高价引援、盲目攀比、哄抬价格等行为，中国足协联赛执行局印发了关于《2017年夏季注册转会期收取引援调节费相关工作的实施意见》，对俱乐部盈利与亏损的核定、引援调节费的收取与使用、球员的注册与转会等都做了相应的规定[2]。这不仅能抑制国内球员"身价虚高""阴阳合同"等乱象发生，还规范了俱乐部引援行为和球员转会行为，维护了我国足球转会市场秩序，保障了我国职业足球联赛健康可持续发展。

然而至此，中国足协的任务完成了吗？目标达到了吗？单凭转会制度在形式和内容上接轨国际足联就可高枕无忧了吗？笔者认为，并不尽然，要走的路还很漫长。当前，中国足协在不断改革过程中仍面临诸多困难和瓶颈。转会制度不能脱离国家、组织及社会环境而独立存在，它需要稳定的组织架构、合理的设计主体及良好的外部环境。但一直以来，中国足协致力于转会制度尽快与国际接轨，忽视了科学设计转会制度所依赖的组织架构问题、转会制度设计中不同利益主体的权力均衡问题、转会制度与本土法律的兼容性问题及国际转会惯例与国内转会制度的关系问题。这些问题既是中国足协面临的主要困境，也是深化我国职业足球转会制度改革，乃至破除我国职业足球改革壁垒重点解决的关键问题。当然，这不可能一蹴而就，需要有的放矢地逐步推进。

四、我国职业足球转会制度三次重大变迁的内在关联

从历史的角度，以案例解析、专家访谈为支撑，运用自组织理论解释了我

---

[1] 中国足协.关于调整中超、中甲联赛U23球员出场政策的通知[Z].2017-05-24.

[2] 中国足协联赛执行局.关于2017年夏季注册转会期收取引援调节费相关工作的实施意见[Z].2017-06-20.

国职业足球转会制度三次重大变迁是如何形成的。对何种因素诱导制度变迁、哪股力量推动制度变迁以及变迁路径如何选择和锁定等转会制度变迁的自组织机制进行了系统理论解释。图18系统总结了这一演化过程。

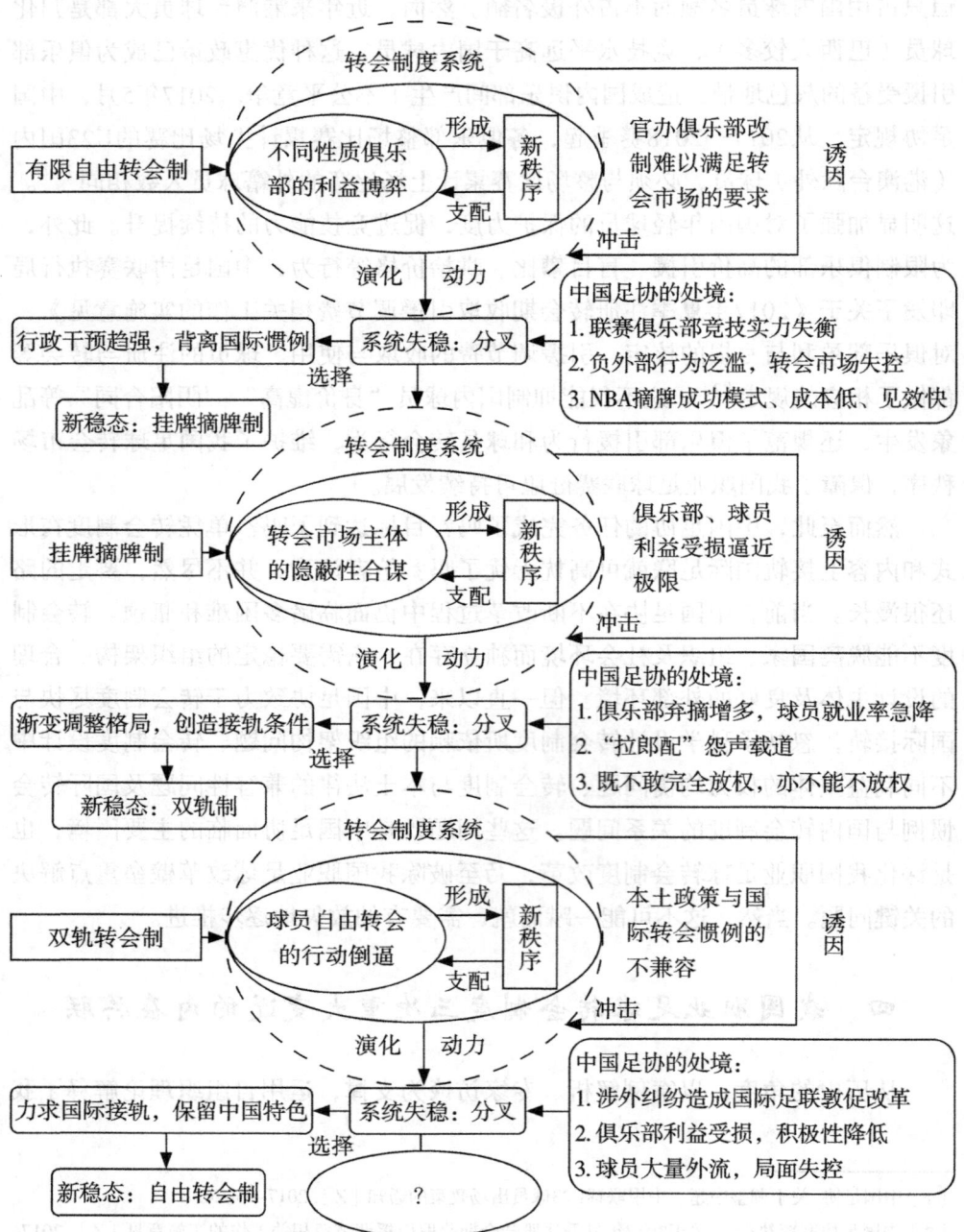

图18 我国职业足球转会制度变迁的自组织演化过程

纵观我国职业足球转会制度20多年的变迁历程，可谓艰难曲折。在制度变迁的诱因上，既有内部诱因，也有外部诱因，但内部诱因占主导，主要是官办俱乐部难以适应转会市场的要求，俱乐部、球员难以表达利益诉求等。外部诱因主要是本土转会政策难以与国际转会惯例兼容，这些均对我国职业足球转会制度系统产生冲击。然而，从国际上看，英格兰等欧洲发达国家，早在21世纪初，转会制度建设就已从被动法治转向了主动法治，许多转会制度的改革都是由法律因素的变化所诱导。尽管我国本土转会制度与国内相关法律（如劳动法、合同法等）存在不兼容现象，但历次重大变迁并不存在法律因素主导的诱因，从侧面反映出我国职业足球治理的法治意识淡薄。因此，随着我国职业足球改革不断深化，与本土法律的兼容性及打造行业特有规范可能是我国转会制度改革的重要方向。这个过程必然是漫长的，毕竟国内依法治国和依法治体的形势依然很严峻。

在制度变迁的动力上，从不同性质俱乐部的利益冲突，到俱乐部和球员的隐蔽合谋行动，再到球员国际自由转会的行动倒逼，均是由核心利益群体的利益诉求得不到满足而出现的反抗行动，继而推动我国职业足球转会制度的不断变迁。之所以有反抗行为，是因为球员、俱乐部表达利益诉求的渠道狭窄，尤其处于弱势地位的球员，表达自身诉求更难。如果俱乐部或球员的合理利益要求在转会制度下得不到满足，那么他们将采取非常规行动获取应有的利益，此为他们维护自身利益的一种途径。还有一种途径，即参与我国职业足球转会制度的制定与改革。一直以来，中国足协是转会制度的制定与改革者，球员、俱乐部却很难实质参与，甚至不能参与。广东足协的专家卢老师称："中国足协在制定和改革转会规则时，预先做出意见稿，再召集地方足协、部分俱乐部开会，征求修改意见（先总体要求后分组讨论），但实际效果不太理想，俱乐部或地方足协提出的修改意见没有被采纳，且球员没机会参加这种会议。"[1]可以看出，我国职业足球转会制度的制定与改革始终是中国足协在唱独角戏，其他利益主体无法实质参与转会制度的改革，这与国际足联、欧洲国家转会制度改革形成了鲜明对比。据此，在未成立包括各核心利益群体在内的转会制度修订委员会之前，除中国足协之外的其他利益群体很难在制度改革中发挥实质性作用[2]。笔者认为，当前俱乐部和球员都未形成自己的组织机构，使得他们

---

[1] 访谈对象：卢老师。时间：2016年4月13日14:42-16:04。地点：广东省体委竹料体育训练基地办公楼3层会议室。形式：面访。录音编号：GDZX20160413LPX。

[2] 访谈对象：任老师。时间：2016年5月27日14:05-15:25。地点：辽宁省体职院足球管理中心办公楼204室。形式：面访。录音编号：LNZX20160527RWY。

很难有话语权，同时足协内部也没有稳定的部门统筹转会制度的改革过程。球员、俱乐部表达利益诉求的渠道不通，他们的反抗在所难免。

在制度变迁的路径上，中国足协根据具体环境选择了转会制度的改革路径。首先，针对不同性质俱乐部竞技实力与球员配置失衡问题，中国足协采取了治理见效快、成本低的摘牌制；其次，针对俱乐部弃摘增多，球员就业率下降，俱乐部与球员形成合谋问题，中国足协采取了逐步放权，创造国际接轨条件的双轨转会制；最后，针对部分球员自由外流、俱乐部利益受损及中国足协国际交涉的被动局面，中国足协解除了对球员转会自由的限制，同时对俱乐部利益进行阶段性保护，使得转会制度既能与国际接轨，又能减少俱乐部损失。从整体上看，每次改革都是针对问题采取急救式的弥补措施，中国足协存在"头疼医头、脚疼医脚"的短视行为，以致我国转会制度改革不具有良好的延续性。

当然，我国职业足球转会制度的变迁不止三次重大变迁，每一次修改都可视为增量式、修补式的变迁，如转会费支付方式、摘牌方式、外援数量限制及转会管理费、引援调节费等变化。因此，研究转会制度变迁，不仅要关注革命性的重大变迁，也要密切注意微小的改革所暗示的发展动向，继而为我国职业足球转会制度改革实践提供更多的理论支持。

本章小结

采用文献资料法、专家访谈法、案例研究法、归纳与演绎法等，从宏观上对我国职业足球转会制度变迁的自组织本质、自组织演化机制进行了探讨。

我国职业足球转会制度是一个由足球俱乐部、球员、中国足协、地方足协、经纪人、新闻媒体等不同利益主体构成的复杂系统，其中，足球俱乐部、球员及中国足协为核心利益主体。该系统始终保持相对开放，并远离平衡。足球俱乐部、球员及中国足协等核心利益主体相互竞争，造成转会制度系统失去稳定，在内外部因素诱导下产生不同演化路径，最终由国内具体环境决定我国职业足球转会制度改革的方向与路径。

我国职业足球转会制度变迁是一个自组织过程，具有曲折性、突变性、多结果性及路径依赖性等特点。从整体上看，最初的有限自由转会制由于俱乐部改革不彻底，难以适应足球市场化，引发球员在官办与民办俱乐部间配置失衡，大量高水平球员向民办俱乐部流动，转会秩序混乱，以致不同性质足球俱乐部竞技实力差距加大，整个职业联赛效益降低。在这种情形下，治理效果好、见效快且制度成本低的摘牌制成为我国职业足球转会制度改革的路径选择。然而，在摘牌制下，足球俱乐部的人才选择权受到极大限制，球员转会意愿得不到尊重，他们难以表达自身利益诉求，以致俱乐部弃摘增多，球员就业率急剧下降，继而催生了俱乐部和球员的合谋行动，使摘牌变成了名不副实的躯壳。在中国足协不得不改革转会制度，而又怕转会秩序再次失控的情况下，双轨转会制成为我国转会制度改革的新路径选择。双轨转会制使足球俱乐部人才选择自由得到释放，但球员的转会自由却遭到更加严格的限制。即使合同到期，球员也不能自由转会，其生存发展面临困境。然而，本土转会政策与国际转会惯例的不兼容，诱发了球员自由转会行动，使俱乐部利益受损。尽管中国足协积极维护本土转会政策的权威，俱乐部也积极维护自身利益，但在国际交涉中仍然被动、难以立足，故接轨国际足联势在必行。

总之，从宏观角度看，我国职业足球转会制度改革过程中，每次改革都是在转会制度系统内部利益主体的反抗行动造成转会秩序失控的情况下而采取的急救式的弥补，以致我国转会制度改革存在"头疼医头、脚疼医脚"的短视行为，不具有良好的延续性。足球俱乐部、球员等力量对转会制度变迁具有决定性影响，偶然性重大事件对转会制度改革也具有积极意义。

第四章 我国职业足球转会制度变迁的演化博弈分析

在探索我国职业足球转会制度变迁规律问题上，新制度经济学研究范式遭遇了难以拟合现实世界的窘境，演化经济学在一定程度上弥补了这种缺憾。基于转会制度系统内不同利益主体间的非线性作用，运用自组织理论阐释我国转会制度变迁的自组织本质和自组织机制，既客观描述了转会制度系统的宏观状态，也是对转会制度系统状态、协同和演化的有力论证。演化博弈论在自组织理论基础上，拓展了对人类有限理性、知识和能力的认识，从微观角度对我国职业足球转会制度的变迁过程给予更深刻的解释，这对全面认识转会制度变迁过程具有积极意义。

第一节 我国职业足球转会制度变迁的演化博弈——依据与模型

一、运用演化博弈的理论依据

演化博弈的核心不是完全理性博弈方的一次性最优策略选择，而是有限理性博弈方所构成的群体成员之间不断进行的策略调整过程、趋势和局部稳定性[1]。因而，以演化博弈为视角探究我国职业足球转会制度变迁规律具有以下理论依据：

---

[1] 稳定性是指组成博弈方的群体成员采取特定策略的比例不变，而非某个博弈方采取不变的策略。

（一）足球俱乐部、球员及足协等利益主体的理性能力是有限的

现实世界中，完全理性是一个非常严格的理论假定，任何博弈方的理性和能力的任何缺陷都不会产生纳什均衡。博弈方的有限理性是演化博弈分析的前提条件。在我国职业足球转会制度系统中，诸如足球俱乐部、职业球员、中国足协、地方足协等利益主体都受制于未来环境变化的不可预知性。由于这些群体自身知识水平、逻辑推演能力、认知能力及信息搜集和处理能力的有限性，所以理性能力也非常有限。有限理性不能保证在博弈开始前，利益主体就可通过收取信息、逻辑推理准确判断其他博弈方的策略选择和博弈的均衡结果，并在整个博弈过程中一直采用正确的策略，而只能保证利益主体通过获取信息、学习模仿、总结经验等途径不断改进自身行为和策略调整，以达到逐步改善博弈格局的目标。因此，在有限理性下，足球俱乐部、球员及足协等利益主体采取的行动不是最优行动，实施的策略也并非最优策略，他们仍须在不断试错中寻找更好的策略。

（二）足球俱乐部、球员及足协等利益主体都可视为一个"群体"

通常情况下，演化博弈论假定在一个系统中存在许多参与者，参与者既可以是有限的也可以是无限的，每一次博弈都是参与者集合中的随机抽样，被抽中的参与者可进行预设的博弈，获得要素博弈中的收益[1]。这里的参与者集合即为该系统的"群体"。在我国转会制度系统中，每类利益主体，诸如球员、足球俱乐部等，都包含了许多具体的利益关系人（如球员甲、球员乙等），而足协作为一种组织，也是由具体的利益相关者构成的，他们被统一作为"群体"分析后，就能以"群体"替代"个体"，并以群体中选择不同纯策略的个体比例替代混合策略。这样，在多群体博弈中，某个有限理性的利益主体除了自身的经验累积外，还可学习、模仿群体内其他利益主体的行动策略，并通过整个博弈过程中的群体布局状况获得有效的决策信息，进而适时做出满意的策略调整和选择[2]。这种"个体"行为"群体"观为运用演化博弈论诠释我国职

---

[1] 李宁.会计准则制度变迁的理论分析[J].江西社会科学，2009（10）：200-203.
[2] 群体布局是指其他利益相关者如何选择信息，了解什么是好策略，什么是差策略。

业足球转会制度变迁奠定了良好基础。

（三）足球俱乐部、球员及足协等利益主体反复博弈形成转会制度均衡

演化博弈论认为，博弈方的策略选择并不仅仅取决于个体理性程度，还取决于个体信息获取、学习模仿等能力的发挥。因为，在博弈之前，某个博弈方是不可能预先知道其他博弈方的策略选择，而只能在博弈过程中不断试探、学习和模仿，逐渐改变自身策略选择以达到改变利益格局的目标。我国转会制度系统中，足球俱乐部、球员及足协等寻求"更优"转会制度往往不能瞬间实现，只能在动态博弈中，根据最新转会信息和现实状况，通过不断学习、模仿和试错等方式，调整和改进自身的行动策略以适应新环境，创造"更优"的转会制度。因此，我国职业足球转会制度变迁中，制度均衡的实现并不依赖于足球俱乐部、球员及足协等利益主体的一次精确的理性计算，而是依靠反复博弈过程中形成的类似于生物进化过程的一种自然而然的稳定的进化机制来实现。与经典博弈论达成均衡的机制相比，这里更强调生物学意义上稳定的演进过程。

二、演化博弈模型的确立

我国职业足球转会制度作为足球俱乐部、球员及足协等利益主体从事转会工作的规范和指南，对各利益主体的利益分配格局产生共同的影响。我国职业足球市场发展过程中，转会制度在不同阶段以不同利益分配模式制约着足球俱乐部、球员等利益主体的行动。我国职业足球转会制度变迁过程实质是某种利益分配模式成为足球俱乐部、球员等利益主体必须共同遵循的制度状态的演化过程。在具体的演化博弈模型中，假设每一个博弈方的行动集有两种选择，公平、有效的转会制度和非公平、有效的转会制度。由于足球俱乐部、球员及足协等利益主体可以采取不同的行动集，所以转会制度变迁过程既可用单群体（两人对称）复制动态模型，也可采用多群体（两人非对称）复制动态模型进行阐释。

复制动态模型是演化博弈的基本模型。所谓复制动态，是指随着时间流逝，博弈方通过学习和模仿不断调整自己的策略选择，它不仅能较好地反映出理性程度较低个体的群体行为变化趋向，还能较为准确地预估个体的群体性行为。单群体复制动态模型，把某个生态系统里的所有种群视为一个大群体，而

把大群体中的每个种群视为一个特定的纯策略，不同时刻群体所处的状态均可用混合策略表述。从量化视角看，采用某种纯策略的人数占比的增长率等于采用该策略时所得支付与群体平均支付的差值，或与平均支付成正比[1]，这有力地诠释了复制动态的本质。

不失一般性，假定我国职业足球转会制度系统中，足球俱乐部、球员及足协等所有利益主体，最初面临的只是一种简单的两人对称博弈，通过将不同利益主体间的互动（竞争与协同）行为纳入对称博弈模型，能更好地解释足球俱乐部、球员等利益主体的行动与我国职业足球转会制度变迁的关系。在博弈过程中，被随机选出来的两个利益主体参与到这个简单的两人对称博弈[2]，且该博弈过程反复进行。基于此，我国职业足球转会制度变迁的演化博弈分析就可利用复制动态模型予以解释。当然，单一群体的复制动态模型只是解决一些简单问题的最基本模型。我国职业足球转会制度系统较为复杂，不仅包含足球俱乐部、球员、足协等多个核心利益群体，还包括经纪人、球迷等利益相关者，如果再运用单一群体的复制动态模型显然不能解释复杂问题，此时就需要利用多群体的复制动态模型对我国职业足球转会制度变迁做进一步探讨。从整体上看，我国职业足球转会制度从建立到发展经历了几个阶段，而不同阶段之间的转化是由足球俱乐部、球员等利益主体的行为创新所驱动，因此，我们应根据我国职业足球转会制度的不同变迁阶段转化的具体情况，选择单一或多群体复制动态模型。但无论是单一群体还是多群体的复制动态模型，不仅能诠释我国职业足球转会制度系统中足球俱乐部、球员及足协等不同利益主体间竞争与协同行为对转会制度变迁的决定性作用，还能描述初始状态对转会制度变迁的巨大影响，随着博弈的延续，不同得益结构的转会制度被群体采纳的比例变动。

第二节　我国足球转会市场主体可选择的行动策略——潜规则

在我国，球员和俱乐部、俱乐部和俱乐部之间的"私下交易"和"隐蔽性合谋"等行为致使转会市场更加复杂化。一些暗箱操作为"潜规则"的发生

---

[1] 罗昌瀚.非正式制度的演化博弈分析[D].长春：吉林大学，2006：97-98.
[2] 实际上是一种某个利益相关者随机遇见其他利益相关者的配对博弈。

提供了条件。我国足球职业化以来，转会市场中各种不成文而被广泛认同的做法或规定始终伴随正式转会制度的变迁发展。这些非正式的不成文的做法或规定有时却支配着我国职业足球转会市场的运行。在球员转会过程中，足球俱乐部、球员等利益主体有两个选择，即遵循转会制度和不遵循转会制度。当遵循转会制度时，所采取的行动自然在制度规制范围内，但当不遵循转会制度时，所采取的行动也必然游离于制度的规制范围外。然而，一旦转会市场的利益主体对游离于正式转会制度之外的行动达成共识，就会形成一种不成文的、彼此默认的做法，此即为"潜规则"。也就是说，潜规则是足球俱乐部、球员等利益主体在博弈中的一个策略选择。至于采取哪种策略，取决于采取不同策略的群体成员数量及相对利益。

一、潜规则及其与转会制度的关系

吴思认为，潜规则是一种人们私下认可的行为约束，该约束可在社会主体的互动中自发形成，他们一旦行为越界，必将受到报复和惩戒，但互动各方对彼此行为的预期具有稳定性。这种越界行为侵犯了正式制度所维护的利益格局，以隐蔽的形式存在，通过隐蔽将某些遵循正式制度的主体隔离于局部互动之外而获得遵循正式制度所不能获得的利益[1]。也有学者提出，潜规则是与主体制度相悖的非正式制度[2]。随着社会不断发展，正式制度的效用将随着新问题的出现而逐渐降低，而当正式制度难以发挥作用时，大量的潜规则就会涌现。即使法治社会，也会因社会主体欲望的多层次性、利益偏好的多元性及实现欲望手段的多样性，导致大量潜规则支配着社会主体的行为而产生实际效用。山东鲁能的专家纪老师称："我国职业足球转会市场存在大量的潜规则，且每个阶段表现出的潜规则有所不同，如职业化初期，市场不靠规则运行，而靠豪宅、人情关系等私下行为支配球员、俱乐部的实际行动，对转会市场造成了不良影响。"[3] 转会制度是由中国足协（脱钩前是足管中心）制定，球员、俱乐部与足协之间可能产生贿赂和不正当的政商关系；在规则执行和纠纷处理

---

[1] 吴思. 血酬定律——中国历史中的生存游戏 [M]. 北京：中国工人出版社，2003：239.
[2] 梁碧波. "潜规则"的供给、需求及运行机制 [J]. 经济问题，2004（8）：14-16.
[3] 访谈对象：纪老师。时间：2016年5月4日14:10-16:05。地点：山东省济南市山大路如家快捷酒店235房间。形式：面访。录音编号：JLB20160504JMH。

上的人情大于法理；俱乐部利用不正当手段影响球员配置，都可以归为转会潜规则。不同利益主体既可主动选择潜规则，也能被迫服从。潜规则作为博弈中可采取的一个行动子集，根据不同策略的得益和其他博弈方前期博弈的收益，利益主体在潜规则和转会制度中做出选择，而这恰恰决定了哪种制度真正有效。因此，除了利益主体在转会制度下的行动，其他均可称为潜规则。转会潜规则依附于运行中的转会制度。

二、转会潜规则的发生过程与运行机理

（一）转会潜规则的发生过程

　　转会潜规则的发生过程可分为三个阶段。首先，转会市场主体（俱乐部、球员）之间形成行为默契阶段。转会市场中的潜规则行动，各方主体为了实现共同的不正当利益所实施的行动。行动前他们需要建立一种心理默契，各方都要心照不宣，才能实现利益诉求。其次，达成心理默契后进入实质谈判阶段。交易各方对潜规则行为进行讨价还价和利益评估，确定各自的行动方案和利益所得。为了实现自己的利益追求，他们需要对其支配的资源进行等价转换，最终形成潜规则合约。为实施合约，他们会仔细评估对方的资源占比及可能产生的收益回报。如果双方均确定需要对方的资源，且彼此对收益也是满意的，则达成了潜规则合约。最后，潜规则行动结果的产出阶段。利益需求者通过付出对价资源而获得利益提供者所支付的利益对价，利益提供者也获得利益追求者所支付的利益对价。双方各取所需，实现各自的利益诉求。假设甲俱乐部花1000万元从乙俱乐部引进丙球员，需分别上缴中国足协（2016年前）和地方足协的费用为转会费的5%，即100万元。此时，甲俱乐部为减少费用，开始向乙俱乐部发出潜规则邀约，并做出承诺，如果乙俱乐部也能为其从甲俱乐部邀约中获得额外不正当利益而向甲俱乐部做出承诺，那么这就达成了实施转会潜规则的默契。紧接着，围绕各自的利益诉求进行谈判，如果潜规则行动可为甲俱乐部获得50万元收益（少缴额度），而乙俱乐部根据风险投入，与甲俱乐部谈判，如果双方对收益分配满意，那么就形成了支配潜规则行动的合约。而当预期收益分配达成一致后，转会潜规则就会发生，即在原有转会协议基础上，再合谋签订一份转会费额度较少的转会协议。这样，少缴纳的那部分收益将被甲、乙俱乐部根据各自的资源付出而获得相应的利益对价，实现利益共赢。

(二)转会潜规则的运行机制

从本质上讲,潜规则的运行机制与一般意义上的制度运行机制并无二致,但由于潜规则的生存空间和环境的特殊性,其运行机制也有自身的特点和复杂性[1]。转会潜规则的运行机制由激励机制和约束机制构成。转会市场的交易双方(俱乐部、球员)共同遵守潜规则,市场交易便可达成,交易成本也会得到一定程度的控制,实施交易的利益主体也就能获得预估的交易收益和期望的效用,这种在转会制度下难以获得的巨大收益不断激励着实施转会潜规则的"圈内人",并形成强烈的吸引效应,从而使"圈内人"宁愿冒更大的风险,也愿选择进一步投资以寻求更多的收益,此即为转会潜规则的激励机制。

约束机制主要通过对转会市场的违约交易者(俱乐部、球员)的惩罚来实施,这种惩罚使违约者的交易成本远大于采取转会潜规则的收益,从而使"圈内人"不敢贸然违约。转会制度的约束机制可借用法律,如司法仲裁、国际仲裁等,其惩罚的力度和威慑力远非非正式制度的约束机制所能比。转会潜规则的惩罚主要是内部结构和这种特殊结构与转会制度的关系,更多体现为一种软性约束,而转会制度则是一种外部的硬性约束。从某种意义上讲,硬性约束进一步强化了转会潜规则的约束效应。因而,自身内部结构的软性约束与转会制度的硬性约束共同构成了转会潜规则的总体约束框架,形成了包括软硬约束在内的多重约束。因而,转会市场上的隐蔽性交易,各方都会严格遵守规则,以避免私下转会交易曝光后所遭受的惩罚。一旦私下的转会交易曝光,不但交易违约者遭受多重惩罚,其他交易方也会遭受牵连。这种情况下,转会市场的交易双方都不敢轻易打破潜规则的约束,而是主动维护潜规则的正常运行。从整个转会制度的变迁过程看,这也解释了转会潜规则为何能在转会制度之外的有限空间内具有如此顽强的生存能力。

第三节 我国职业足球转会制度变迁的复制动态模型构建

在参与者较多的大群体博弈中,制度演化的速度和优势取决于某项制度被

---

[1] 陈畅.关于潜规则引致正式制度失效问题的研究[J].求实,2008(1):58-60.

模仿、学习的比例和执行该制度的参与者的成功（得益）状况[1]。我国职业足球转会制度变迁实质是足球俱乐部、球员等利益主体基于利益计算和权衡的博弈过程。两人对称博弈是无差异的两个博弈方之间的博弈，是同一个群体内的各成员间进行随机配对的反复博弈。而两人非对称博弈是处于不同位置的两个博弈方之间的博弈，是一个大系统内不同群体成员间进行随机配对的反复博弈。由于我国职业足球转会制度系统内既存在不同群体，也存在同一群体的诸多个体，因而，采用复制动态的两种模型从理论上做递进式探讨。

一、两人对称博弈的复制动态模型分析

同一个群体中，各个成员彼此间地位是平等的，他们在博弈中采取不同策略的得益也是对称的。球员群体包括大量非职业球员，所以在此只以职业球员为代表探讨两人对称博弈复制动态过程（图19）。

		球员2	
		潜规则	正式规则
球员1	潜规则	A, A	B, C
	正式规则	C, B	D, D

图19 同群体的两名职业球员对称博弈的得益矩阵图

假定：

①同一群体内，职业球员间展开随机配对博弈，且他们的权力资源在每个成员间是均等分配的。

②A代表博弈双方均采取潜规则行动而获得的收益；D代表博弈双方均遵循正式转会规则的得益；B、C代表博弈双方单方面遵循正式转会规则的得益。

③有x比例的职业球员采取潜规则的策略，$1-x$比例的职业球员采取遵循正式转会规则的策略。

④采用潜规则策略的职业球员的期望得益为U_m，采用正式规则策略的职业球员的期望收益为U_n。

那么，博弈双方的期望收益及整个群体的平均期望收益分别为：

---

[1] 王存同.再论马尔萨斯[J].中国人口科学，2008（3）：86-94.

$$U_m = Ax + B(1-x)$$

$$U_n = Cx + D(1-x)$$

$$U_{均} = xU_m + (1-x)U_n = x[Ax + B(1-x)] + (1-x)[Cx + D(1-x)]$$

根据马尔萨斯的人口原理，其复制动态方程F（x）为：

$$F(x) = dx/dt = x(U_m - U_{均}) = x(1-x)\{[(A-C) + (D-B)]x + (B-D)\}$$

则F（x）的导数为：

$$F'(x) = \{[(A-C) + (D-B)]x + (B-D)\}(1-2x) + x(1-x)[(A-C) + (D-B)]$$

复制动态的稳定状态是指在动态博弈过程中，采取不同策略的博弈双方的比例保持不变时的稳定均衡状态[1]。在这里，比例保持不变的水平用X^*表示。

因此，令F（x）=0，则得：

$$x_1^* = 0, \quad x_2^* = 1, \quad x_3^* = (D-B) / [(D-B) + (A-C)]$$

又知，微分方程的稳定性定理是研究扰动因素对运动系统的影响，这种扰动因素可以是瞬间起作用，也可是持续不断地起作用。根据里亚普诺夫对微分方程平衡性的判断，直接利用函数的全导数性质，即当函数的全导数小于0时，存在系统稳定均衡解[2]。通过此定理可知，上述三个根$x_1^* = 0$，$x_2^* = 1$，$x_3^* = (D-B) / [(D-B) + (A-C)]$的导数为：

$$F'(x_1^*) = B - D$$

$$F'(x_2^*) = C - A$$

$$F'(x_3^*) = (D-B)(A-C) / (D-B) + (A-C)$$

这样，将出现两种情况：

第一，当$A > C$，$D > B$时，有$F'(x_1^*) < 0$，$F'(x_2^*) < 0$，$F'(x_3^*) > 0$，则

---

[1] 罗能生，谢里，洪联英. 制度变迁中的权力博弈分析[J]. 中南财经政法大学学报，2007（5）：31–36.

[2] 李克难. 微分方程渐进稳定性定理的推广及应用[J]. 应用数学学报，1989，12（1）：54–64.

只有$x_1^*=0$，$x_2^*=1$是演化博弈均衡状态，即ESS状态，而$x_3^*=(D-B)/[(D-B)+(A-C)]$不稳定，是非演化稳定状态（图20）。也就是说，此时可能会出现两种不同的情况。

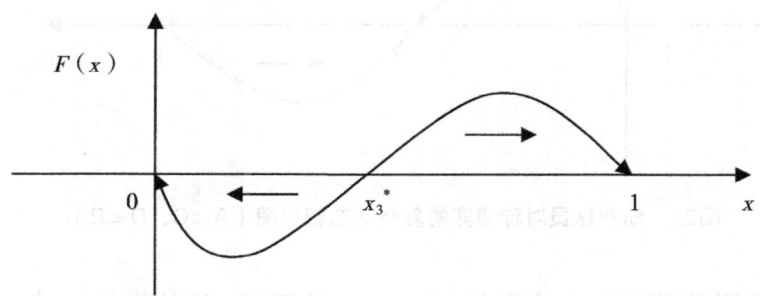

图20　职业球员对称博弈的复制动态相位图（$A>C$，$D>B$）

一方面，如果球员采取潜规则的x落在（0，x_3^*）的区间，那么，职业球员间博弈的复制动态将最终趋向于$x_1^*=0$的稳定状态，此时所有职业球员都将会遵循正式规则，演化稳定均衡策略为（正式规则，正式规则）。换言之，在职业球员这个群体中，只有小于或等于x_3^*比例的球员采取潜规则时，这部分球员在博弈过程中，根据自身得益以及不断学习、调整自身的博弈策略，最终将转向遵循正式转会规则的策略，此时，他们将努力维护转会制度。即使他们已经意识到转会制度改革后所能获得的收益远大于改革前的收益（$A>D$），转会制度也仍不会朝向帕累托最优的方向变迁。

另一方面，如果球员采用潜规则的x落在（x_3^*，1）的区间，那么，职业球员间博弈的复制动态将最终趋向于$x_2^*=1$的稳定状态，此时所有职业球员都将采用潜规则，演化稳定均衡策略为（潜规则，潜规则）。也就是说，在球员这个群体中，当有大于x_3^*比例的球员采取潜规则时，这一部分球员在博弈过程中，根据自身得益以及不断学习、调整自身的策略选择，最终促使采取遵循正式规则策略的球员转向采取潜规则的策略，此时，他们将极力反抗现存转会制度。此外，即使他们已经意识到转会制度改革后所能获得的收益远小于改革前的收益（$A<D$），转会制度也仍会朝向帕累托次优的方向演进。

第二，当$A<C$，$D<B$时，可有$F'(x_1^*)>0$，$F'(x_2^*)>0$，$F'(x_3^*)<0$，则只有$x_3^*=(D-B)/[(D-B)+(A-C)]$是演化博弈均衡状态，即ESS状态，而$x_1^*=0$与$x_2^*=1$不稳定，是非演化稳定状态（图21）。也就是说，此时将出现以下情况。

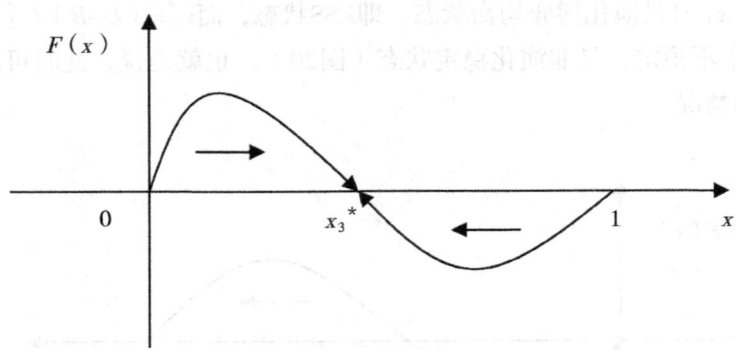

图21 职业球员对称博弈的复制动态相位图（A<C, D<B）

球员采用潜规则的x无论落在$(0, x_3^*)$的区间，还是落在$(x_3^*, 1)$的区间，球员间博弈的复制动态将最终趋向于$x_3^*=(D-B)/[(D-B)+(A-C)]$的稳定状态。此时，将有$(D-B)/[(D-B)+(A-C)]$比例的球员采取潜规则，而有$1-\{(D-B)/[(D-B)+(A-C)]\}$比例的球员经过长期的重复博弈后，仍愿意遵循现有转会规则，最终演化博弈均衡是一个混合策略均衡，此时，整个群体的策略选择将处于一种混沌状态。

同样，诸如足球俱乐部等同类群体内成员间博弈也将经历类似的复制动态过程。但由于球员、足球俱乐部、足协等属于不同利益群体，他们在相互博弈时，其地位和掌控的权力资源不一样，因此这种博弈是两个不同利益群体成员间的随机配对博弈。实际上，学习和策略模仿也仅限于不同利益群体内部，策略调整过程类似于球员对称博弈的复制动态，诸如一名球员模仿另一名球员的行动策略及不同足球俱乐部之间的策略效仿等。

二、两人非对称博弈的复制动态模型分析

不同利益群体的利益诉求和权力资源有所不同，他们在博弈过程中支付的成本和获取的收益具有较大差异。因此，借鉴经典的非对称鹰鸽演化博弈模型，探究我国职业足球转会制度变迁过程是适宜的。在该模型中，鹰代表强制策略，鸽代表和平策略，类比我国转会制度问题，鹰表示采取潜规则策略，鸽则表示采取正式规则策略。这里以球员群体与足球俱乐部群体为代表（图22）。

第四章 我国职业足球转会制度变迁的演化博弈分析

		足球俱乐部	
		潜规则	正式规则
球员	潜规则	$(v_1-c_1)/2$，$(v_2-c_2)/2$	v_1，w_2
	正式规则	w_1，v_2	$v_1/2$，$v_2/2$

图22 球员和足球俱乐部的得益矩阵图

假定：

①v_1、v_2代表球员和足球俱乐部单方面采取潜规则策略而获得的收益；

②w_1、w_2代表球员和足球俱乐部单方面采取正式转会规则策略的收益；

③在支付矩阵中有$v_1>w_1>0$且$v_2>w_1>0$。

与普通鹰鸽博弈矩阵不同的是，利益群体在转会市场上拥有的权力资源能够反映在与其他博弈方进行谈判（博弈）时所付出的代价上，在这里用表c_i示。拥有权力资源多的博弈方，在博弈中会占据优势，克制对方的成本也就越低；反之，克制成本越高。并且，这种克制对方的成本还与对方的策略选择有关。如果对方采取潜规则的策略，那么为克制对方行动而付出的成本相应增大；反之，克制对方所需成本就减少。因而：

令$c_i=k_j(c/Q_i)$，$Q_i+Q_j=1$，且$i\neq j$。

$k_j=1$或k_0（$0\leq k_0<1$）分别表示博弈方j采取潜规则或正式规则策略。

在这里，假定我国职业足球转会制度系统的所有群体拥有总权力的比重指数为1，Q_i代表博弈方i在转会市场中占有的总权力比重；c为常数，表示转会市场权力配置均衡情况下，利益群体为克制对方所付出的固定成本。k_j表示博弈方j采取的策略，如果博弈方j采取正式转会规则的策略，那么博弈方i付出的成本为0；如果博弈方j采取潜规则的策略，那么博弈方i为克制对方就会付出c/Q_i的成本。

另外，群体内部成功者的比例[1]与群体演化的速度呈正相关，并且成功者的成功（得益）程度[2]也与群体演化速度呈正相关。所以，假定球员群体中，采用潜规则策略的比例用x表示，那么采取正式规则策略的比例则是$1-x$；足球俱乐部群体中，采取潜规则策略的比例用y表示，而采用正式规则策略的比例则为$1-y$。那么，可建立以下复制动态方程：

---

[1]即可被模仿的个体的数量。

[2]即成功者的收益超出群体平均收益的部分。

球员采用潜规则策略的期望收益为U_{1d};采用正式规则策略的期望收益为U_{1r},那么,采用不同策略的期望收益和平均期望收益($U_{1均}$)分别为:

$$U_{1d}=[(v_1-c_1)/2]y+v_1(1-y)$$

$$U_{1r}=w_1y+(v_1/2)(1-y)$$

$$U_{1均}=xU_{1d}+(1-x)U_{1r}=x\{[(v_1-c_1)/2]y+v_1(1-y)\}+(1-x)[w_1y+(v_1/2)(1-y)]$$

根据马尔萨斯的人口原理,球员的复制动态方程为:

$$F(x)=dx/dt=x(U_{1d}-U_{1均})=x(1-x)\{y[(-c_1/2-w_1)]+v_1/2\}$$

因此,令$F(x)=0$,则得可能的演化稳定状态点为:

$$x_1^*=0,\ x_2^*=1,\ y_0^*=v_1/(c_1+2w_1)$$

同理,足球俱乐部采用潜规则策略的期望收益为U_{2d};采用转会规则策略的期望收益为U_{2r},那么,采用不同策略的期望收益和平均期望收益($U_{2均}$)分别为:

$$U_{2d}=[(v_2-c_2)/2]x+v_2(1-x)$$

$$U_{2r}=w_2x+(v_2/2)(1-x)$$

$$U_{2均}=yU_{2d}+(1-y)U_{2r}=y\{[(v_2-c_2)/2]x+v_2(1-x)\}+(1-y)[w_2x+(v_2/2)(1-x)]$$

根据马尔萨斯的人口原理,足球俱乐部的复制动态方程为:

$$F(y)=dy/dt=y(U_{2d}-U_{2均})=y(1-y)\{x[(-c_2/2-w_2)]+v_2/2\}$$

因此,令$F(x)=0$,则得可能的演化稳定状态点为:

$$y_1^*=0,\ y_2^*=1,\ x_0^*=v_2/(c_2+2w_2)$$

前文已述,只有同一群体内部成员间才会发生学习和模仿,所以球员群体和足球俱乐部群体内部成员间的策略学习和模仿符合两人对称博弈的复制动态模型,其复制动态相位图也极为相似,这里不再赘述。然而,由于球员群体和足球俱乐部群体在转会市场中所占有的权力资源不同,话语权存在差异,致使两类群体采取同样策略展开博弈时,可能会产生不同的成本和收益。根据两个群体的复制动态方程,得出非对称博弈的两个群体的复制动态关系和稳定状态(图23)。

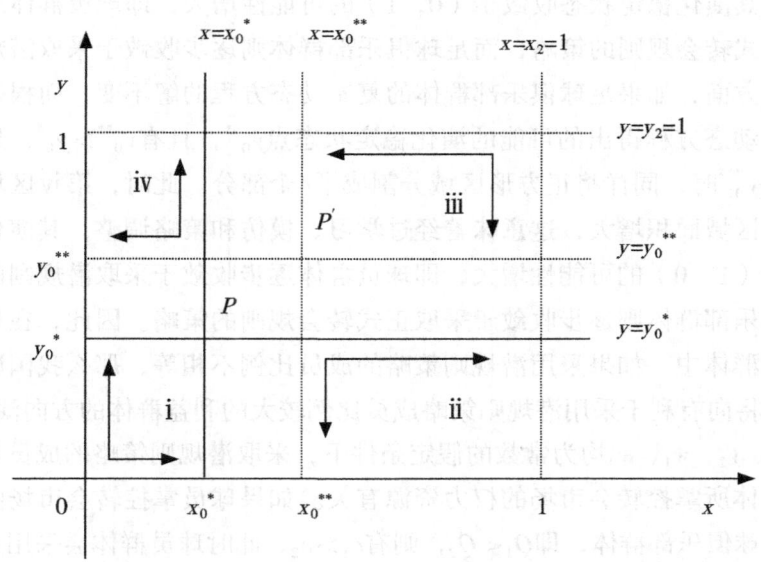

图23 两博弈方中群体比例变化的复制动态关系和稳定状态示图

在$x=1$和$y=1$围成的正方形区域内,$x=x_0^*$和$y=y_0^*$将该区域分成了 i 、ii 、iii 、iv 4个部分。在第 iv 区域,球员群体中有x比例采取潜规则策略的成员落在$[0, x_0^*]$内,而足球俱乐部群体中则有y比例采取潜规则策略的成员落在$[y_0^*, 1]$内,经过长期的学习和模仿,不断总结经验、调整策略,球员群体最终采取正式转会规则的策略,而足球俱乐部群体则采取潜规则策略,即此时的演化稳定均衡策略为(正式规则,潜规则)。而在第 ii 区域,球员群体中有x比例采取潜规则策略的成员落在$[x_0^*, 1]$内,而足球俱乐部群体中则有y比例采取潜规则策略的成员落在$[0, y_0^*]$内,此时,博弈双方经过策略学习和模仿,球员群体最终采取潜规则的策略,而足球俱乐部则采取正式规则策略,即演化稳定均衡策略是(潜规则,正式规则)。然而,当(x, y)落在第 i 区域和第 iii 区域时,其演化稳定状态不能确定,有可能进入第 ii 区域,收敛于演化稳定均衡策略(潜规则,正式规则),也有可能进入第 iv 区域,收敛于演化稳定均衡策略(正式规则,潜规则),这充分反映了转会市场中,球员和足球俱乐部之间博弈策略的多样性。

但是,一方面,如果球员群体的复制动态方程解不变,而根据足球俱乐部群体的复制动态方程的可能的演化稳定状态点x_0^{**},且有$x_0^{**}>x_0^*$,那么,当

$x=x_0^{**}$，$y=y_0^*$时，同样将正方形区域分割成了4个部分。然而，此时第ii区域面积减小，第iv区域面积增大，也就是说，经过长期的学习和模仿，不断做出策略调整，其演化稳定状态收敛于（0，1）的可能性增大，即球员群体逐步收敛于采取正式转会规则的策略，而足球俱乐部群体则逐步收敛于采取潜规则的策略。另一方面，如果足球俱乐部群体的复制动态方程的解不变，而根据球员群体的复制动态方程得出的可能的演化稳定状态点y_0^{**}，且有$y_0^{**}>y_0^*$，那么，当$x=x_0^*$，$y=y_0^{**}$时，同样将正方形区域分割成了4个部分。此时，第iv区域面积减小，第ii区域面积增大，这意味着经过学习、模仿和策略调整，其演化稳定状态收敛于（1，0）的可能性增大，即球员群体逐步收敛于采取潜规则的策略，而足球俱乐部群体则逐步收敛于采取正式转会规则的策略。因此，在球员和俱乐部两个群体中，如果采用潜规则策略的成员比例不相等，那么我国职业足球转会制度将向有利于采用潜规则策略成员比例较大的利益群体的方向演进。

在v_1、v_2、w_1、w_2均为常数的假定条件下，采取潜规则策略的成员比例将与该利益群体所掌控转会市场的权力资源有关。如果球员掌控转会市场的权力资源小于足球俱乐部群体，即$Q_1<Q_2$，则有$c_1>c_2$，此时球员群体会采用正式转会规则的策略，足球俱乐部群体则会采取潜规则的策略，双方博弈的收益分别为w_1和v_2。在这种情形下，两个群体在为我国职业足球转会制度是否改革进行斗争和对抗时，足球俱乐部群体的斗争力量强，他们将主导我国职业足球转会制度变迁的方向。相反，如果球员掌控转会市场的权力资源大于足球俱乐部（尽管这种情况较少），即$Q_1>Q_2$，则有$c_1<c_2$，此时球员群体会采用潜规则的策略，而足球俱乐部群体则会采取正式转会规则的策略，双方博弈的收益分别为v_1和w_2。此时，球员群体的斗争力量强，他们将主导我国职业足球转会制度变迁的方向。

然而，当某个利益群体形成后，如果能够合理组织、管理完善，并且随着群体内部成员规模的扩大，其内部所有成员的权力资源势必能够得到有效整合、形成权力的内部合力，使整个利益群体的权力资源总量增加。而在总权力资源一定的情况下，必然挤占其他利益群体的一部分权力资源，进而降低博弈时所付出的代价。反之，如果利益群体内部组织松散、管理混乱，则会造成整个群体的权力资源减少，进而使博弈成本相对增加。

由图24可知，如果足球俱乐部群体在转会市场中拥有的权力资源总量相对增加，那么它在谈判博弈中支付的成本c_2将减少，而球员群体的权力资源总量相对减少，其采取潜规则行动所付出的代价c_1增大。表现在直观图上，就是直线$y=y_0^*$向下移动至$y=y_0^{**}$处，而$x=x_0^*$向右移至$x=x_0^{**}$处，第iv区域的面积增加，第 ii 区域的面积减小，从而使演化博弈均衡状态收敛于（0，1）的概率增大，最终趋向于（正式规则，潜规则）的演化稳定策略。此时足球俱乐部群体对转会制度变革起主导作用，掌控着我国职业足球转会制度变迁的方向。反之，如果球员群体在转会市场中的权力资源总量相对增加，那么球员群体对转会制度变革起主导作用，掌控着我国职业足球转会制度变迁的方向。

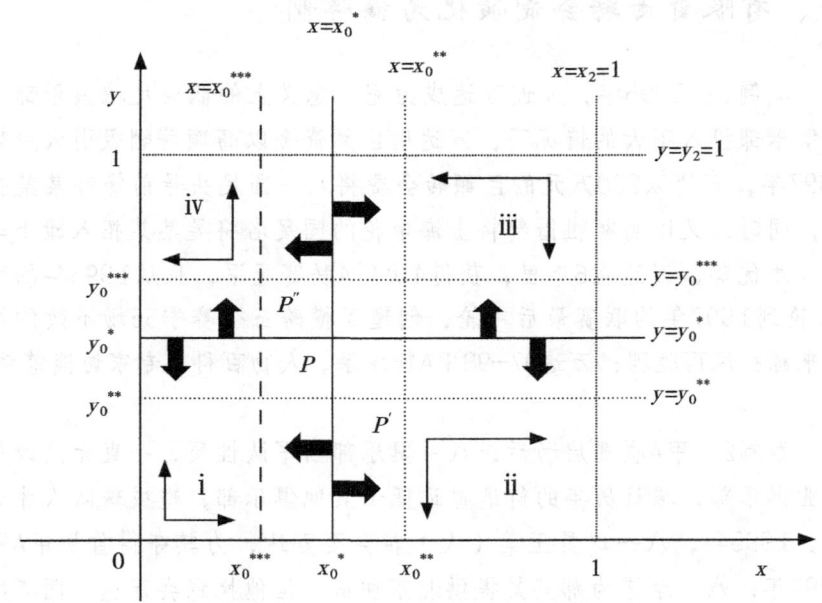

图24　两博弈方中群体比例变化的复制动态关系和稳定状态示图

综上所述，某个利益群体在转会市场上所占有的权力资源越多，他们拥有的制度改革话语权越大，进而主导我国职业足球转会制度的变迁方向。相反，制度改革的话语权较小，只能从属于占主导地位的利益群体。但无论是利益群体的规模变化还是内部组织成本的变化，都会影响权力资源。某个利益群体权力资源的相对增加，则意味着话语权增强、博弈成本降低。当权力资源增加到可以主导博弈均衡时，他们将主导我国职业足球转会制度改革的方向。

第四节　我国职业足球转会制度变迁的演化博弈分析

前文已从宏观视角分析了我国职业足球转会制度变迁过程，并以自组织理论为基础解释了不同阶段演化的自组织本质、机理。而对于不同利益群体在每个阶段是如何通过反复博弈推动转会制度变迁并未分析透彻,因此,从微观视角,以复制动态模型为基础,能够对我国职业足球转会制度变迁过程给予更深刻的解释。我国职业足球转会制度的每次变迁都呈现出潜规则,只不过不同阶段相关利益群体采取的潜规则行动不同而已。

一、有限自由转会制演化为摘牌制

案例1:1995年,大连万达成为完全意义上的职业足球俱乐部。在官办俱乐部投入不大的情况下,万达用巨额资金以高额薪酬吸引大牌球员。1997年,万达以220万元的巨额转会费将八一国足头号前锋郝某某招致麾下,同时,又以高额租借费将上海申花的国足名将吴某某招入旗下。其凭借人才优势,万达在6年里,获得4次甲A联赛冠军,且从1995年的联赛第11轮到1997年的联赛最后一轮,创造了横跨三个赛季55场不败的神话。(来源:风雨驰骋:万达97-98甲A征战录、人物百科、专家访谈笔录)

案例2:甲A联赛启动后,八一俱乐部因军队性质,一直无法改革成为职业俱乐部,球员历年的待遇也远低于其他俱乐部,造成球队人才大量流失。1995年,八一球员王某(大)转会至万达,为其夺得首届甲A冠军。1997年,八一承诺为郝某某提供北京住房,但他执意去万达。同年底,效力八一多年的球员黄某加盟了湖北武汉红桃K队。(来源:甲A十年、人物百科)

案例1和案例2中,大连万达以财力优势,通过各种途径将诸多国内高水平球员招入麾下,在众多国脚聚集下取得辉煌的战绩。而八一俱乐部因体制问题,很难对薪酬做出大幅调整,尽管也以各种方式积极挽留,但仍不能避免高水平球员的流失,俱乐部的竞技实力被削弱。高水平球员在俱乐部间的配置失去平衡,俱乐部间竞技实力的差距拉大,甚至出现一枝独大的局面。比赛结果缺乏不确定性、观赏性降低,严重影响了我国职业足球联赛的健康发展。物质诱导球员变成了诸多俱乐部不成文的行动规则。我们将物质诱导的潜规则和转会制度视为一个博弈方的两种策略,假如转会制度设计科学合理,将不会被潜规则侵蚀,依然处于主导策略地位。相反,转会潜规则将取代转会制度而发挥效用,成为新的主导策略。在物质诱导行为泛滥情况下,不同性质俱乐部可能会采取不同的策略,继而产生不同的收益和成本(图25)。

	官办俱乐部	
	潜规则	转会制度
民办俱乐部 潜规则	（60，60）	（50，0）
民办俱乐部 转会制度	（0，50）	（70，70）

图25 官办俱乐部和民办俱乐部协调博弈的得益矩阵

如果单从纳什均衡角度看，矩阵存在（潜规则，潜规则）和（转会制度，转会制度）两个纯策略纳什均衡，且后者明显优于前者，具有更高的帕累托效率。如果官办与民办俱乐部均在完全理性情况下，通常结果是（转会制度，转会制度）。但如果相互猜忌，那么（潜规则，潜规则）可能是两类俱乐部博弈的风险上策均衡。物质诱导的市场外部行为是俱乐部间长期、重复博弈的结果。博弈中同类俱乐部通过相互学习、模仿，并根据上次博弈的成本与收益以及周围其他俱乐部的策略选择，决定下次博弈采取的策略。物质诱导的行为泛滥表明俱乐部采取潜规则策略的收益大于采取转会制度的收益。根据单群体复制动态，某俱乐部因采取潜规则策略而获益巨大，必然引起其他俱乐部的学习效仿。如果不加以治理，采取潜规则策略的俱乐部将越来越多。然而，尽管官办俱乐部也想尽了各种办法，但因组织管理、薪酬分配等体制问题，很难利用更高水平的物质激励吸引球员。据北京国安的专家吴老师称："郝某某的转会问题上，八一想留住他，但又留不住，出不了万达那么高的物质激励，只能随他去了。"[1] 当民办俱乐部的隐蔽行动形成规模后，很难再利用转会制度加以规制，只能通过转会制度改革重新调整原有的利益格局。

然而，转会制度向哪个方向改革？足球竞赛至少需要两个以上俱乐部参与才能生产比赛产品，且俱乐部竞技实力越接近，比赛结果越不确定，比赛产品的质量越高。而如果两俱乐部实力悬殊，那么比赛结果缺少悬念，产品质量越低。在有限自由转会制度下，不同性质俱乐部之间竞技实力失衡，职业联赛的观赏性降低，严重影响了我国职业足球联赛的健康发展。事实上，不仅官办俱乐部因球员流失而利益受损，中国足协也因转会市场紊乱、竞赛质量不高而行政绩效降低。据中国足协的专家冯老师称："大连万达、上海中远俱乐部以财力优势到处大肆招募高水平球员，形成了连沪争霸的局面，许多比赛实力悬殊太大，

---

[1] 访谈对象：吴老师。时间：2016年5月9日15:35-16:56。地点：北京市西城区先农坛体育场足协办公楼308室。形式：面访。录音编号：JLB20160509WS。

不用观看比赛也能知道结果，造成了不良的社会影响，治理成为必然。"[1]可见，中国足协作为转会制度的制定者，不仅要平衡俱乐部和球员的利益格局，还要积极维护自身的权威，提高行政绩效。相比俱乐部和球员，中国足协在转会市场上拥有更多的话语权，相应的权力资源也更多，在与俱乐部博弈中占据优势地位。根据非对称博弈的复制动态关系，中国足协谈判博弈的支付成本降低，而俱乐部的权力资源减少，博弈的支付成本增加。在直观图上的表现如图26所示。此时，中国足协和俱乐部的演化博弈均衡状态收敛于（1，0）的概率增大。前者在利益格局调整中获得更多的收益，因此转会制度趋向中国足协—摘牌制改革。通过制度改革，物质诱导的潜规则行动得到了有效遏制，市场秩序恢复，中国足协的收益增加，但俱乐部、球员的利益受到不同程度的损害。中国足协增加的收益主要是，第一，俱乐部和球员的转会行为被严格规范，市场秩序得到良好控制，行政绩效增加。第二，控制球员走向，平衡了俱乐部竞技实力，增强了联赛的观赏性，社会效益提升。但对于球员，自由转会的意愿被剥夺。而对于俱乐部，球员选择权被限制。如1998年，球员被摘后，如果不愿意转入，则失去当年转会资格；1999年，球员一次性上榜，俱乐部一次性摘牌。2001年，顺摘改为倒摘，且一旦摘牌，俱乐部不许退牌等[2]。

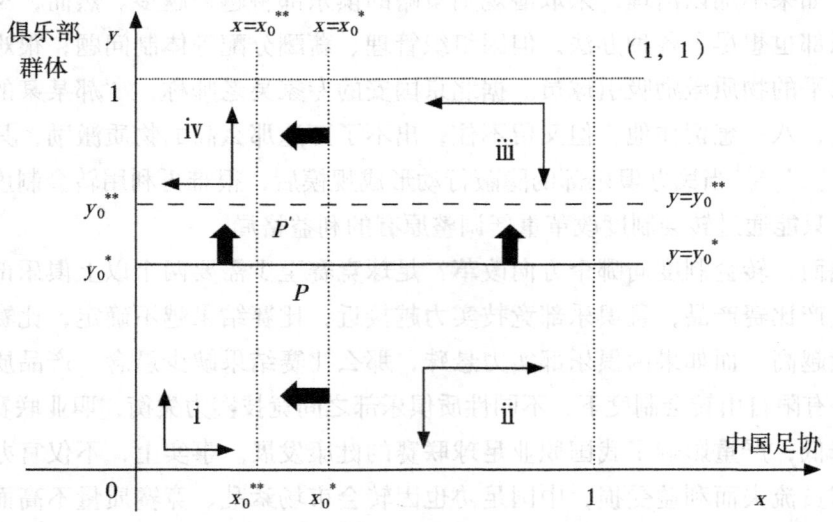

图26 非对称博弈下中国足协与俱乐部的复制动态关系

---

[1] 访谈对象：冯老师。时间：2016年5月12日11:15—12:06。地点：北京市海淀区首都体育学院教学楼8层会议室。形式：面访。录音编号：ZGZX20160512FJM。

[2] 朱志斌，李泓，贾文彤.对我国职业足球转会制度的研究[J].河北体育学院学报，2005，19（3）：6-7.

二、摘牌制演化为双轨转会制

案例3：2002年初，全国甲级俱乐部总经理联席会议上，青岛颐中总经理秦某将姜某等三名球员的名字打印在纸上，分给各俱乐部："这三个我们已经谈妥，请高抬贵手。"辽宁俱乐部的程某某把徐某等两名球员的租借费定得极高。上海中远表达了要留下祁某和申某的愿望。青岛队没有让姜某等三名球员花落他家；徐某等两名球员回到了辽宁队；上海中远如愿将祁某、申某等知名球员都囊括到帐下。摘牌结束后上海中远仍表示："如果没有现行转会制度的限制，我们完全可以通过强大的资金把国内最好的球员买过来。"（来源：专家访谈录、搜狐体育）

案例4：2002年元月，我国著名球员申某，为保证在摘牌大会上不被其他俱乐部"截杀"，他写了一份恳请书，以个人名义向各甲级俱乐部发出传真，表明他已经有钟情的上海中远，请大家高抬贵手，并祝各俱乐部新年快乐，今年取得好成绩。（来源：北京青年报，同第三章案例8）

摘牌制下，球员的自由转会意愿被剥夺、俱乐部的人才选择权受限制，为二者形成隐蔽合谋提供了良好条件。案例3和案例4充分表明，为应对摘牌制对自身造成的利益损害，俱乐部和球员都在积极采取隐蔽性反抗行动。青岛颐中、上海中远、辽宁抚顺等俱乐部以"打纸条、发传真、抬高转会费"等形式，预先和其他俱乐部协商，希望能得到中意的球员，而球员申某也以"传送请求"的形式与各俱乐部事先沟通，表明自己的意向和立场。表面来看，这些行动是俱乐部和球员为了保证自身利益，实质是他们通过不同途径和形式表达了对转会制度的不满，且以实际行动与摘牌制相抗衡。随着隐蔽合谋行动的增多，逐渐变成了与转会制度相悖的行动法则。

中国足协是以特有的行政权力调节与俱乐部和球员的利益格局，他们之间的博弈是一个权力结构和信息结构不对称的动态博弈[1]。俱乐部和球员通过观察中国足协的行动，来确定下一步的行动策略。中国足协与俱乐部、球员都有两种策略选择，前者策略选择是积极制定转会制度并严格监督或消极制定转会制度并监督松散；后者策略选择是消极执行转会制度或积极执行转会制度，这

---

[1] 丛湖平，石武.我国职业足球运动员转会制度研究[J].体育科学，2009，29（5）：32-39.

里的消极执行即可认为采取的潜规则行动。假如实施球员转会的总成本为40，中国足协的收益为40，俱乐部或球员的收益为30，当中国足协和俱乐部或球员都采取积极态度时，二者分别承担20的实施成本，中国足协和俱乐部或球员的收益分别为20和10，但当中国足协采取积极态度，而俱乐部或球员采取消极态度时，中国足协却至少支付30的实施成本，俱乐部或球员可不支付成本，此时他们的收益分别是10和30，又因足协消极、俱乐部或球员积极的情况实践中不存在，所以二者的博弈均衡解为（积极态度，潜规则），即中国足协将采取积极态度，推动制度实施并主动承担成本，俱乐部或球员则因不愿支付或少支付成本而消极执行转会制度。（消极执行，潜规则）是其占优策略，而中国足协没有占优策略，只能采取积极态度（图27）。

		足球俱乐部或球员	
		潜规则	转会制度
中国足协	消极态度	（0，0）	（40，-10）
	积极态度	（10，30）	（20，10）

图27 俱乐部或球员与中国足协非对称博弈的得益矩阵

转入俱乐部的成本主要是转会费和交易成本，转出俱乐部的成本在于因球员转出带来的成绩影响、广告和赞助收益，球员的成本主要是竞技能力和时间的消耗。由于他们都不同程度地存在短期行为的利益最大化诉求，如果转会制度不能满足其诉求，他们就会采取潜规则来避开转会制度的约束。对中国足协来说，历史责任的特殊性和制度目标的多重性，使其必须综合考量转会制度安排的成本及社会、经济效益，才能做出最终决策。摘牌制下，中国足协严格按照挂牌摘牌程序，将转会球员挂出，俱乐部按照足协规定的顺序摘取。但实践中许多俱乐部却不能摘取意向球员，且一旦摘牌不允许反悔[1]。这种情形下，俱乐部再按照中国足协的规定实施转会行动，显然是不够明智的。于是，部分俱乐部针对意向球员私下向目标俱乐部发出合谋邀请，实现利益最大化。对于转会意愿被限制的球员，如果不能去意向俱乐部，不仅发展空间受限，还有失业风险。俱乐部和球员的利益诉求得不到满足，必然产生转会制度改革的需

---

[1] 访谈对象：纪老师。时间：2016年5月4日14:10-16:05。地点：山东省济南市历下区山大路如家快捷酒店235房间。形式：面访。录音编号：JLB20160504JMH。

求，而又因中国足协没有占优策略，只能通过改革转会制度来调整原有的利益格局，以满足他们的利益诉求。

俱乐部和球员的利益诉求不完全一致，且他们在转会市场的权力资源拥有量也不同。据北京国安的专家吴老师称："中国足协曾提出三种改革方案，一是继续摘牌制；二是自由摘取+摘牌制；三是自由转会制，且在俱乐部联席会议上征求了各俱乐部的意见。"[1] 中国足协征求俱乐部意见表明，俱乐部在制度改革中有了一定的话语权。而这实质是控制转会市场的权力资源，有了话语权，权力资源增多。由于转会市场的权力资源总量是一定的，那么中国足协的权力资源的减少，必然有利益群体的权力资源增多。俱乐部权力资源的增加，意味着其利益将在制度改革中得到优先保护。因此，根据非对称博弈的复制动态关系，当俱乐部的权力资源总量增加时，其谈判博弈中的支付成本减少，球员的权力资源总量不变或减少，意味着谈判博弈的支付成本增加，采取隐蔽行动付出的代价增大，在直观图上的表现如图28所示。此时，二者的演化博弈均衡状态收敛于（0，1）的概率增大，俱乐部获得更多的收益，转会制度趋向俱乐部的方向—双轨转会制改革。俱乐部增加的收益有：第一，俱乐部选择球员的范围逐步扩大，由2003年自由摘取1名球员，到2005年自由摘取5名。第二，俱乐部榨取球员剩余价值的力度增大。一方面，合同期满前30天，若俱乐部提出续约，球员则不能转会；另一方面，若球员所属俱乐部当年降级，俱乐部不同意转会并提出续约的，球员不能转会[2]。此外，合同期满后30个月以上未参加原俱乐部比赛的球员才能注册为"自由人"[3]。球员的得益大幅减少，突出表现为自由转会权得不到保障。

---

[1] 访谈对象：吴老师。时间：2016年5月9日15:35—16:56。地点：北京市西城区先农坛体育场足协办公楼308室。形式：面访。录音编号：JLB20160509WS。

[2] 中国足协.中国足球协会运动员身份及转会规定[Z].2006-11-23.

[3] 中国足协.中国足球协会运动员身份及转会规定[Z].2007-12-27.

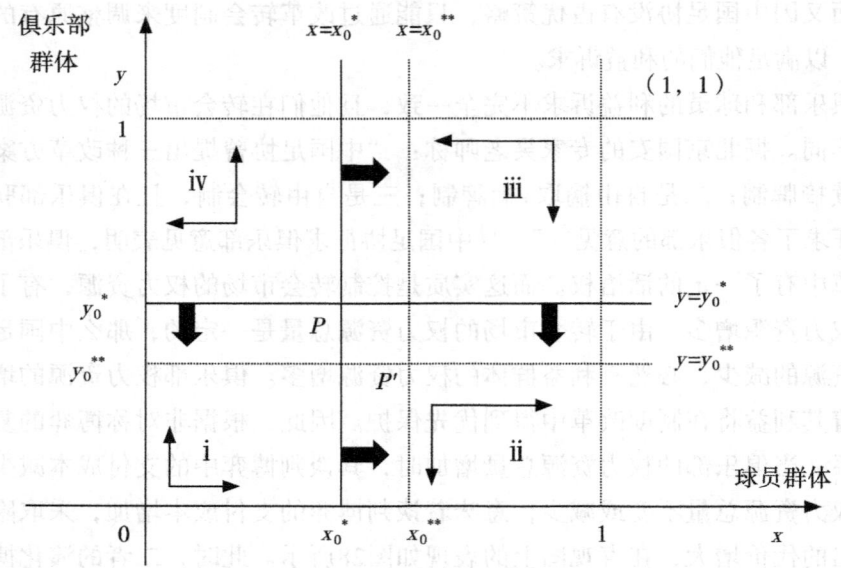

图28 非对称博弈下俱乐部群体与球员群体的复制动态关系

三、双轨转会制演化为自由转会制

案例5：辽宁球员戴某合同期满后，欲转会至上海申花，但由于300万元转会费价格太高，只好作罢。2009年初，他以零身价自由转会萨拉热窝斯拉维亚，成为第三名从中超"不辞而别"的球员。然而，合同到期后他却又以自由人身份转会上海申花，完成"出口转内销"。对此，辽足隋某表示："其实之前我们对此事的态度很明确，足协的声明说得很清楚，毕竟现在已经不单是辽足和他或者与某一个球队之间的事情，已经转变成促进中国足球改革的大事情。"而上海申花朱某表示："我们是在足协的规则下依法运作，和国际接轨而已。"（来源：新民晚报、中国青年报、专家访谈笔录）

前期，辽足和上海申花因转会费没有达成一致，戴某的自由转会意愿被搁置。为了挣脱这种束缚，实现自由转会，受周某某转会事件影响，利用国际转会惯例成为一种策略选择。辽足不愿让戴某自由转会，一方面俱乐部培养了他5年，付出了大量心血；另一方面，他转出后俱乐部得不到想要的转会费和任何补偿。此时只有极力维护国内转会政策，才有可能保证其利益实现。然而，上海申花通过国际引援的方式在零代价下获得了中意球员，成为此次事件的受益者。但按照国际转会惯例，申花并没有违背相关转会规定。作为转会制度制定者，中国足协既是利益相关方，也是利益的协调者。尽管足协极力维护国内权威，但在国际转会惯例面前，仍然无能为力。至此，辽足也只能承担因制度漏洞而带来的利益损失。

在这里（图29）同时存在球员与俱乐部、俱乐部与中国足协、中国足协与国际足联等多个博弈，球员与俱乐部的利益冲突是根本，二者博弈衍生出了诸多博弈。站在规则制定者的角度，足协是极力维护国内转会政策的（如不开具国际转会证明等），尽管俱乐部和足协维护的目的不同，但某种程度上他们的利益存在一致性，只不过他们所付出的成本不同而已。对于球员与俱乐部博弈，二者都有两种策略选择，俱乐部为积极执行转会制度和消极执行转会制度；球员为积极执行转会制度（不钻空子）和消极执行转会制度（钻空子）。如果执行球员转会的总成本为60，俱乐部的收益为50，球员的收益为40，当都积极执行转会制度时，二者分别承担30的实施成本，收益分别是20和10，但当前者积极执行而后者消极执行时，前者至少支付50以上的实施成本，后者甚至可不支付成本，此时他们的收益分别是0和30。又因本土与国际转会惯例不兼容，前者不可能消极执行，所以二者博弈均衡解为（积极执行，钻空子），此时，钻空子是球员的占优策略，而俱乐部没有占优策略。双轨转会制下，球员合同期满仍有30个月的保护期，即使未与俱乐部续约，也仍归属于原俱乐部。因此，球员不但自由转会权被剥夺，还受俱乐部的利益束缚。如果再墨守"土政策"，显然是不明智的。但要想冲破束缚，还须对俱乐部和中国足协联合施压。这种情况下，球员的利益诉求得不到满足，必然产生转会制度改革的需求，而又因在本土与国际转会惯例不兼容，俱乐部没有占优策略，而只能通过改革转会制度来调整原有的利益格局，满足球员的利益诉求。

		球员	
		钻空子	不钻空子
俱乐部	积极执行	（0，30）	（20，10）
	消极执行	（-20，50）	（10，10）

图29 俱乐部与球员非对称博弈的得益矩阵

在国际上,球员身份委员会是国际转会惯例的制定者,是各国家足球协会操作球员国际转会的准绳,各国应在国际转会惯例基础上,制定本土转会制度。显然,国际足联是国际转会的权威机构。据山东鲁能的专家纪老师称:"在周某某、戴某事件上,山东鲁能、辽足想讨回原有的利益,但也只能就此作罢。同时,足协极力维护自己的权威,最终也无能为力,无法与国际足联相抗衡。"[1] 国内球员的国际转会,受到的国际转会惯例的保护,实质是国际足联赋予球员自由转会的权力,增加了其权力资源拥有量,而俱乐部的权力资源相对减少。根据复制动态关系,球员的权力资源总量增加,博弈支付成本减少,俱乐部的权力资源总量减少,博弈支付成本增加。在直观图上的表现如图30所示。此时,二者的演化博弈均衡收敛于(1,0)的概率增大。球员在利益调整中获得更多的收益,转会制度趋向于球员,自由转会制改革。自由转会制使球员的收益和地位显著提升。尤其近几年,转会市场异常活跃,转会费节节攀高,球员地位仍在继续提高。2015年足协规定,球员在一个赛季中上场时间不足10%时,有权以体育正当理由提前终止劳动合同。俱乐部的收益降低。主要表现在:第一,控制球员的能力下降。只要合同到期,球员即可自由转会。第二,原俱乐部支付球员的转会费得不到有效补偿。第三,球员上场时间少于10%,可以提出终止劳动合同。

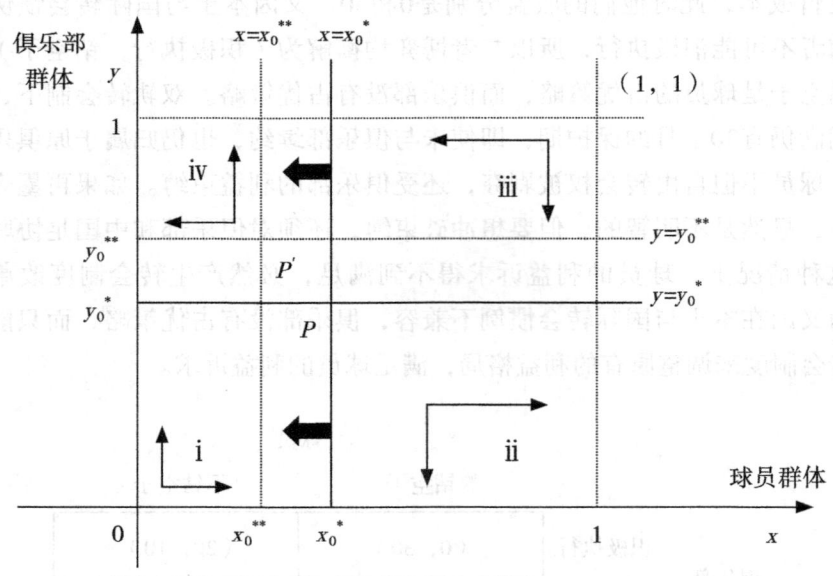

图30 非对称博弈下俱乐部群体与球员群体的复制动态关系

---

[1] 访谈对象:纪老师。时间:2016年5月4日14:10—16:05。地点:山东省济南市山大路如家快捷酒店235房间。形式:面访。录音编号:JLB20160504JMH。

2010年，中国足协对外正式取消了挂牌摘牌的转会方式，球员的市场地位得到较大提升。例如，2011赛季，俱乐部一年内累积拖欠球员工资或奖金超过3个月，球员有权单方面终止劳动合同[1]。另外，当球员在一个赛季中上场时间不足10%时，有权以体育正当理由提前终止劳动合同[2]。球员在转会中有了较多的自由选择权。此外，中国足协制定了相对完善的引援管理规定。2012年中超俱乐部留用和引入外籍球员不得超过5名，其中来自非亚足联会员协会的球员不得超过4名，而中甲俱乐部外援最多不得超过4名[3]。2014年中国足协再次增加了中超外援名额，两个转会窗累积不超过7名[4]。从外援限制的变化来看，中国足协通过引入高水平外援带动职业足球联赛整体水平提高的同时，出于本土球员考虑，加大了本土球员发展空间的保护力度，2015年12月，中国足协提出，我国港澳台球员引入按国际转会程序及办法进行操作[5]。原来港澳台球员引入按国外球员转会操作，但只占用国内球员名额而不占用外援名额。但是，近年来港澳台球员很多是归化球员（巴西人较多），水平远高于国内球员，这种优惠政策变成俱乐部引援受益的灰色地带，产生了不公平竞争。2017年5月，中国足协规定从2018赛季起，各俱乐部整场比赛累计上场比赛的U23国内（港澳台除外）球员，必须与整场比赛累计上场比赛的外籍球员人数相同[6]。这明显提高了对国内年轻球员发展空间的保护力度。此外，为限制俱乐部高价引援、盲目攀比、哄抬价格等行为，联赛执行局于2017年6月出台的实施意见，对俱乐部盈利与亏损的核定、引援调节费的收取与使用、球员的注册与转会等都做了相应的规范。这不仅抑制了国内球员"身价虚高""阴阳合同"等现象发生，还规范了俱乐部引援行为和球员转会行为，保障了我国职业足球联赛健康发展。

---

[1] 中国足协.中国足球协会球员身份及转会暂行规定[Z].2010-11-30.

[2] 中国足协.中国足球协会运动员身份及转会规定[Z].2007-12-27.

[3] 足协2012转会制度出台 3月2日截至中超外援4+1[EB/OL].（2011-10-31）[2018-08-17].http://sports.163.com/11/1031/21/7HNOQUDM00051C89.html.

[4] 足协公布2014赛季球员转会时限 外援累计不超7名[EB/OL].（2013-12-20）[2018-08-17].http://sports.163.com/13/1220/14/9GHU4G5T00051C89.html.

[5] 中国足协.关于调整港澳台球员转会政策的通知[Z].2015-12-14.

[6] 中国足协.关于调整中超、中甲联赛U23球员出场政策的通知[Z].2017-05-24.

四、我国职业足球转会制度变迁的演化博弈全景审视

从有限自由转会制转变为挂牌摘牌制,后来又演化为"自由摘取"+摘牌制的双轨转会制,最后演化为完全意义上的自由转会制,整个转会制度演变过程是连续进行的,后来的转会制度继承了原有制度的有益成分,而对原有制度中不能适应新环境的制度安排进行改进,实质是一种辩证的"扬弃"。我国职业足球转会制度的演变路径始终遵循成本最小化原则,逐步在制度边际上向前推进。从转会制度变迁的整个过程来看,俱乐部和球员因遵循转会规则而自身利益诉求得不到满足,继而采取规避规则约束的潜规则策略,产生了制度改革需求。不同情况下,博弈中拥有占优策略的利益群体不同,另一方没有占优策略,只能通过转会制度改革调整既有的利益格局。而不同变迁阶段,俱乐部、球员及足协在转会市场上的权力资源有所变化,权力资源多的利益群体在博弈中讨价还价的能力较强,其在利益格局调整中能获得更多的收益,进而转会制度趋向他们期待的方向改革。并且,在制度演化过程中俱乐部和球员很好地利用了转会潜规则的自加强机制。从某种程度上讲,我国转会市场中,俱乐部和球员的潜规则行动对我国职业足球转会制度改革具有重要的积极意义。

从另一个角度看,中国足协在转会制度改革中存在短视行为,政绩观思想也一直延续。制度改革总是以遏制俱乐部或球员的潜规则行动为目标,仅是为解决问题而采取紧急措施,弥补原有转会制度的不足,并且制度改革以问题治理速效为方向,表现出较强的急功近利倾向,而未考虑发展路径的长期规划。在整个博弈过程中,相比俱乐部、足协,球员始终处于弱势地位,在转会市场上的权力资源较少,在制度改革中很难与俱乐部、中国足协抗衡,尽管后期博弈中占据优势,但也仅是因为国际转会惯例赋予的权力保护,权力资源有所增加,否则不可能在利益重新调整中获得更多收益。尤其双轨转会制后,中国足协权力下放,逐步转移至俱乐部,致使其制度改革的话语权增强,加深了球员的受约制程度。尽管后期博弈中,俱乐部因本土与国际转会规则不兼容而没有占有策略,但依然要强势于球员。事实上,从我国转会制度制定或改革主体的变化中,也能反映不同利益主体权力资源的变化及强弱。从最初由中国足协内部人员独立制定并发布,到后来的由中国足协拟定草稿,征求俱乐部意见,修订后再发布,这不仅能说明足协、俱乐部权力资源的变化,也充分体现出球员的弱势地位。我国职业足球转会制度变迁的演化博弈全景如图31所示。

第四章 我国职业足球转会制度变迁的演化博弈分析

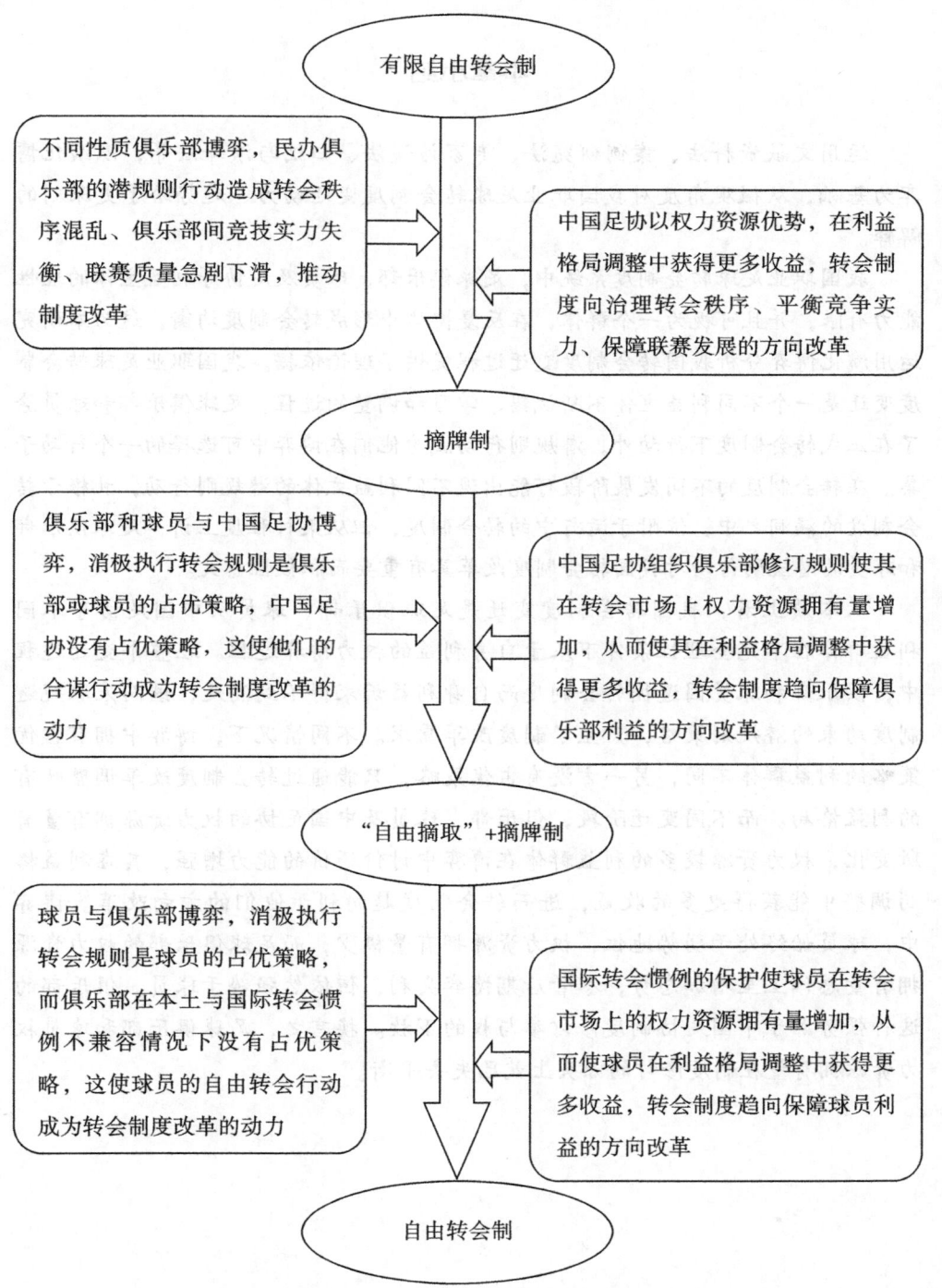

图31 我国职业足球转会制度变迁的演化博弈全景

本章小结

运用文献资料法、案例研究法、专家访谈法、归纳与演绎法等,以演化博弈为基础,从微观角度对我国职业足球转会制度变迁动力、趋势给予更深刻的解释。

我国职业足球转会制度系统中,足球俱乐部、球员及足协等利益主体的理性能力有限,并且可视为一个群体,在反复博弈中形成转会制度均衡,这为本研究运用演化博弈分析我国转会制度变迁过程提供了理论依据。我国职业足球转会制度变迁是一个不同利益主体不断试错、学习和调整的过程,足球俱乐部和球员除了在正式转会制度下行动外,潜规则行动成为他们在博弈中可选择的一个行动子集。在转会制度的不同发展阶段可能出现不同利益主体的潜规则行动,扎根于转会制度的漏洞之中,依附于运行中的转会制度,但从某种程度上讲,足球俱乐部和球员的潜规则行动对我国转会制度改革具有重要而积极性意义。

从本质上看,我国转会制度变迁是足球俱乐部、球员及中国足协等不同利益群体在不完全理性条件下基于自身利益的权力博弈过程。在整个变迁过程中,俱乐部和球员因遵循转会制度而自身利益诉求得不到满足,继而采取规避制度约束的潜规则策略,产生了制度改革需求。不同情况下,博弈中拥有占优策略的利益群体不同,另一方没有占优策略,只能通过转会制度改革调整既有的利益格局。而不同变迁阶段,俱乐部、球员及中国足协的权力资源拥有量有所变化,权力资源较多的利益群体在博弈中讨价还价的能力增强,其在利益格局调整中能获得更多的收益,进而转会制度趋向利于他们的方向改革。博弈中,球员始终处于弱势地位,权力资源拥有量极少,而足球俱乐部的权力资源拥有量总体上呈增加态势,尽管后期博弈失利,但依然强势于球员。俱乐部的这种强势源于中国足协制度修订参与权的下放。换言之,足球俱乐部和球员权力资源拥有量在制度修订的源头上就已失去平衡。

第五章 英格兰职业足球转会制度变迁及启示

英格兰是现代足球发源地,足球职业化最早。英格兰职业足球转会制度经过上百年的历史沉淀,已经形成了一个较为成熟、科学合理的转会制度体系,具有很强的代表性。因而,本章对英格兰足球组织机构及其转会制度的演化发展过程进行探讨,为我国职业足球转会制度改革提供有益的经验借鉴。

第一节 英格兰足球组织机构及其职能

一、英格兰足球协会

1862年,英国著名律师埃比尼泽·莫利(Ebenezer Morley)在伦敦成立了足球俱乐部,即巴恩斯足球俱乐部,这个俱乐部的成立堪称"足球协会之父"。1863年10月26日晚上,来自伦敦市区和郊区的学校和俱乐部代表聚在了一起,召开了英格兰足球发展史上的第一次历史性会议,参与的学校和俱乐部包括巴恩斯、战争办公室、十字军、无名(基尔)、水晶宫、布莱克希斯、肯辛顿学校、珀西瓦尔府、瑟比顿及卡特尔修道院[1]。这次会议除了宣布英格兰足球协会正式成立外,还制定了相对统一的足球竞赛规则,不仅标志着现代足球的诞生,还标志着足球运动发展迈入了一个崭新的时代。

英格兰足球协会,作为世界上最古老、历史最悠久的足球管理机构,其组织架构科学合理、分工精细,包括英足总董事会、英足总理事会、英足总委员会及英足总管理团队[2]。英足总理事会代表比较广泛,除了主席、副主席、

---

[1] The FA. The History of the FA [EB/OL]. [2017-04-28]. http://www.thefa.com/about-football-association/history.html.

[2] The FA. who we are [EB/OL]. [2017-04-28]. http://www.thefa.com/about-football-association/who-we-are.html.

高级副总裁、副总裁之外,还包括英超联盟代表、足球联盟代表、地方会员协会代表及职业球员协会、裁判员协会等。英足总委员会包括审计委员会、薪酬委员会、提名委员会、财务委员会、健康和安全委员会、咨询委员会、球员身份委员会、司法委员会、制裁与注册委员会及裁判员委员会等。英足总管理团队主要包括职业联赛联系部、商业与市场部、技术部、运营部、数据采集部、财务部、人力资源部、参与发展部、法务部及战略与联络部。英足总主要职能是负责国家队的组建及足总杯赛的筹备和组织,推动社会公众积极参与足球活动,制定足球运动的标准和规则并监督其执行与实施,但并不插手和干扰职业足球俱乐部及英超、英甲等各级联赛的经营和管理活动。对于球员转会,英足总专门设立球员身份委员会和争议解决(室)委员会,这两个委员会的主席、副主席及成员由英足总执行委员会选出。球员身份委员会由球员工会代表、职业联盟代表及英足总官员代表等组成,主要负责转会规则制定及监督实施、确认球员身份等。争议解决委员会则包括24名成员,由同等数量的球员和俱乐部代表组成,这些代表是在球员工会和职业联盟提议的基础上任命[1],主要负责解决俱乐部之间、俱乐部和球员之间的各类纠纷。

二、职业足球联盟

随着英格兰足球运动的快速发展,越来越多的俱乐部开始参与英格兰足总杯赛,但由于球员自发在俱乐部之间流动,缺乏相应的制度约束,造成俱乐部与球员之间的矛盾纠纷频现。1885年,职业球员的合法地位得到英足总承认。然而,由于足总杯赛是当时唯一的官方比赛,且实行淘汰制,俱乐部参与比赛的数量极为有限,很多甚至在第一轮就遭到淘汰,引起许多俱乐部老板的不满和抗议。于是,1888年,由苏格兰商人威廉·麦克格雷戈组织牵头,与阿斯顿维拉等11家俱乐部联合组织成立了英格兰职业足球联盟[2],英格兰职业足球正式登上了历史舞台。

英格兰职业足球联盟包括英超联盟和足球联盟,前者负责英超联赛的组织、管理和运行,后者负责英甲、乙、丙级联赛的组织、管理和运行。他们都

---

[1] The FA. Governing the procedures of the player's status committee and dispute resolution chamber [Z]. 2014-12-19.

[2] Feess E, Muehlheusser G. The Impact of the Transfer Fee System on Wages, Investment Incentives and Profits in Professional Football: Analyzing the European Commission's New Suggestion [D]. University of Bonn, 2000: 26.

是由相应级别的俱乐部组成，能够完全自主地组织比赛、制定赛程，对电视转播、赞助商、冠名权等进行商务开发，职业联赛的产权、财务监督权及包括商业开发与赞助谈判在内的经营权尽归联盟所有。职业足球联盟通过电视转播、门票收入、赞助等收益，维持整个职业联赛健康发展。英足总和职业足球联盟是一种既相互独立又密切协作的关系，英足总主要负责对各级别国家足球队、足总杯赛以及职业联赛的监督，并不介入联赛俱乐部的经营和管理活动。

职业足球联盟作为由俱乐部共同自发组成的一个独立的民间组织，设立董事会和监事会，各俱乐部董事长都是董事会成员，且地位平等、权力均衡，根本目的是保护俱乐部的利益，使俱乐部和联盟的利益最大化。它的成立，使英格兰各级俱乐部有了组织依托，为更好地维护自身利益奠定了组织基础。回归到转会上，英格兰各级俱乐部有了组织依靠，不仅能够在转会制度制定与改革上获得更多话语权，而且在处理转会纠纷、维护俱乐部利益方面占据了巨大优势。无疑，职业足球联盟对英格兰转会市场的利益分配格局具有重要影响。

三、球员工会

据韦伯考证，大不列颠及爱尔兰帽业工人工会是英国成立最早的工会组织，大约于1667年成立[1]。也就是说，在英国工会同意与其他社会主义团体合作成立政治组织之前，英国工会早已存在了200余年[2]。到了19世纪，英国资本家为从工人身上索取更多剩余价值，便采用增加工作强度、延长劳动时间、降低工资等手段压榨工人，致使工人们遭受不公平待遇。英格兰职业足球联盟实质是雇主们（资本家）的一种联合组织，球员则是为资本家赚取巨额利润的工人，正好拟合了资本家与工人之间的雇佣关系。俱乐部最卑劣的行径就是最大限度地压榨和利用球员，并在球员受伤或年老时将其无情地抛弃[3]。如果球员长期遭受俱乐部的压榨和不公平待遇，必然激起他们的反抗。1893年，联盟限制球员薪水和转会自由激起了高薪球员的抗议，并自发聚集结成"足球员联盟协会"。然而，由于未能得到大多数低薪球员支持，且合法性遭到质疑，该协会于1901年被迫解散。之后，球员不断受到俱乐部的剥削，劳资纠纷频现。

---

[1] 韦伯夫妇.英国工会运动史[M].陈建民，译.北京：商务印书馆，1959：19.
[2] 李华锋.英国工党和工会关系研究[D].武汉：华中师范大学，2008：11.
[3] 周爱光，张恩利.英国职业足球运动员工会援助服务机制及启示[J].西安体育学院学报，2011，28（2）：129-132.

为了对抗俱乐部的压榨，1907年，由曼联球员罗伯茨（Roberts）和梅雷迪斯（Meredith）在曼彻斯特帝国酒店成立了"球员联盟"，通过组织球员罢工、罢赛，最终获得了英足总和足球联盟的承认。在很长一段时间里，球员联盟一直在抗争中曲折发展。1958年，吉米·希尔（Jimmy Hill）将球员联盟更名为英格兰职业足球运动员协会（Professional Football Association，简称PFA），此即为现代意义上的球员工会[1]。

球员工会是英格兰职业足球发展的必然产物，作为劳资关系结构中的关键要素，对制衡劳资双方力量起着重要作用。劳资双方是一对矛盾关系，既相互冲突又相互依赖，彼此共生。英格兰球员工会作为一种球员自治组织，初衷是保护自身利益不受损害，在发生利益冲突时，能够与资方谈判，进而有力维护球员利益。但随着英格兰职业足球的不断发展，球员工会的职能也发生了很大变化，由最初单纯维护包括工资、工作合同、自由转会等球员合法权益，逐步扩展到涉及球员教育、养老保险、退役安置等职能领域。此外，在英足总委员会中，球员工会的代表也在其中，且有球员进驻球员身份委员会，代表球员利益共同参与职业足球转会制度的修订过程。在争议解决委员会（室），职业足球联盟的俱乐部代表和球员工会的球员代表数量是等同的，这些代表都是在英格兰职业足球联盟和球员工会内部提议的基础上，再由英足总任命。可见，球员工会在劳资斗争、权力维护及利益诉求表达上都发挥了不可替代的作用。

四、英足总、职业足球联盟及球员工会三者间的关系

作为三个不同的利益主体，英足总、职业足球联盟及球员工会履行着各自的职能，发挥着相应的特殊作用，共同构成了英格兰职业足球稳定发展的三角结构（图32）。在这个稳定的三角结构中，各自的权、责、利非常清楚。英足总主要负责国家队和足总杯赛的组织管理，不直接干涉职业联赛，只是宏观指导职业联赛的发展，同时作为制度的制定者、监督者，调控着代表俱乐部利益的职业足球联盟和代表球员利益的球员工会的利益平衡。对于转会制度的修订，由专门的部门球员身份委员会负责起草，提交执行委员会审定。而职业足球联盟作为俱乐部利益的代言人，在球员身份委员会中也派驻代表参与转会制度修订的全过程，同样球员工会作为球员利益的代言人，也派驻代表参与转会制度修订。如果在球员转会过程中发生纠纷，职业足球联盟和球员工会通过集

---

[1] 托尼·梅森. 英国职业足球运动员收入状况的历史变迁[J]. 体育文史，1999（3）：55—56，30.

体谈判协调俱乐部和球员的利益关系。若通过谈判不能解决，将移交由等同数量的俱乐部代表和球员代表构成的争议解决委员会裁定。

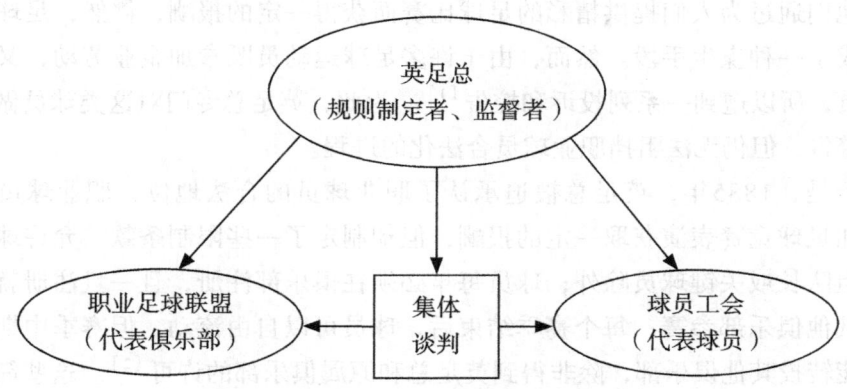

图32　英足总、职业足球联盟及球员工会关系示意图

总体而言，在英格兰，转会制度研究存在两条主线。第一，从转会制度的源头设计上，英足总成立了球员身份委员会，专门组织制度修订，保障了俱乐部和球员具有同等的利益表达渠道，切实平衡并协调俱乐部和球员的合法利益。第二，如果出现转会纠纷，通过组织对组织的形式进行谈判与协商，若仍存在争议，则提交争议解决委员会裁决。由于该委员会由同等数量的俱乐部和球员代表组成，因而保障了俱乐部和球员在转会市场上权力资源的平衡。

第二节　英格兰职业足球转会制度的变迁

英格兰职业足球转会制度的变迁史，实质为代表俱乐部利益的职业足球联盟与代表球员利益的球员工会相互斗争、彼此妥协的博弈过程。期间矛盾的产生与化解推动着转会制度不断地改革发展。鉴于此，以俱乐部与球员之间的矛盾为线索，并根据这种矛盾的变化对英格兰职业足球转会制度变迁过程进行阶段划分。

一、矛盾隐形期：转会制度的雏形发展阶段（1863—1887年）

受资本主义商品经济的催化、经济发展及生产效率提高的影响，各行业技术工人拥有越来越多的闲暇时间，逐渐对以足球为代表的体育运动产生了更多需求。英格兰城市化进程的不断加快,致使人们观赏精彩赛事的需求不断增长。一些技艺高超的业余足球运动员开始兼职,成为提供足球表演服务的劳动者。他们通过为人们提供精彩的足球比赛而获得一定的报酬,俨然,足球运动已经成了一种谋生手段。然而,由于许多足球运动员既参加企业劳动,又是兼职球员,所以遭到一系列投诉和控告[1]。为此,英足总专门对这类球员做出处罚或警告,但仍无法阻挡职业球员合法化的进程。

于是,1885年,英足总被迫承认了职业球员的合法地位,职业球员可通过参加足球竞赛表演获取一定的报酬,但却制定了一些限制条款。允许球员参赛,但队长或关键球员除外;球员每年必须在俱乐部注册,且一旦注册就不能代表其他俱乐部参赛;每个赛季结束后,球员可以自由流动,但赛季中期,球员不能转投其他俱乐部,除非得到英足总和原属俱乐部的许可[2]。这些简短规定即为正式转会制度的雏形。这看似偶然,实则必然。由于当时足球职业化处于起步阶段,职业化、市场化程度不是很高。英足总作为当时唯一的官方足球管理机构,受资本主义商品经济的社会主流思想影响,并且在球员屡遭企业投诉的情况下,英足总对球员流动的限制更强,企业受益较大。这种不平等限制实质是当时英格兰整个社会中资产阶级与工人阶级地位不平等的真实写照,同时为足球俱乐部与职业球员利益冲突和矛盾泛起埋下了伏笔。

二、矛盾凸现期:转会制度的创生发展阶段(1888—1906年)

1888年,英格兰职业足球联盟的建立为俱乐部老板剥削、压榨职业球员提供了组织基础。保留和转会制度(the remain and transfer system)即在英足总的限制条款基础上制定的剥削球员利益、压缩球员生存空间的制度。保留和转会制度进一步增加了苛刻条款,以期在有效维护俱乐部利益的同时,争取更多的其他收益。例如,在一个赛季结束后,如果一名球员想转会至其他俱乐部,必须征得原俱乐部的许可;如果原俱乐部同意球员转会,原俱乐部还有权索要转会费以弥补劳动力的损失[3]。随之而来的是职业球员的不断抗争与维权。1893年,转会自由及最高薪金的限制政策,使部分高薪球员集结并于1898年组建了

---

[1] 曾凯.中西方职业足球基本制度的比较研究[D].北京:北京体育大学,2007:10.

[2] 吴义华,张文闻.英格兰足球转会制度研究[J].体育文化导刊,2005(5):63-65.

[3] Carmichael F, Thomas D.Bargaining in the transfer market: theory and evidence [J]. Applied Economics, 1993, 25: 1467–1476.

"足球员联盟协会",然而,由于只涉及少数高薪职业球员,并且未获得英足总的合法承认[1],该组织于1901年被迫解散。

事实上,"足球员联盟协会"即为职业足球领域中现代球员工会的"雏形",其被迫解散有许多深层原因。首先,早期工会组织是伴随英国资本主义制度的确立而逐渐发展壮大的,但由于大部分工会都是由熟练工人发起并组织的(即使有非熟练工人,在内部也受到排斥),没有形成更为广泛的群体力量,导致许多工会组织失去了继续存在和发展的基础,生存空间越发狭小,最终只能昙花一现[2]。由于当时职业球员的周薪金不超过4英镑,只有少数精尖球员超过该数额,所以只有部分高薪球员抗议并成立足球员联盟。然而,缺少了非高薪球员的广泛参与,足球员联盟便无法形成群体性力量,继而导致其与职业足球联盟对抗中力量微弱,发展根基不稳,难以摆脱最终破产的结局。其次,1871年英格兰颁布了世界上第一部《工会法》[3],指出不能以工会活动有可能阻碍工商业的发展为由将工会认定为一种非法的组织。也就是说,此时的工会组织拥有完全合法的地位。因而,足球员联盟协会已具备成立的法律基础,但由于抗争力量有限且分散,与足总和职业联盟的对话始终处于不对等的劣势地位,因而球员的抗争和维权遭到强势镇压。尽管抗争与维权屡遭失败,但足球员联盟协会作为球员与俱乐部、足总斗争的一种新型组织,却为球员们斗争指明了一条崭新道路。保留和转会制度作为球员和足总、职业联盟不断抗争和妥协的产物,其变迁发展始终取决于球员、俱乐部等利益主体间相互斗争的博弈力量。

三、矛盾激化期:转会制度的"量变"积累阶段(1907—1989年)

1906年,英国劳工代表在议会选举中获得重大进展,并坚持将工会更名为工党。这表明,工人阶级不再只是一种政治压力集团,而是作为一个合法政党登上了英国政治舞台,成为了一个政治权利争夺者[4]。工党为了更好地维护工人阶级的利益和权力,试图通过法律的形式保护工会。于是,在保守党与工党

---

[1] 周爱光,张恩利.英国职业足球运动员工会援助服务机制及启示[J].西安体育学院学报,2011,28(2):129-132.
[2] 刘成,何涛.对抗与合作——20世纪的英国工会和国家[M].南京:南京大学出版社,2011:18-19.
[3] 刘美霞.论英国工会对国有化的态度[D].西安:陕西师范大学,2013:16.
[4] 沈汉,刘新成.英国议会政治史[M].南京:南京大学出版社,1991:374.

的利益博弈中，工党提出的《劳资关系法》顺利通过议会审查。规定工会自身或者代表工会做出的任何加害行为，都不得对工会提起民事诉讼，不含任何例外或附加条件[1]。此外，随着资本主义市场经济不断发展，尽管资本家加强了对工人的压榨，但整体上工人的待遇是不断提高的。同样，球员的物质回报也是逐渐增多的[2]。然而，虽然球员的208英镑年薪已相当于工厂工头薪金的两倍、农场劳工的四倍，但最高工资限制仍诱发了球员的不满和抗议。这样，在工会组织、法律保障逐步完善及薪资矛盾激化的背景下，"球员联盟"再次登上历史舞台，开始了维护职业球员合法权益的新征程。1909年，"球员联盟"发动了大规模的威胁罢工，但职业联盟却对"球员联盟"会员做出无限期停赛的处罚。这激怒了大部分球员，罢训、罢赛规模不断蔓延。最终，经过双方谈判，职业联盟不但承认了"球员联盟"合法地位，还允许在最高工资基础上额外发放奖金。这次博弈中，"球员联盟"虽未实质性地突破职业联盟的限制，却是对抗资本家（职业联盟）压榨的一次伟大胜利，为球员工会继续维权与抗争增添了信心。

"一战"爆发前，"球员联盟"成员数量不断增多，权利却遭到削弱且分配失衡，导致许多成员极为不满。再者，受英国资本主义经济危机的影响，商品的市场价格和国际贸易增长迅速，但并没有抑制工人实际工资的下降[3]。球员们的不安全意识持续不断地增加。1919年，球员们最高工资仍未实质增长，大量球员质疑"球员联盟"办事能力，致使超过1600名球员退出了"球员联盟"，跌至仅400名[4]。成员数量减少，对抗能力减弱，导致难以与职业联盟抗衡，球员生存状态再次陷入低谷。然而，英国工人阶级是反法西斯战争的中流砥柱，为战争胜利做出了重大贡献，因此"二战"后，英国工会组织在各领域的地位和作用越发凸显，"球员联盟"的地位随之提升，成员数量增长迅速，并于1945年再次施压职业联盟，要求改善球员的工作条件、提高最高工资额度。经过两年的艰苦谈判，国家仲裁庭宣布，职业联盟应增加最高工资额度，提高最低工资标准[5]。虽然最高工资额度增加，但并没有实质性进展，因

---

[1] 李华锋.英国工党和工会关系研究[D].武汉：华中师范大学，2008：31.

[2] 托尼·梅森.英国职业足球运动员收入状况的历史变迁[J].体育文史，1999（3）：55-56，30.

[3] G.H.D.Cole.A Short History of the British Working Class Movement：1789—1947[M].London：George Allen and Unwin，1948：480.

[4] Peter J.Sloane.The Labour Market in Professional Football[J].British Journal of IndustrialRelations，2010，7（2）：181-199.

[5] Simmons R.Implications of the Bosman Ruling for Football Transfer Markets[J].EconomicAffairs，2010，17（3）：13-18.

为这并未涉及最高工资制度层面的突破。

马斯洛提出，人的需求有生理需求、安全需求、社交需求、尊重需求和自我实现需求。通常情况下，生理和安全是人的低层次感性需求，自我实现需求则是指向自由而完满的最高生存境界[1]。也就是说，只有当人的低层次需求得到满足后，才能产生更高层次的需求。实际上，从最开始的抗争到最高工资额度的增加，较低层次的需求占据了球员生活的全部。职业联盟压榨、战争消耗及经济萧条造成球员的生理、安全需求一直处于极不满足状态。随着资本主义市场经济不断发展及球员生存条件的改善，最高工资制度（最高周薪20英镑）虽然还是斗争对象，但在球员生存和安全需求得到满足后，斗争目光转移到球员自身受到的不公平限制上。斗争内容的改变实际是球员内在需求层次的提升。对此，各种抱怨泛起，例如，俱乐部可在最长合同期内（15个月）随意改变雇佣条件；未发生争议事件，球员没有上诉的权力；俱乐部根据自身的需求可保留任何球员等[2]。保留和转会制度只是单向可变性，只赋予俱乐部单方面的限制性权力，球员们不得不奋起反抗，以期废止这种不平等制度。然而，职业联盟却认为，如果将保留和转会制度与最高工资制度全部废除，或废除其中一种，那么俱乐部吸引优秀球员的机会均等程度就会降低，不平等竞争加剧，导致整个职业足球联赛竞争的解体[3]。

20世纪50年代末，"球员联盟"正式更名为"英格兰职业足球运动员协会"（简称"球员工会"，即PFA），标志着球员工会维权与内部建设进入了快速发展阶段[4]。随着战后经济复苏，PFA加快了抗争与维权的步伐。

首先，战后经济复苏使工人的整体工资水平迅速提升，但球员的平均年薪增长率却仍低于熟练手工工人，且普通球员平均年薪增长率也与熟练工人相当（表6），促使PFA对最高工资制度的斗争力度增强。迫于球员工会"欲罢工"的巨大压力，最终于1961年废止了最高工资制度[5]，各类工人收入发生了翻天覆地的变化。据统计，1955—1964年，联赛球员的平均年薪增长了148%，普通

---

[1] 胡家祥. 马斯洛需要层次论的多维解读[J]. 哲学研究，2015（8）：104–108.

[2] Peter J. Sloane. The Labour Market in Professional Football [J]. British Journal of Industrial Relations, 2010, 7（2）：181–199.

[3] Carmichael, F Thomas D. Bargaining in the Transfer Market: Theory and Evidence [J]. Applied Economics, 1993, 25: 1467–1476.

[4] 托尼·梅森. 英国职业足球运动员收入状况的历史变迁[J]. 体育文史，1999（3）：55–56, 30.

[5] 史蒂芬·多布森，约翰·戈达德. 足球经济[M]. 樊小苹，张继业，译. 北京：机械工业出版社，2004：79–80.

产业工人仅增长了62%[1]。诚然,这是球员工会多年斗争的一次根本性胜利,极大地提高了球员们的斗争和维权意识。

表6　1955年与1960年英格兰不同工人平均年薪及增长比率(单位:英镑)

工人类型	1955年	1960年	工资差额	增长率(%)
熟练手工工人	622	796	174	27.97
半熟练工人	469	581	112	23.88
无技术工人	435	535	100	22.99
联赛球员	713	923	210	29.45
甲级球队球员	772	978	206	26.68
顶尖球队球员	832	1173	341	40.99

(资料来源:在English Professional football Ⅱ和Occupation and Pay in Great Britain的基础上编制。)

其次,1960年12月,前锋球员乔治·伊斯特汉姆的转会请求遭到纽卡斯尔联队的多次拒绝,次年4月他被告知继续留在俱乐部,且工资待遇保持不变。乔治拒绝与俱乐部续约,并上诉联赛委员会。然而,他上诉未果,不仅不能获得收入,也不能转会至其他俱乐部[2]。于是,他将俱乐部告上了法庭。乔治认为,俱乐部侵犯了他自主选择、靠踢球谋生的权力,违反了"自由贸易"原则。1963年,法官韦伯福斯(Wilberforce)宣布,保留和转会制度是对贸易的不合理限制,阻碍了球员自由择业且超越了权限,因而对乔治不具约束力。法院的这一判决催生了一种新型合同的产生,即球员和俱乐部签订的合同划定了一个初始期(1～2年)和一个选择期(与初始期对等)。如果俱乐部未履行选择期,那么球员可与其他任何俱乐部签约而无须转会费。然而,如果合同期满,俱乐部想保留球员,但在6月30日仍没达成协议,则任何一方可向职业联盟管理委员会申请调解。如果调节不成,任何一方可向争议解决庭申诉,其决议对球员和俱乐部具有同等约束力[3]。尽管球员的利益诉求得到了一定的满足,但实现却是有前提条件的,因而保留和转会制度的本质依然存在。也就是说,相比原有制度,新的转会制度对球员的限制不再那么绝对,但总的基本原则仍

---

[1] J.C.Routh. Occupation and Pay in Great Britain (1906—1979) [M]. Cambridge: Cambridge University Press, 1980: 121-122.

[2] 托尼·梅森.英国职业足球运动员收入状况的历史变迁[J].体育文史,1999(3):55-56,30.

[3] Peter J. Sloane. The Labour Market in Professional Football [J]. British Journal of Industrial Relations, 2010, 7(2): 181-199.

保持不变。乔治案的判决使球员转会获得了一定自由，转会市场活力得到了释放，大量球员合同期满后实现了自由转会，转会费的额度要求也呈现下降趋势（表7）。

表7　1962—1967赛季英格兰足球联赛球员转会情况

年份（年）	注册球员数量（人）	转会费（万英镑）	自由转会球员（人）	自由转会人数占注册球员总数的比例（%）
1962	2640	192	296	11.2
1963	2511	179	317	12.6
1964	2466	214	355	14.4
1965	2415	86	489	20.2
1966	2384	70	480	20.1
1967	2395	55	410	17.1

（资料来源：在The Labour Market in Professional Football的数据基础上编制而成。）

20世纪70年代，一系列法律法规的颁布促使英格兰职业足球发展的法律环境有了很大改善。诸如《劳资关系法实施细则》《工会与劳资关系法》及《雇佣保护法》等，扩大了劳工被不正当解雇的赔偿权，增强了工会在排外性雇佣制企业中的权力，且工会享有法律豁免权与集体谈判权[1]。在这种环境下，球员工会权力不断扩张，谈判能力及话语权得以提高。同时，有证据表明，70年代末，英格兰国内出现大量工人的罢工事件，声势浩大、影响深远[2]。1977年，在《雇佣保护法》等国内法律环境的支持下，球员工会在维权谈判中占据优势，球员利益得到了有利维护。1978年，迫于外界压力，转会制度有了进一步调整，实行新的自由契约制度。一方面，如果俱乐部（当前球员注册的俱乐部）想要保留合同期满球员，就必须为球员提供至少与上期合同一样好的条件。如果不能提供，球员将有权提出转会且无任何附加费用。另一方面，如果俱乐部提出了新条件而被球员拒绝，那么球员也有权提出转会，但转入俱乐部需支付转会费以补偿转出俱乐部的人力资本损失[3]。这种合同虽名为自由

---

[1] 陈晓律. 当代英国[M]. 贵阳：贵州人民出版社，2001：318.
[2] 阿伦·斯克德，克里斯·库克. 战后英国政治史[M]. 王子珍，秦新民，译. 北京：世界知识出版社，1985：238-263.
[3] Simmons, R. Implications of the Bosman Ruling for Football Transfer Markets[J]. Economic Affairs, 2010, 17（3）：13-18.

合同，实际上仍未摆脱俱乐部的限制。因为，一旦球员拒绝俱乐部提出的新条件，俱乐部可能以高额的"补偿金"来击退欲转入该球员的俱乐部。因而，球员的转会自由还是由原俱乐部控制，并未实现真正的转会自由。实际上，这次制度改革只是俱乐部在其现有利益空间内让与球员有限利益的一次妥协，并未触及足球俱乐部的核心利益。

最后，为了有效对抗美苏控制和威胁，1957年在欧洲煤钢共同体基础上，法国、联邦德国、比利时等六国政府在罗马签订了《欧洲原子能共同体条约》和《欧洲经济共同体条约》，统称为《罗马条约》。1967年，欧洲煤钢、经济、原子能三大共同体合并，统称为欧共体（欧盟）。1973年，英国也加入了欧共体[1]。加入了欧共体意味着也要受到《罗马条约》的约束。《条约》主要内容是，欧盟范围内各国建立关税同盟，逐步协调经济和社会政策，实现人员、商品、资本和服务的自由流通。然而，欧洲各国经济发展仍表现出明显的"区域割据"状态，各种经济、贸易纠纷频现[2]。英国作为欧盟成员国，其政治经济、社会文化都受到欧盟环境的影响。因保留和转会制度本质依然存在，球员合同期满后自由转会的诉求始终没能得到满足，并且球员跨国流动限制与欧盟人员自由流通的规定相悖，诸此种种，为保留和转会制度的彻底废除提供了条件基础和法律保障。

四、矛盾加剧期：转会制度的"质变"发展阶段（1990-2005年）

1990年，比利时甲级列日队球员博斯曼合同到期，俱乐部欲在削减60%年薪基础上保留该球员。按照转会规定，列日俱乐部有权向敦刻尔克俱乐部索要转会费。列日俱乐部想保留博斯曼继续效力，便以高额转会费击退欲转入的俱乐部，使球员无法自由转会。1992年，博斯曼将列日俱乐部和比利时足协告到了欧盟法院（ECJ）[3]。他认为，列日俱乐部违反了"欧盟各国公民有权自由选择居住地和自由择业"的《罗马条约》，并且欧足联对非欧盟球员限制有种族歧视的嫌疑。三年后ECJ做出判决，认为合同期满后通过支付转会费而限制

---

[1] 吕本瑞.冷战时期英国工党的欧洲一体化政策研究[D].聊城：聊城大学，2015：12-19.

[2] 德克里·W·厄尔温.第二次世界大战后的西欧政治[M].吴德芬，译.北京：中国对外翻译出版社，1985：116-118.

[3] 欧共体的组织机构，包括欧盟理事会、欧洲委员会、欧洲会议、欧盟法院及审计院，欧盟法院是欧共体的仲裁机构，负责审理和裁决欧共体条约中发生的争执和纠纷。

博斯曼转会违反了《罗马条约》第48条欧盟各国公民有权自由流动的规定，保留和转会制度应予废除，合同期满球员应在欧盟各国内自由转会，原俱乐部不得收取任何形式的补偿费[1]。然而，为何《罗马条约》早已存在，矛盾如今才爆发？20世纪50年代，欧共体签署的《罗马条约》主要是一种经济刺激和经济导向的条约，那时职业体育发展处于低级阶段，体育对经济影响微不足道，因而，体育并未明确列入欧洲共同体条约[2]。但是，几十年后，体育仍然没有明确出现在共同体条约，而体育的存在及其与欧洲市场的密切关系已是事实。足球已变成一项庞大的产业，其管理和劳动力结构变得更为复杂，劳资紧张关系已占据职业足球的主导地位[3]。此时，引起了欧洲机构，尤其是欧洲议会和欧盟委员会，对足球规则在共同体法律下的合法性的极度关注。在这种背景下，博斯曼事件的爆发、欧洲法院的介入也就不用感到惊奇了。博斯曼法案后，自由转会在欧洲市场上被大肆宣扬，球员利益得到有利维护，且在转会中的地位得到了极大提高。英格兰作为欧盟成员国，ECJ判决必然具有同等效力。因而，英格兰根据ECJ判决形成了国内的转会制度。据报道[4]，博斯曼法案对英格兰转会市场的影响巨大，不仅大量外籍球员迅速涌入、球员工资暴涨，而且许多俱乐部的优秀年轻球员流失严重，一批小俱乐部更是面临倒闭，国内职业联赛俱乐部竞争严重失衡。经过英足总、职业联盟及球员工会激烈的谈判与协商，英足总于1998年对转会制度做了修订，年龄在24岁以上、合同期满的球员转会时无须支付转会费，而合同期满的、24岁以下球员保留了转会费制度[5]。然而，ECJ认为博斯曼之前的整个转会制度并不能证明转会费是正当的，相反，转会费与培养球员的花费是完全无关的[6]。实际上，博斯曼事件后，转会制度改革发展进入了法治化阶段。欧盟《罗马条约》等法律的介入使俱乐部和球员

---

[1] 史蒂芬·多布森，约翰·戈达德. 足球经济[M]. 樊小苹，张继业，译. 北京：机械工业出版社，2004：81-82.

[2] Bogaert. Practical regulation of the mobility of sportsmen in the EU post Bosman[M]. America: Kluwer Law International, 2005: 4-5.

[3] A.L.Lee. The Bosman case: Protecting freedom of movement in European football[J]. FILJ, 1996, 19（3）: 1255.

[4] Maguire J, Stead D. Brorder Crossings: Soccer Labour Migration and the European Union[J]. International Review for the Sociology of Sport, 1998, 33（33）: 59-73.

[5] 史蒂芬·多布森，约翰·戈达德. 足球经济[M]. 樊小苹，张继业，译. 北京：机械工业出版社，2004：83-85.

[6] Simmons R. Implications of the Bosman Ruling for Football Transfer Markets[J]. Economic Affairs, 2010, 17（3）: 13-18.

在转会时的利益格局发生了本质变化，同时也意味着立法机构、足球管理机构也参与到了转会制度变迁的利益博弈中，造成各利益群体的博弈更加复杂。

博斯曼法案只是应对纠纷而做出的判决，并没有注意到处于有效合同期内球员转会的法律适用问题。于是，许多俱乐部开始延长球员工作合同，甚至强制球员在合同期满前签订一份新合同。当球员违约时，俱乐部可能索取巨额转会费，不仅限制了球员的自由流动，还加剧了俱乐部间的不平衡竞争[1]。2000年，欧盟委员会认为，雇佣法适用于足球劳务市场是合乎逻辑的，任何机构的雇工，当他们为雇主效力一段时间后（通常3个月），只要他们愿意就可以自由更换雇主。欧盟委员会专员马里奥·蒙蒂（Mario Monti）宣称，他们不再容忍有效合同期内的球员转会。2001年3月，欧盟、国际足联和欧足联之间相互妥协达成一致，合同期内球员无须经过俱乐部的同意，支付违约金后就能离开当前俱乐部，并根据球员年龄支付补偿费；合同期限被限制在1~5年[2]。原先只有合同期满球员才能自由转会，合同期内球员转会时，如果俱乐部对转会费不满意即可阻止转会；而新转会制度下，合同期内球员可支付违约金和赔偿费来"赎身"[3]，且两类费用总和实际低于当前制度下支付的转会费。为了力求与国际惯例接轨，英格兰对本土转会制度进行了修改。尽管球员在转会市场上实现了完全自由，也标志着转会制度由被动法治向主动法治的开始，但依靠培养年轻球员生存的俱乐部利益遭到了前所未有的重创，为转会制度后续改革埋下了伏笔。

欧足联"3+2规则"的废除，加速了国际球员转会的进程。据报道，博斯曼法案后的四年里，英超外籍球员增加了1800%。反对者认为，"3+2规则"是一种基于国籍的歧视，阻碍了劳动力的自由流动；支持者却是基于非经济理由，即维护球员、俱乐部与国家的关系。最终，该条款遭到欧盟《罗马条约》的抵制，以致陷于实施困境而废止。英超大量外籍球员的流入，造成本土球员的发展空间大为缩减，英足总为了保护本土球员，加快探索更加灵活的国籍和工作许可制度[1]。英超的劳工证制度应运而生。博斯曼法案前，其他欧盟球员也被

---

[1] Christina Lembo.FIFA transfer regulations and UEFA player eligibility rules: Major changes in European football and the negative effect on minors [J]. Emory International Law Review, 2011, 25 (1): 539-585.

[2] Feess E, Muehlheusser G.The impact of transfer fees on professional sports: An analysis of the new transfer system for European football [J]. Scand.J.of Economics, 2003, 105 (1): 139-154.

[3] 吴育华, 杨顺元, 叶加宝.中国、欧洲足球运动员转会制度分析 [J]. 武汉体育学院学报, 2007, 41 (9): 19-22.

视为外援，而博斯曼法案后劳工证仅对非欧盟球员起到限制作用。然而这只是一定程度缓解外援涌入的"治标"举措，仍未从"治本"角度解决本土球员发展问题。针对此，欧足联于2005年制定了"本土球员"规则。从本质上看，有了"本土球员"配额限制，俱乐部吸纳外籍球员的能力大为减弱[1]。尽管本土球员发展空间得到一定的释放，缓解了俱乐部间的财务差距和竞争失衡，激发了俱乐部投资青训的热情，但这种观点是缺乏说服力的。虽然俱乐部所在国家可能会塑造出顶级球员，但俱乐部却不能过度依赖这种塑造的可能性。因而，俱乐部要确保能够满足本土球员配额，就必须吸纳有发展前景的年轻外籍球员。从法律角度看，"本土球员"规则是否适用于欧盟法律，是否能与欧共体法律兼容，还得看欧足联与欧盟之间博弈力量的对比。

此外，为了更好地保护未成年球员，同时缓解中小俱乐部的生存危机，国际足联于2004年12月重新修改了转会规定，建立了一种更人性化的制度结构，在未成年球员保护方面做出重大改变，并加大对中小俱乐部的扶持力度[2]。一方面，禁止18岁以下球员进行国际转会（3种例外情况），且劳动合同不能超过3年。这样限制有利于年轻球员的长远发展，而不仅限于眼前的利益得失。其次，针对中小俱乐部生存危机问题，国际足联引入了培训补偿和联合机制补偿。培训补偿主要针对球员首次注册为职业球员时，新俱乐部要向该球员12周岁以后曾参与培训的单位或俱乐部支付培训补偿。并且职业球员23周岁前进行的每次转会，都要向当次转会前该球员所注册的俱乐部支付培训补偿。联合机制补偿，主要是合同期满球员转会时，新俱乐部向所有培训过该球员的俱乐部或单位支付联合机制补偿[3]。两种补偿不但缓解了中小俱乐部的生存危机，还刺激了俱乐部投资青训的热情。

综上所述，在长达15年的时间里，经历了2次矛盾转换，由球员与俱乐部的转会纠纷，上升为欧盟与欧足联、国家足协的法律冲突，接着又转换成国际足联与欧盟、欧足联利益争夺。英格兰作为欧盟成员，只是作为一个利益追随者，此时期英格兰的职业足球转会制度改革话语权，逐渐由主导地位弱化成从

---

[1] UEFA Champions League.Regulation of the UEFA champions league [EB/OL]. http://www.eurocups.ru/docs/cl-06_07-rules.pdf.

[2] FIFA.Commentary on the regulations for the status and trnsfer of players [EB/OL]. http://www.fifa.com/mm/docu ment/affederation/administration/51/56/07/transfer_commentary_06_en_1843.pdf.

[3] FIFA.Regulations on the status and transfer of players [EB/OL]. http://www.fifa.com/governance/dispute-resolution-system/index.html.

属地位，直至无话语权。同时，在矛盾升级过程中，转会制度改革也实现了从无法治到被动法治，再到主动法治的蜕变与升华，继而推动了转会制度的法治化进程。

五、矛盾平稳期：转会制度的稳定发展阶段（2006—2016年）

实际上，随着欧共体更名为欧盟及《欧洲联盟条约》的正式生效，欧共体已然从经济实体转向经济政治实体，权力也超越了经济范畴[1]。随着欧盟地位及其话语权的提升，欧盟法律的重要性也日益增加，并在欧盟范围内变得异常明显。同时，国际足联承认了体育仲裁庭行使足球仲裁庭的管辖权后，国际足联的权力扩张进一步加剧。2009年，国际足联根据章程，授权体育仲裁庭解决国际足联、会员协会、联合会、联赛、俱乐部、球员及官方、球员经纪人等之间的各种纠纷[2]。任何当事方要向体育仲裁庭申诉，必须在接到国际足联法律机构最后决议通知的21天内申诉。体育仲裁庭的仲裁条款适用于当事方的申诉，但其依据却是国际足联的各项规定和瑞士法律[3]。因此，欧盟法律在体育仲裁庭的决议中并未起到重要作用。欧盟和国际足联对足球控制权的扩张，必然引起各种争议和声讨。尽管自2005年后，转会制度的实质性内容变化不大，但因博斯曼法案导致的历史遗留问题仍不断发酵。欧足联"本土球员"规则和国际足联"6+5"规则，实质就是欧足联和国际足联的地盘争夺战。这些规则虽然不是球员转会制度的核心，却影响球员的流动，甚至影响俱乐部的兴衰、国家队的存亡。其实，此时欧足联、国际足联已经将目光由转会制度的自身制度建设转向转会制度的外围制度建设。这种转向也是一种历史必然，毕竟转会制度不可能脱离外围制度环境而独存。

欧足联规定，俱乐部必须有一定数量的本土球员，无论是俱乐部还是协会培养，该球员可以是任何国籍，但球员须在15~21岁效力俱乐部3个完整赛季。

---

[1] A.Egger, C.S.Hackl.Sports and competition law: A never-ending story [J]. ECL review, 2002, 23: 81-82.

[2] Christina Lembo.FIFA transfer regulations and UEFA player eligibility rules: Major changes in European football and the negative effect on minors [J]. Emory International Law Review, 2011, 25 (1): 539-585.

[3] FIFA.FIFA statutes: Regulation governing the application of the statutes2016 [EB/OL]. [2017-05-06]. http:// resources.fifa.com/mm/document/affederation/generic/02/78/29/07/fifastatutsweben_neutral.pdf.

据报道，2008—2009赛季，配额增加至8名本土培养球员，且最少有4名俱乐部培养的球员[1]。出于对这项政策合法性的认识，许多欧盟国家足协开始采用类似条款限制俱乐部。例如，英足总要求，从2009—2010赛季开始，每个参赛俱乐部必须有4名本土培养的球员[2]。欧洲议会、欧洲委员会也明确表示支持欧盟的决定，通过限制俱乐部本土球员的数量，促进年轻球员的发展，并呼吁俱乐部要严格执行这项政策。2008年5月，国际足联审议并通过了"6+5"规则，要求每场比赛俱乐部至少有6名具有国家队效力资格的球员上场，但并未限制已签约的未具备国家队资格的球员数量。国际足联着眼于世界足球发展平衡，提出的"6+5"规则不仅是对博斯曼法案负面影响的直接回应，还是一种纯粹的体育原则及针对问题的"体育式应对"[3]。然而，欧盟委员会和欧洲议会明确表示，国际足联的"6+5"规则是对国籍的歧视，有悖于《欧盟条约》。实际上，国际足联和欧足联都在为各自利益而实施保护主义行为。国际足联为防止世界足球竞争实力出现两极分化，着重强化世界各国家队竞技实力的均衡性。欧足联则为防止豪门俱乐部大量囤积年轻球员的垄断竞争行为，试图建立一种能为本土球员提供更多锻炼机会的制度，以促进欧洲职业联赛的可持续发展。在未来，国际足联和欧足联的博弈仍会继续，至于谁会取得最终胜利，还要看二者间的博弈力量。

另外，欧足联允许各会员协会根据自身实际情况，设置利于国内联赛健康发展的外援政策，导致欧洲各国的外援政策差异较大。例如，西甲的"3外援限制"；意甲的"1+1引援限制"；德甲的"4+4政策"，即俱乐部必须有8名本土球员，其中至少有4名本俱乐部培养的球员；法甲的"4外援限制"；英超则要求俱乐部必须有8名本土球员（在15～21岁，效力于英足总或威尔士足总下属俱乐部达到3个赛季或者36个月，球员没有国籍限制），且非欧盟球员必须有"劳工证"才能上场比赛[4]。博斯曼法案后，英足总为了有效保护本土球员的发展，特制定了"劳工证"制度。但随着全球经济一体化发展，现存"劳工证"制度并非是限制外援大量涌入的"治本"之策。据报道，20年前，英格兰

---

[1] UEFA Champions League. Regulations of the UEFA Champion League 22（2008/2009）［EB/OL］. http://www.uefa.com/multimedafiles/download/regulations/uefa/others/70/22/60/702260_download.pdf.

[2] 黄世席.体育运动国籍转换的法律问题［J］.体育学刊，2013，20（3）：37-43.

[3] 潘友连.体育联赛本土球员规则的政策法学研究［J］.沈阳体育学院学报，2014，33（3）：44-49.

[4] 羽则.保卫户口本：解析五大联赛外援限制［EB/OL］. http://www.dong qiudi.com/article/37496.html.

本土球员所有出场时间占69%，而2013—2014赛季却下降到32.36%[1]。在这种情况下，2015年，英足总主席格雷格·戴克宣布，对"劳工证"制度做出重大变革。如果非欧盟球员想赴英踢球，其所属国家队在国际足联的排名必须位于前50位，且不同排位对球员以往参加国家队比赛的比例要求也不同。引援门槛的升高，不仅能保证引援的质量，阻止大量低水平外援的涌入，还能给本土球员提供更多的成长空间。然而，"劳工证"制度只能限制非欧盟球员，对欧盟球员却毫无作用。因此，门槛提高只是减少了水平相对较低的球员，而欧盟内的高水平球员仍能进军英超。令人惊讶的是，2016年6月英国进行了脱欧公投。成功脱欧后，一系列欧盟法律、政策对英格兰职业足球转会制度的约束将会消失，未来职业足球发展环境也将出现新的变化。

第三节 对我国职业足球转会制度改革的启示

一、建立完善足球实体组织机构

经过一百多年的发展，英格兰已经建立了完善的足球实体组织，形成了一个稳定的三角组织架构，相互制约、协同发展。在英格兰转会制度变迁过程中，作为三个不同的利益主体，英足总、职业足球联盟及球员工会履行着各自的职能和责任，并发挥着相应的特殊作用，各自的权、责、利也非常清楚，共同构成了英格兰职业足球稳定发展的组织基础。制度设计离不开稳定的组织，转会制度作为一种足球行业规范，同样离不开稳定的足球组织机构。从英格兰的发展经验看，英足总作为规则制定者和监督者，协调着职业联盟和球员工会的利益冲突。俱乐部和球员都是以各自组织为依托进行集体谈判，使得两个利益群体在转会市场中的博弈力量相对均衡，进而更好地维护各自利益。然而，从目前来看，我国并没有完善的足球实体组织，尽管中国足协已脱钩国家体育总局，足球管理中心也已撤销，但内部职能并未真正转变，尤其领导选拔、部门设置及管理程序等都未实质改变。并且，在我国转会市场上，中国足协是唯

---

[1] 申炜. 英格兰联赛劳工证制度改革，中国球员英超梦断[EB/OL]. http://www.tianjinwe.com/tianjin/tjty/201503/t20150325_803577.html.

一的组织机构，俱乐部和球员等核心利益群体没有自身的组织依托，出现问题后，很难与中国足协对抗。相较于英格兰，我国足球转会市场权力过于集中，没有形成相互制衡的局面。尽管2016年中国职业足球联盟已开始筹建，但由于困难重重，成立的时间也一再推后。并且，代表球员利益的球员工会的筹建也遥遥无期。无疑，就算中国职业足球联盟成立，也很难形成像英格兰那样的相互制衡、协同发展的三角组织架构。因而，除了尽快完成中国足协职能转变外，加快建立中国职业足球联盟、球员工会，形成职业足球发展需要的稳定的三角组织是亟待解决的首要任务。

二、制度设计源头注重权力平衡

在英格兰，英足总是转会制度的制定者、监督者，并协调着职业足球联盟与球员工会之间的关系和利益矛盾。从历史角度看，英足总是由学校和俱乐部代表自发组织成立的一个民间社会组织，而不是英格兰官方当局以行政命令的方式成立的。也就是说，英足总最初是以社会团体法人的形式出现，并在机构设置、人事管理及行业制度、政策制定、财务薪酬管理等方面拥有充分的决策权和自主权。在转会制度的制定与改革上，英足总专门成立了球员身份委员会和争议解决委员会，分别负责修订转会制度、解决俱乐部、球员间的利益纠纷。球员身份委员会除了有英足总的官员代表、法律人员及行业专家外，还从职业足球联盟和球员工会中吸纳了同等数量的俱乐部和球员代表，共同参与球员转会制度的修订过程，切实从转会制度设计的源头上，赋予了俱乐部和球员利益表达的途径，保证了他们在制度改革中的话语权，继而促使转会制度的改革更加公平。同样，争议解决委员会（室）是由同等数量的球员和俱乐部代表组成，这些代表是在球员工会和职业足球联盟提议的基础上由英足总任命。以上种种都表明，从制度设计上，英格兰对参与群体都有明确的要求和程序，同时也比较注重不同利益群体的权力平衡，防止因源头上权力失衡而导致制度失效。这种从制度设计源头上预防和解决问题的理念值得我们学习。然而，纵观我国转会制度变迁过程，尽管中国足协成立了专门的修订小组，其包含的群体也在扩展，从最初由中国足协内部人员修订，到拟定草稿再征求俱乐部和地方足协的意见，但始终没有把握这种"平衡"理念，作为转会市场核心利益群体的球员却始终没有参与制度改革过程，以致在制度设计源头上，球员就已经失去了话语权，权力资源配置失衡。我国转会市场主体的利益表达途径不畅通，产生矛盾冲突就在所难免了。

三、积极健全行业集体谈判制度

英格兰职业足球转会制度的变迁过程,实质为职业足球联盟与球员工会相互斗争、彼此妥协的博弈过程。这种矛盾的产生与化解推动着转会制度不断的改革发展。事实上,职业足球联盟与球员工会的博弈过程即为集体谈判过程。英格兰职业足球主要依靠这种集体谈判制度解决劳资矛盾。在劳资谈判过程中,职业联盟与球员工会就包括转会在内的所有劳动问题进行集体谈判,以谋求双方利益的最大化。劳资双方通过对等协商,对某个劳资纠纷达成集体协议,并报英足总备案生效。但是,如果谈判失败,将把转会纠纷提交争议解决委员会处理。球员工会作为球员利益的代表,一旦会员与俱乐部发生薪资、合同等纠纷,将以集体组织的身份与职业足球联盟谈判,使球员的斗争能力得到了极大提升。例如,1961年,英格兰经济复苏,整体工资水平迅速上涨,但球员平均年薪仍低于熟练手工工人,球员工会(PFA)对职业联盟提出强烈抗议,并提出如果不废除最高工资制度,所有球员将全部罢工[1]。在这形势下,职业联盟最终废止了这项延续多年的制度。英格兰球员正是通过球员工会领导的集体谈判,才获得了日益提高的劳动地位和参与磋商制定攸关球员利益决策的权利。当然,健全集体谈判制度需要以组织为依托,没有相应的足球组织机构,实施集体谈判也就无从谈起。出于历史和现实因素,我国至今尚未建立足球行业集体谈判制度,甚至仍未建立职业足球联盟和球员工会这样的集体谈判主体,由此不仅导致俱乐部和球员的合法权益难以保障,尤其是球员合法利益,而且很难在转会制度改革中享有同等的话语权。尽管如此,我们仍要长远考虑,积极借鉴英格兰集体谈判制度的成功经验,构建符合我国国情的职业足球集体谈判制度。鉴于目前现状,职业球员可暂时以推荐代表的方式先行建立工资集体协商制度,随后再逐步完善集体谈判制度[2]。

四、加强转会制度的法治化建设

职业足球转会市场主体是俱乐部和球员,在保障他们各自利益及规范市场

---

[1] 史蒂芬·多布森,约翰·戈达德.足球经济[M].樊小苹,张继业,译.北京:机械工业出版社,2004:79-80.

[2] 张剑利.职业体育联盟及其相关法律研究[D].北京:北京体育大学,2004.

交易行为的同时，还要对整个转会制度的法律适用进行规制。也就是说，保护俱乐部和球员各自利益及审查转会制度适用性都需要以各种成文法条为准绳，只有这样，才能建立适应市场经济体制的转会市场，最终走向转会市场的法治化[1]。因此，职业足球转会市场的法治化建设至关重要。纵观英格兰转会制度的变迁历程，博斯曼事件是英格兰，乃至欧洲转会制度走上法治化的转折点，他在欧盟法院的胜诉，犹如打开了一个潘多拉魔盒[2]，打破保留和转会制度束缚的同时，诸如俱乐部合并规则、门票销售、俱乐部之间竞争规则及电视转播权等也将面临欧盟司法的质问。人们开始担心，体育自治将从此受到巨大威胁，《罗马条约》、竞争法等扰乱了传统足球管理机制。为此，国际足联开始介入，要求足球行业获得欧盟竞争法的豁免。1997年，欧盟成员国通过了《关于体育运动的声明》[3]，针对体育的特殊性给予特殊照顾。随着法治化进程加快，欧足联出台的政策都要受到欧盟法的影响，如本土球员规则、财务公平竞争（FFP）规则等，这些规则都对职业足球转会市场具有显著影响。由于英国是欧盟成员国（2020年1月正式脱欧），所以仍受上述欧盟法的影响。此外，英国的一些诸如劳工证制度等特殊规定也为其提供了良好的制度环境。总之，博斯曼法案后，英格兰职业足球转会制度的法治化建设趋强，开始逐渐由被动法治转向主动法治，俱乐部和球员的转会行为被纳入法律框架。然而，我国职业足球领域仍存在一些法律真空，甚至不适用某些法律制度的情况。诸如，2010年前，劳动者（球员）并没有自由转会权，即使合同到期，俱乐部仍有30个月保护期。再如，一直以来中国足协规定，国内俱乐部和球员间发生的纠纷以中国足协仲裁委员会的仲裁为最终裁决，这显然与劳动法中"劳动者享有提请劳动争议处理的权利"相悖。诸此种种，尽管明显有悖于劳动法等相关法律，但该规定仍然存在多年，充分体现出我国职业足球法治建设的滞后、法制环境的混乱及法制意识的淡薄。虽然我国由单纯的行业自治逐渐转向外围法律规制，但要探索出一种适合中国国情的治理模式仍有一段很长的路要走。

---

[1] 杨献南，于振峰，史衍，等.欧足联FFP规则的法律适用及其对我国的启示[J].天津体育学院学报，2015，30（6）：493–499.

[2] 郭树理.足球与法律[J].读书，2007（7）：76–82.

[3] 贾文彤，郝永朝.欧洲职业足球中的法律制度对我国职业足球法制建设的启示[J].天津体育学院学报，2004，19（3）：74–76.

本章小结

本章采用文献资料法、历史方法及归纳法等，厘清了英格兰足球组织机构及其职能以及各组织间的关系，并对其职业足球转会制度变迁过程进行了阶段划分与原因探析，得出了对我国转会制度改革的启示。

英足总、职业足球联盟及球员工会是英格兰职业足球发展的组织基础，并逐步形成了相互制衡、协同发展的三角组织架构，他们在转会制度的改革中发挥了不可替代的特殊作用。无论制度修订还是转会纠纷处理，这种稳定的组织架构都保障了俱乐部和球员具有同等的利益表达渠道和均衡的权力资源。英格兰职业足球转会制度变迁实质是俱乐部与球员相互斗争、彼此妥协的博弈过程，大致经历了5个阶段：矛盾隐形期、矛盾凸现期、矛盾激化期、矛盾加剧期和矛盾平稳期。借鉴英格兰的发展经验，我国应加快足协职能的转变，建立职业足球联盟、球员工会等足球民间组织，并在足协内尽快成立转会制度修订或球员身份委员会，在制度源头设计上保障俱乐部和球员具有同等的利益表达渠道，一旦出现劳资纠纷，还应保证俱乐部和球员在谈判时拥有均衡的权力资源，真正维护转会市场主体的合法权益。此外，要逐步加强转会制度法治化建设，不断提高转会制度与本土法律的兼容性，探索适合我国国情的制度治理模式。

第六章 演化框架下我国职业足球转会制度的改革思路

我国职业足球转会制度不仅是人类理性设计的产物，还是自组织演化力量作用的结果。我们如何利用演化分析框架所挖掘的职业足球转会制度的变迁规律，服务于我国职业足球转会制度改革实践是一项重要任务。我国转会制度改革需要有明确的目标，否则容易失去方向。明确目标后，还应确立改革的基本原则及具体路径，只有目标、基本原则及具体路径相互契合，才能实现我国职业足球转会制度改革的初衷，否则，也只是一种空想。

第一节 我国职业足球转会制度改革的机遇和问题

一、历史机遇

全面深化改革已成为时代发展、社会进步的主题。党的十八届三中全会提出，全面深化改革的总目标是完善和发展中国特色社会主义制度，推进国家治理体系和治理能力现代化。《决定》指出，要处理好政府和市场的关系，使市场在资源配置中起决定性作用和更好发挥政府作用，完善现代市场体系，加快转变政府职能，强化权力运行制约和监督体系，创新社会治理体制[1]。改革开放以来，尽管我国体育事业发展取得了一系列令世界瞩目的骄人成绩，但却长期存在思想观念障碍、利益固化藩篱、体制机制弊病。在全面深化改革、着力推进国家治理体系和治理现代化建设背景下，我国体育全面改革迎来了新的发展阶段。

2015年2月27日，中央全面深化改革领导小组第十次会议提出，发展振兴足

---

[1] 中共中央.中共中央关于全面深化改革重大问题的决定[Z].2013-11-12.

球是建设体育强国的必然要求,也是全国人民的热切期盼。发展振兴足球,必须克服阻碍足球发展振兴的体制机制弊端,为足球发展振兴提供更好体制保障[1]。会议审议通过了《中国足球改革发展总体方案》(以下简称《方案》)。《方案》对职业足球领域改革做出重要部署,首先,调整改革中国足球协会,在足协功能定位、调整组建、领导机构、管理机制、管理体系等方面提出了明确的思路。其次,改革完善职业足球俱乐部建设和运营模式,包括如何促进俱乐部健康稳定、俱乐部股权结构如何优化及俱乐部人才结构如何优化等问题。该方案不仅为我国职业足球改革发展指明了前进方向,还为攻克职业足球体制机制弊病、固化利益藩篱提供了政策保障。2016年4月6日,为贯彻落实《方案》,国家发改委等四部门联合印发了《中国足球中长期发展规划(2016—2050年)》(以下简称《规划》),《规划》指出,深化足球协会管理体制改革,形成协会依法自主管理、科学民主决策的新机制。完善国家相关法律法规和足球行业规范规则,推进标准化和规范化建设。建立职业运动员良性发展机制,规范运动员、教练员、裁判员等人才注册制度,理顺球员培养补偿和转会机制,推动与国际通行规则接轨[2]。

当前,中国足球改革已进入攻坚克难、"啃硬骨头"阶段,从领导机构到管理体系,再到体制机制都亟须深化改革,尤其是职业足球领域,政企不分、政事不分、官办不离的情况长期存在。尽管中国足协已与国家体育总局脱钩,足管中心撤销,但中国足协功能定位、内部职能转变等远没有达到预定改革目标。当然,改革需要一个过程。在党和国家领导人高度重视及国家全面深化改革、着力推进国家治理体系和治理现代化背景下,中国足球协会机构改革与职能转变、职业足球领域的全面深化改革迎来了前所未有的历史机遇。

二、主要问题

(一)足协政绩思想固化,去行政化改革不彻底

从我国转会制度变迁过程来看,中国足协的政绩思想始终没有消除,表现

---

[1] 习近平. 让人民对改革有更多获得感[EB/OL]. http://news.xinhuanet.com/politics/201502/27/c_1114458700.htm.
[2] 国家发改委等四部门. 中国足球中长期发展规划(2016—2050年)[Z]. 2016-04-06.

出较强的急功近利心理。转会制度的几次大改革，都是在转会制度系统内部利益主体的反抗行动造成转会秩序失控的情况下，中国足协采取的急救式弥补。可以说，针对性解决问题、"堵漏洞"是足协的一贯做法。在改革中并未考虑制度稳定性和长效性，仅以解决问题、恢复秩序为目标，使转会制度不具有良好的延续性。山东鲁能的专家纪老师称："足协历来都是这样，球员转会有问题了，只是简单地解决问题、堵住漏洞，根本不会以俱乐部和球员的利益为核心，统筹考虑问题。只想尽快安定市场、转会秩序别乱了就行"[1]。中国足协的这种"头疼医头、脚疼医脚"的短视行为，表现出明显的急功近利政绩观。

当然，足协政绩观的固化与其兼具行政职能是分不开的。但从英格兰发展经验来看，英足总是完全的社会团体法人，并不兼具行政职能。尽管我国政府已加快协会去行政化改革，但足协去行政化改革始终不彻底。足协去行政化改革包括中国足协和地方足协的去行政化。足球管理中心撤销，中国足协与国家体育总局脱钩，由国务院体育行政部门代表、知名足球专业人士、社会人士和专家代表等组成，本质就是去行政化。然而，机构脱离了国家体育总局，就是完成了去行政化了吗？从目前来看，一方面，中国足协机构设置虽已脱离国家体育总局，但中国足协的主要领导仍由国家体育总局的领导担任，并且内部机构仍是按照原来隶属于国家体育总局时的职能安排。据中国足协的专家马老师称："当前除了机构脱离了总局外，其他基本没有什么变化，各个部门该干什么还是干什么"[2]。也就是说，中国足协的去行政化改革仍不彻底，需要继续深化改革。另一方面，中国足协隶属于中华全国体育总会。虽然中华全国体育总会在民政部注册为全国群众性体育组织，是一个非营利性的社团法人，但它实际却带有强烈的行政色彩。从其历任领导中发现，主要由国家体育总局、教育部、全国总工会、团中央等部门现职领导担任[3]。作为一种群众性体育组织，重要领导岗位全由各机关行政单位领导兼任，显然不合理。这也是单项运动协会难以去行政化的重要原因。对于地方足协，有些虽已完成脱钩，但也只是一种形式脱离。在调研中发现，各地方足协均存在地方保护主义，尤其全运会问题更为明显，导致去行政化更加困难。据广州恒大的专家黎老师称："恒

---

[1] 访谈对象：纪老师。时间：2016年5月4日14:10—16:05。地点：山东省济南市山大路如家快捷酒店235房间。形式：面访。录音编号：JLB20160504JMH。

[2] 访谈对象：马老师。时间：2016年4月1日9:40—11:04。地点：北京市东城区夕照寺街东玖大厦A座804室。形式：面访。录音编号：ZGZX20160401MM。

[3] 杨丽芳. 我国单项运动协会体制改革研究[J]. 南京体育学院学报（社科版），2015，29（6）：42-47.

大要从大连某俱乐部购买一名正好适合代表省队参加全运会的运动员,我们在与该俱乐部谈妥后,大连足协却不同意该球员转会,认为该球员是大连培养起来的,理应为大连效力,最终无果而终"[1]。在举国体制、全运战略等影响下,地方足协的行政干预对转会市场造成了不良影响。尽管足协去行政化改革的羁绊较多,但若不能彻底完成去行政化改革,足球市场就很难在球员等资源配置中发挥基础作用。

(二)维权组织难以筹建,不能形成制衡之势

从英格兰职业足球发展历程来看,职业足球联盟和球员工会是相继在困境中被动成立的,尤其球员工会,是在英足总和职业联盟联合镇压下逐步成长并壮大的。这些维权组织,除了在发生转会纠纷时,分别代表俱乐部和球员利益进行集体谈判解决争议外,还能以组织代表的身份参与转会制度的修订,与英足总形成了相互制衡、协同发展的三角组织架构,因此,它们在英格兰转会制度改革中起到了不可替代的独特作用。

对于职业足球联盟,中国足协在2016年5月就已组织相关俱乐部进行筹建,但并未按照预期时间(2016年11月)成立。蔡振华表示,希望2017年3月完成职业足球联盟筹建工作[2],但至今尚未完成。尽管中国足协已经认识到职业足球联盟在管办分离中的重要作用,但筹建工作因不同级别俱乐部间的利益博弈并不顺利。姑且不论职业联盟能否如期完成筹建,球员工会的筹建也是遥遥无期。笔者认为,相较于职业足球联盟,球员工会的筹建工作要更加复杂且难度更大,未来可能成为阻碍我国职业足球发展的主要因素。究其原因:第一,在我国,机关、企事业单位都存在工会组织,但都是在党委领导下,且有行政级别。也就是说,每个企事业单位的工会组织都隶属于上级工会组织,而最终受全国总工会的领导和管制。这种隶属关系与英格兰不同,球员工会与职业足球联盟对抗,更不可能出现像集体罢工、游行等行为。第二,国内法律体系不完善使球员工会的筹建越发困难。我国现行的工会法、劳动法及体育法中,对职业球员这个特殊职业,如何筹建自己的工会、有哪些规定和要求等,都没有相

---

[1] 访谈对象:黎老师。时间:2016年4月13日9:15—10:50。地点:广东省广州市恒大中心27层会议室。形式:面访。录音编号:JLB20160413LJY。

[2] 蔡振华. 职业足球联盟需在3月份完成筹建[EB/OL]. http://www.fa.org.cn/2016zdh/jj/2017-01-20/516393.html.

关条款做出明确规定[1]。

多年来，学界也已提出我国职业足球发展中的组织缺陷[2][3]，但实践中始终没得到解决，造成了中国足协在足球市场上的"一言堂"。尤其在转会制度修订、转会纠纷处理等方面表现得淋漓尽致，俱乐部和球员等转会市场主体很难与中国足协形成制衡之势。据北京国安的专家吴老师称："在转会问题上，足协始终很强势，俱乐部不可能与足协相抗衡，枪打出头鸟，遇到问题很少有站出来说话的，更多是忍气吞声、默默承受，之前高某某事件，我们就吃了哑巴亏"[4]。也就是说，俱乐部和球员缺少为自身利益代言的组织，他们在与足协就转会问题谈判时，其能力就极为有限，无法保证自身的合法权益。对我国而言，转会市场主体的维权组织，尤其球员工会的筹建工作仍任重而道远，这也是长期困扰我国职业足球转会市场健康持续发展的重要问题之一。

（三）制度改革主体错位，权力资源配置失衡

制度改革主体直接关系到制度设计的科学性、合理性。从英格兰发展经验可知，英足总专门成立了球员身份委员会，其构成除了英足总的官员代表、法律人员及行业专家外，还从职业足球联盟和球员工会中吸纳了同等数量的俱乐部和球员代表，共同参与球员转会制度的修订过程，切实从转会制度设计的源头上赋予俱乐部和球员同等的利益表达途径，保证了他们在制度改革中的话语权，使他们的权力资源保持相对均衡。这样，在处理重大转会问题时，俱乐部和球员都享有同等参与决策的权力。

然而，20多年来，我国职业足球转会制度的改革主体总体上变化不大。尽管在每次改革前，足协内部都会临时成立转会制度修订小组，但小组成员的来源却仅限足协领导、注册办、竞赛部、法务部等几个部门。最初，转会制度修订小组拟定规则后，由足协发布。2002年后，尽管中国足协转会制度修订小组成员构成没有实质性改变，但拟定规则草稿后，通过召开俱乐部联席会议，

---

[1] 贾珍荣，王斌. 我国发展球员工会的必要性和基本条件分析[J]. 成都体育学院学报，2010，36（3）：42-44.

[2] 陈治. 论中国职业足球联盟的构建路径[D]. 南昌：江西财经大学，2016.

[3] 贾珍荣. 我国职业球员工会基础理论研究[D]. 武汉：华中师范大学，2004.

[4] 访谈对象：吴老师. 时间：2016年5月9日15:35-16:56. 地点：北京市西城区先农坛体育场足协办公楼308室. 形式：面访. 录音编号：JLB20160509WS.

向俱乐部征求意见,以保障俱乐部的利益。中国足协向俱乐部征求修订意见,意味着俱乐部有了表达自身利益诉求的途径,在转会制度改革中具有了一定的话语权。俱乐部这种话语权实际是足协权力下放的表现。俱乐部权力资源的增加,意味着它在制度改革中的利益将得到优先保护。然而,一直以来,球员始终没有参与转会制度改革,足协也从未征求职业球员的意见。据广东足协的专家卢老师称:"中国足协修订转会规则时,会征询地方足协和俱乐部的意见,通过分组讨论提出修改意见供足协参考,但球员一直没有参与机会,涉及他们的利益,却不能参与,也很无奈"[1]。对此,中国足协也有自己的理由,马老师认为,一方面国内球员太多,召集起来比较困难;另一方面,他们对转会规则也不太懂,征询起来太浪费时间[2]。显然,当前我国职业足球转会制度的改革主体有些错位,实质参与制度改革全程的只有足协内部人员,比较而言,俱乐部虽参与意见征询,但仍处从属地位。这种错位直接造成足协在转会制度设计的源头上,核心利益群体的权力资源失衡,进而导致转会制度修订方向的利益庇护,如俱乐部自由摘取球员、30个月保护期、保护俱乐部的特别条款等,都是源头上权力失衡的鲜明体现。

(四)球员的话语权缺失,合法权益无法保障

英格兰职业足球转会制度变迁历程表明,球员经过不断的斗争,使其在转会市场中的地位不断提升,话语权增加,尤其在博斯曼事件后,欧洲球员的转会自由得到了前所未有的释放,地位的提升和话语权的增加也最为明显。然而,在我国,球员却始终是转会市场中地位最低、权力最小的利益群体。从摘牌制开始,虽然国内转会制度也在不断地进行改革,但球员的处境却越来越差,他们几乎没有讨价还价的能力。无论是挂牌摘牌还是自由摘取+摘牌,球员都毫无主动权,其能否转会由俱乐部和足协掌控,即便合同期满,也要在30个月后才能获得"人身自由",致使他们的生存陷入了困境。2009年,虽然球员在博弈中胜利,那也不过是国际转会惯例的保护使他们在博弈时权力资源拥有量增加的结果。在话语权缺失情况下,球员们也通过不断斗争来维护合法权

---

[1] 访谈对象:卢老师。时间:2016年4月13日14:42–16:04。地点:广东省体委竹料体育训练基地办公楼3层会议室。形式:面访。录音编号:GDZX20160413LPX。

[2] 访谈对象:马老师。时间:2016年4月1日9:40–11:04。地点:北京市东城区夕照寺街东玖大厦A座804室。形式:面访。录音编号:ZGZX20160401MM。

益，但基本都以失败而告终。早在2002年，甲A的四川全兴球员就曾因俱乐部长期拖欠工资而出现罢训。随后联赛中出现了多次罢训事件，2004年重庆力帆球员罢训；2005年湖南湘军球员罢训罢赛；2007年河南建业5名球员罢训及2010年天津泰达6名球员罢训等[1]。但是，所有罢训、罢赛都以球员向俱乐部妥协而告终，球员自身利益不但没有得到维护，反而因罢训遭到俱乐部的严惩。据原天津泰达罢训球员韩某某称："孤雁南飞，但从来没有后悔罢训"[2]。2015年，孙某转会事件中，因俱乐部与赞助商产生分歧和矛盾，天津泰达不接收、不注册、不解约，造成他一段时间内无球可踢，成为最大的受害者。对此，他虽然很无奈，但还是接受了现实。这足以表明，球员在我国转会市场中处于弱势地位，他们斗争能力极为有限，维权也异常艰难，但迫于无奈国内并没有可以替球员维护合法权益的组织。对此，国内也曾有诸多球员呼吁成立球员工会，但最终都被中国足协及俱乐部扼杀在萌芽状态。某种意义上，球员话语权缺失、合法利益一直得不到保障，也是缺少维权组织、制度设计源头权力失衡的后果。

（五）制度法治建设滞后，本土法律兼容性差

任何规章、制度都不能超越法律框架，转会制度也不能例外。从这个角度看，转会制度法治建设是职业足球发展的必经阶段。博斯曼法案，使英格兰职业足球转会市场走上了法治化道路，并逐步由被动法治转向主动法治，俱乐部和球员的转会行为，包括英足总甚至欧足联的行为都被纳入法律框架。除了要适用于本土法律之外，英格兰还有一些针对球员转会的特殊政策，劳工证制度最为典型，它为确保各俱乐部引进外援提供了制度保障。

然而，从整个变迁过程看，我国职业足球转会制度的法治建设远落后于实践，甚至存在一些法律真空及无法可依的情况，不适用某些法律制度的情况。第一，《劳动法》作为调整劳动关系及与劳动关系紧密联系的其他社会关系的法律规范，其中，劳动者享有平等就业和选择职业的权利、取得劳动报酬的权力及提请劳动争议处理的权力；劳动者有权解除劳动合同，但应提前30日以书面形式通知用人单位；并且如果用人单位不按约定足额支付劳动报酬，劳动者

---

[1] 中国球员极端罢训为哪般 维护合法权益似乎再无良方[N].工人日报，2010-01-14.
[2] 孤雁南飞从来没有后悔罢训 韩燕鸣要报建业大恩[EB/OL].http://sports.enorth.com.cn/system/2011/01/04005529657.shtml.

可随时解除劳动合同[1]。同样，职业球员以劳动者的身份与俱乐部签订劳动合同，那么他们之间的劳资关系、合同等均适用于劳动法。然而，2010年以前，球员并没有自由转会权，即使合同到期，俱乐部仍有30个月的保护期。再者，足球职业化早期，许多俱乐部欠薪、拖薪严重，但球员仍没有解除合同、自由转会的权力。尽管明显有悖于劳动法相关条款，但仍然存在了那么多年，可见我国职业足球的法治建设进程较为缓慢。第二，一直以来中国足协规定，国内俱乐部和球员间发生的纠纷以中国足协仲裁委员会的仲裁为最终裁决。这显然与劳动法中"劳动者有权提请劳动争议处理的权力"相违背，侵犯了球员继续向上级部门申请仲裁的权利。第三，民政部社团管理规定，社会团体法人不得从事以营利为目的的经营性活动[2]。值得注意的是，社团法人不得从事的经营性活动是以营利为目的的，而足协相关章程中规定，从事经营性活动是以为本项目的发展筹集或积累资金为目的，即二者从事经营性活动的目的不同。从这个角度看，中国足协从事经营性活动并不违法，造成足协能否从事经营活动成为法律真空。此外，虽然我国职业足球领域管理者、从业者等法治意识逐步提高，但相比欧洲，仍显得人治意识较强。中国足协已明确不再收取转会管理费，但有些地方会员协会却仍按原来的比例收取，如山东足协等。据山东足协的专家李老师称："中国足协在转会管理规定中，只是说中国足协不收取了，并没有明确说明地方协会也不能收取（收或不收都行），所以我们还是要收取这笔费用，主要用于年轻球员的培养。如果不收取这笔费用，年轻球员的培养费很难解决"[3]。然而，2015年财政部、发改委已联合发文，明确取消和暂停了包括俱乐部的转会手续费等一些行政事业性收费[4]。显然，这不仅体现了我国职业足球中的人治意识，还从侧面反映出我国足球法治建设的滞后性。

第二节　我国职业足球转会制度改革的目标

我国职业足球转会制度的变迁过程，既是一个行政干预和市场调节力量不

---

[1] 全国人大常委会.中华人民共和国劳动法[Z].1994-07-05.
[2] 国务院.社会团体登记管理条例[Z].1998-10-25.
[3] 访谈对象：李老师．时间：2016年5月4日9:20-10:36．地点：山东省济南市历城区凤鸣路3008号足协办公楼417室．形式：面访．录音编号：SDZX20160504LX．
[4] 财政部，国家发改委.关于取消和暂停征收一批行政事业性收费有关问题的通知[Z].2015-09-29.

断对抗的过程，也是一个人们不断追求制度公平与效率的协调过程。阿瑟·奥肯（Arthur M. Okun）认为，公平与效率的选择构成了"困难的折衷"，因为追求效率会不可避免地带来各种不平等[1]。因而不同的选择对制度改革将产生直接影响。转会制度作为一种制度安排，最理想状态就是既能保证内容、程序、方法的公平，又具有较高的资源配置效率，即表现为所有利益主体的得益都增多。这种状态不仅是我国职业足球转会制度改革追求的目标，也是确定我国职业足球转会制度改革原则的理想参照。

一、总体目标

任何目标都是人类理性活动所要达成的具体境地和标准。我国职业足球转会制度作为人类理性活动的产物，要有明确的改革目标，并始终引领转会制度改革的全过程。我国职业足球转会制度是一种规则体系，并非只针对某个人或者为了某个人，而是一种具有社会属性的"公共物品"，是市场资源整合的基本力量。转会市场的发展离不开市场经济，脱离了市场经济的转会市场是没有效率的，消亡将是其最终归宿。从这个角度看，转会市场应优先考虑"效率"，提高市场资源配置效率是首要而关键的[2]。我国职业足球转会制度作为规范转会主体行为、提高转会市场运行效率的一种手段，改革必然也要以效率优先为目标，这样才符合市场经济发展规律，促使我国职业足球转会市场运行效率最大化。

然而，在倡导"效率优先"的同时，我们也应"兼顾公平"。人类历史发展实践反复证明，利益分配的公平与否，直接关系着整个社会政治安定、有序局面的形成和维持[3]。既然我国职业足球转会制度是一种"公共物品"，那么只有当转会制度是正义、公平的，才能激发、调动转会市场中不同利益群体的积极性，实现"公平"的利益分配，才能受到各利益主体及社会公众的普遍认同，继而形成和保持良好的市场秩序。否则，可能出现两种极端状况：第一，市场利益主体（主要是俱乐部和球员）贫富悬殊巨大、两极分化严重；第二，平均主义的利益分配。无论出现哪一种情况，长期受压制的利益主体迟早起来反抗，促使我国职业足球转会市场产生剧烈震动，市场秩序也随之混乱。

---

[1] 阿瑟·奥肯. 平等与效率：重大的抉择 [M]. 王奔洲, 译. 成都：四川人民出版社, 1988：4.
[2] 简新华. 论社会主义市场经济的效率与公平 [J]. 经济评论, 1997（3）：18-25.
[3] 亨廷顿. 变化社会中的政治秩序 [M]. 王冠华, 刘为, 译. 上海：上海译文出版社, 1989：62-63.

因此，我国职业足球转会制度改革的总体目标必须立足于以提高球员配置效率为主导，用效率提升保障转会制度公平正义。

二、效率与公平目标的体现

任何一项制度应该是形式合理与实质合理的统一，形式合理是指内容不能自相矛盾，实施方法、程序要符合规范；实质合理是指符合大多数人的利益[1]。在我国社会主义市场经济体制下，符合"大多数人的利益"即表征为我国职业足球转会制度改革的效率与公平目标。

（一）效率目标的体现

我国职业足球转会制度是一种市场经济体制下的配置性制度安排，规范转会市场中利益主体的基本行为，影响着市场经济主体对稀缺资源的配置选择。转会是一种球员再分配的方式，转会制度质量的高低要以是否有利于优化球员的市场配置为判断标准[2]。效率目标要考虑以下三个具体境地。

1. 信息公共性

转会制度要求制度系统内不同利益主体按照一定的程序提供相应的转会信息，这种信息一旦生成将成为一种公共信息，其他诸如地方足协、球员、俱乐部转会管理者、经纪人及投资人等都可从纸媒、网站等途径获得这些转会信息。只有保证不同利益主体提供的转会信息是真实的、完全的，才能建立一个完全的、透明的转会市场，吸引更多投资者关注，提高转会市场的资源配置效率。然而，足球管理机构（中国足协）更多考虑的是转会市场的宏观稳定及社会效益，一旦转会市场出现秩序混乱或联赛健康发展受到严重威胁，中国足协将宁愿牺牲资源配置效率，也要保证转会市场稳定。

2. 信息外部性

外部性是指在我国职业足球转会市场中，一个利益主体的经济活动对其他

---

[1] 杨信礼.邓小平社会公正与制度改革思想研究[J].中共中央党校学报，2014，18（6）：24-28.
[2] 吴育华，杨顺元，叶加宝.中国、欧洲运动员转会制度分析[J].武汉体育学院学报，2007，41（9）：19-22.

利益主体产生了非市场化的影响，包括有利影响和不利影响，即正外部性和负外部性。转会制度的正外部性是指转会信息公开促进了市场竞争，优化了转会市场结构，同时，强大的市场竞争压力能够避免各俱乐部的无效率经营，使资源得到更有效的配置。反之，转会制度的负外部性是指球员转会信息公开而引发的市场风险，诸如某些虚假的转会信息导致俱乐部的投资成本增加，造成转会市场秩序混乱，市场资源配置低效。

3. 成本—收益

转会制度是为了约束俱乐部、球员等不同利益主体行为，使转会交易信息的不确定性降低，而交易信息产生过程本身就存在成本和收益问题。对球员、俱乐部及足协等利益主体来说，可以获得相关转会信息，尽管理解信息并提取有用信息需要付出成本，但也能获得一定的收益。只要转会制度既定且具有普适性，那么转会制度对不同利益主体的利益保护力度上，对于相同的利益主体，其利用转会制度的得益也是等价的。

总之，在我国职业足球转会制度改革时，要同时考虑信息公共性、外部性及制度成本对转会制度效率的影响，选择既与国家法律、政策相匹配，又能提高俱乐部、球员及足协等得益的转会制度改革主体、程序和措施，从而使我国职业足球转会制度的效率目标始终处于一种动态优化状态。

（二）公平目标的体现

我国转会制度改革主要考虑两方面：第一，直接经济后果，即俱乐部、球员等不同利益群体在转会制度下的直接性得益分配。第二，间接经济后果，即利益主体采取一定的行动策略，影响其他利益主体的经济得益而产生的经济连锁反应。因而，必须保证以下三个标准。

（1）足球俱乐部主导。职业足球俱乐部作为转会市场的重要经济主体，它与转会制度的有效实施存在紧密的关系。转会制度的改革成效将直接体现于俱乐部的成本和收益水平，诚然，足球俱乐部应该成为转会制度的制订者或改革者，如果不允许俱乐部实际参与转会制度的改革，那么转会制度改革的公平目标将难以实现。在我国实践中，每次新的转会制度发布之前，虽然中国足协都召集地方足协和职业俱乐部，以研讨会的方式要求对新转会制度的征求意见稿提出修改意见,但并未实质参与整个转会制度修订的过程[1][2],可以说,转会制度的改革过程并未很好地突显职业足球俱乐部的意志。

（2）球员主导。我国转会市场中,尽管球员被视为商品在俱乐部间实现流通,但球员却是一种区别于普通商品的商品,具有特殊性。他们在以"特殊商品"身份流通过程中,还有另一种身份,即劳动者。既然转会过程是转入俱乐部、球员、转出俱乐部实施的共同行为,那么球员也是转会市场的重要经济主体。我国转会制度的改革,诸如保护期的取消、劳动合同及转会费的改变等都会影响球员的切身利益。因此,球员也应成为我国转会制度的制订者或改革者,如果不允许球员参与转会制度的制订或改革,那么转会制度改革的公平目标同样难以达成。然而,截至目前,球员始终未能参与我国职业足球转会制度的改革,甚至没有发表意见的机会,转会制度改革的话语权较低[3]。据中国足协的专家马老师称,"我们不是没有考虑球员的参与,而是因球员数量太多,如果全部召集讨论制度改革问题是不现实的"[4]。可见,球员一直处于边缘化,利益公平难以保障。

（3）足协宏观调控。历史实践表明,中国足协的"官民二重性",使足协行政干预强行控制着转会制度改革的走向,如挂牌摘牌制、双轨制等,仅有的少数市场调节成分也被压制在有限范围内,但从整个变迁过程来看,足协的行政干预力量总体上逐步弱化,市场调节力量逐步增强。足协作为我国足球管理机构,应当成为转会制度改革的组织者、执行者,但不应干预俱乐部和球员等利益主体间的微观利益分配及具体细节规制,应以充分释放转会市场活力为原则,着重从宏观上把握转会制度改革的方向,逐步由微观干预向宏观调控转变,把更多的控制权还给市场。如果足协干预过多、过细,将会增加转会市场衰败的可能性,制度效率也就越发降低。实际上,足协逐步由微观干预向宏观调控转变,既是权力的下放,也是维护我国转会市场机会和条件公平的体现。

总之,我国职业足球转会制度改革,需要保证足球俱乐部、职业球员的主

---

[1] 访谈对象：杨老师。时间：2016年4月11日10:30-12:05。地点：广东省广州市富力中心45层会客室。形式：面访。录音编号：JLB20160411YQ。

[2] 访谈对象：文老师。时间：2016年5月9日14:45-15:40。地点：北京市西城区先农坛体育场足协办公楼301室。形式：面访。录音编号：BJZX20160413WXW。

[3] 访谈对象：李老师。时间：2016年5月27日9:30-10:40。地点：辽宁省沈阳市奥体中心宏运足球俱乐部1层接待室。形式：面访。录音编号：JLB20160527LN。

[4] 访谈对象：马老师。时间：2016年4月1日9:40-11:04。地点：北京市东城区夕照寺街东玖大厦A座804室。形式：面访。录音编号：ZGZX20160401MM。

导地位,在足协宏观调控与组织管理下,选择既能适应国家宏观政策、本土法律,又能保证不同利益主体利益公平分配的转会制度改革主体、程序和举措,从而实现我国转会制度改革的公平目标。

第三节 我国职业足球转会制度改革的基本原则

要建立符合我国社会主义市场经济要求的职业足球转会制度,达成我国职业足球转会制度改革的目标,必须从我国基本国情出发,遵循以下原则。

一、市场自主与足协调控相协调的原则

从我国职业足球转会制度变迁的实践来看,并没有很好地把握市场自主与足协调控相协调的原则。尤其2010赛季转会制度大变迁以前,整个转会制度的发展实践均以中国足协(足管中心)的行政权力干预为主导,市场自主性遭到了严重限制,甚至将市场自主成份压缩殆尽(挂牌摘牌制),造成我国职业足球转会市场萎靡不振,球员配置效率低下。转会市场是市场经济下的产物,我们应该充分尊重市场发展规律,尤其不能利用政府的行政干预完成本应市场调节承担的任务。如果这样,不仅破坏了转会市场中利益主体的自主性,背离了市场经济发展规律,还很难达成转会制度的效率目标。

市场经济是自由竞争的经济,脱离了自由竞争,很难形成真正的市场。但从实践来看,利用转会制度限制自由竞争(利益主体的自主性)的例子比比皆是,行政干预越强烈,自由竞争的成分就越少。例如,挂牌摘牌制中,中国足协"拉郎配"的做法及强制实施30个月保护期等,都是抑制市场自主性的表现,最终结果是足球俱乐部之间私下交易增多,球员失业率增加,影响了我国职业足球联赛的健康发展[1]。然而,充分发挥市场主体的自主性,并不等于完全放纵市场。由于市场经济是一种竞争经济、风险经济,商品供求起伏波动,行情变幻莫测,完全依靠转会市场的自主调节,可能产生球员转会市场的垄断,很难保证利益分配的公平性。对于这种弊端,转会市场本身不可能自我消除,而只能通过中国足协那只"看得见的手"对转会市场实施宏观调控,如完

---

[1] 访谈对象:纪老师。时间:2016年5月4日14:10-16:05。地点:山东省济南市历下区山大路如家快捷酒店235房间。形式:面访。录音编号:JLB20160504JMH。

善行业法规、优化制度环境等,从而消除因市场失灵所造成的不良后果。

二、国际惯例与本土文化相融合的原则

国际转会惯例是转会规则国际竞争与协调的产物。国际足联球员身份及转会规程(简称国际转会惯例)中提到了其自身的适用范围,分为三种[1]:第一,各会员协会必须严格遵守条款,并将其逐条逐字引入会员协会的转会规则,诸如球员身份、注册期、国际转会证明等;第二,各会员协会在遵守国家法律和劳资协议的情况下特别需要考虑的原则,如遵守合同的原则、正当理由单方面可终止合同而不追究责任的原则等;第三,各会员协会的转会规则中所需相关规则,如俱乐部与球员间的争议处理等。诸此种种,可以看出国际足联在保证全球职业足球转会市场规制的共性基础上,充分考虑了不同国家会员协会的文化差异。因此,各国会员协会可在不违反国际足联有关转会精神的情况下,制订适合本土国情和文化传统的转会制度。

据中国足协的专家马老师称:"当前我国职业足球转会制度已经与国际足联几乎完全接轨了,最起码再也不会和国际足联转会规则发生冲突。"[2]然而,转会制度的改革仅仅是为了与国际惯例避免冲突吗?显然不是。更为重要的是,能够很好地适应本土国情和文化传统,继而提高转会制度的"效率"与"公平",实现市场资源的优化配置。但从改革实践来看,中国足协虽努力与国际接轨,但并未将国际惯例与本土文化很好地融合。例如,国内发生的转会纠纷以中国足协仲裁委员会做出的裁决为最终裁决,未与本土仲裁法相融合。球员与俱乐部签订的是劳动协议,如果发生劳资纠纷,中国足协可以调解,但最终还须劳动仲裁庭裁决。未成年球员国内转会时,监护人必须提供在新俱乐部所在城市工作半年以上的证明,且球员要有学籍证明[3]。然而,这样的规定虽然符合国际惯例,但却并不能很好地解决年轻球员流失问题,因为获取一份所在城市的工作证明和学籍证明并不难,在潜规则等本土文化影响下,许多家

---

[1] FIFA. Regulations on the Status and Transfer of Player [EB/OL]. http://resources.fifa.com/mm/document/affederation/administration/02/70/95/52/regulationsonthestatusandtransferofplayersjune2016_e_neutral.pdf, 7-8.

[2] 访谈对象:马老师. 时间:2016年4月1日9:40-11:04. 地点:北京市东城区夕照寺街东玖大厦A座804室. 形式:面访. 录音编号:ZGZX20160401MM。

[3] 中国足协. 中国足球协会球员身份与转会管理规定 [Z]. 2015-12-30.

长(监护人)通过某些不正当途径都可以获得[1]。因而,转会制度改革只单纯移植、接轨国际惯例是不够的,还要使之与本土文化相融合,才能产生规制转会行为的良好效果。

三、制度建设与本土法律相兼容的原则

任何具体制度的建设离不开本土法律的支持。同样,我国职业足球转会制度的改革也应遵循与本土法律相兼容的原则。自然经济是伦理经济,计划经济是权力(行政)经济。社会主义市场经济既是一种竞争经济,也是一种法制经济[2],没有法制就没有市场经济。我国职业足球转会市场是一种只有在市场经济条件下才能发展活跃起来的市场,而市场经济需要良好的法律基础和环境,因而,转会市场发展也离不开法律的支撑。

我国职业足球转会制度作为一种约束俱乐部、球员等利益主体行为规范的制度,必须能够与本土法律环境相兼容。从英格兰转会制度发展实践看,以博斯曼法案为界点,包括英格兰等欧洲足球发达国家的职业足球转会制度的改革,逐步实现了从无法治到被动法治,再到主动法治的蜕变与升华。同时,欧足联和国际足联也因"本土球员规则"和"6+5规则"[3]的法律适用问题,展开了激烈争论。因此,探索转会制度与本土法律的兼容性将成为未来一段时间转会制度建设的趋势。然而,一直以来,我国职业足球转会制度的建设并没有实现与诸如《劳动法》《劳动合同法》《中华人民共和国仲裁法》等法律制度相兼容,对许多行为的规制与相关法律的约束存在冲突,甚至有悖于法律。例如,《劳动法》规定,劳动者享有平等就业和选择职业的权利、取得劳动报酬的权力及提请劳动争议处理的权力;劳动者有权解除劳动合同,但应当提前30日以书面形式通知用人单位;而且如果用人单位不按合约足额支付劳动报酬,劳动者可随时解除劳动合同[4]。但2010年前的转会制度中,即使球员合同到期,俱乐部仍有30个月的保护期,侵犯了球员的自由选择权。再者,早期许多俱乐部欠薪、拖薪严重,但球员却没有解除劳动合同的权力。这些都是转会制度建设

---

[1] 访谈对象:任老师。时间:2016年5月27日14:05—15:25。地点:辽宁省体职院足球管理中心办公楼204室。形式:面访。录音编号:LNZX20160527RWY。

[2] 张文显.市场经济与法制建设三论[J].中国法学,1993(3):12-19.

[3] Simon Gardiner, Roger Welch. Nationlity and protectionism in football: Why are FIFA's "6+5 rule" and UEFA's "home-grown player rule" on the agenda? [J]. Soccer & Society, 2011, 12(6): 774-787.

[4] 全国人大常委会.中华人民共和国劳动法[Z].1994-07-05.

与本土法律不兼容的后果。其实，国际足联已经考虑了各国法律环境的差异，明确提出，在保护合同稳定性、处理劳资纠纷及经济纠纷等方面，要遵守具有强制性的国家法律和集体性谈判协议[1]。鉴于此，在未来，我国职业足球转会制度改革，应以保持与本土法律相兼容的原则，从法律适用性角度洞悉转会制度的缺陷，减少制度与法律的矛盾，提高转会制度的法治化水平。

第四节 我国职业足球转会制度改革的具体路径

一、以顶层设计的确定性保障转会制度改革的组织基础

英格兰发展实践表明，转会制度改革需要以科学、合理的组织架构为基础。没有成熟稳健、相互制衡、协同发展的足球民间实体组织，很难保证职业足球转会市场发展的稳定性和可持续性。

（一）加快构建职业足球联盟、球员工会，形成三角制衡的治理新格局

从历史逻辑上看，职业足球联盟和球员工会是职业足球发展的必备组织机构，他们分别代表俱乐部和球员，维护他们的合法权益。除了在发生转会纠纷时，双方分别代表俱乐部和球员利益进行集体谈判解决争议外，还能以组织代表的身份参与转会制度的修订，充分体现转会市场的主体地位。在我国转会市场上，中国足协是唯一的组织机构，权力资源基本集中于足协，如果俱乐部、球员呈现分散、无组织状态，将很难与中国足协抗衡，导致形成一家独大的不利局面。因而，加快构建职业足球联盟、球员工会，使之与中国足协形成三角制衡，不仅能解决俱乐部、球员等转会主体的话语权及利益维护问题，还能解决长期束缚我国职业足球健康发展的体制机制弊病。

对于职业足球联盟，中国足协已于2016年开始组织筹备，但目前仍处于

---

[1] FIFA. Regulations on the Status and Transfer of Player [EB/OL]. http://resources.fifa.com/mm/document/affederation/administration/02/70/95/52/regulationsonthestatusandtransferofplayersjune2016_e_neutral.pdf，7.

沟通和协调阶段。笔者认为，首先，要明确职业足球联盟的性质和功能定位；从国外来看，职业足球联盟是由足球俱乐部构成的以营利为目的的企业法人组成，主要功能是独立运营职业联赛，维护俱乐部利益及代表俱乐部参与重大决策。其次，如何进行有效的法人治理是构建职业足球联盟的关键[1]，在构建过程中，要立足本国实际，不同性质的法人都要参与、协作，形成多中心治理格局，尤其明确中国足协、职业联赛理事会、中超公司等不同法人的责任、权力和利益分配，从而实现利益共享。然而，对于球员工会，我国并没有给出明确的时间表。无疑，就算中国职业足球联盟成立，也很难形成三角治理的新格局。球员工会是职业体育中一个特殊的群众组织，具有与职业联盟共生及相对独立的特点，主要功能是维护球员合法利益、参与重大决策及思想文化教育等[2]。相较于职业联盟，我国球员工会的筹建难度更大，面临着诸如工会隶属、法律条件等重重阻碍。从英格兰球员工会发展史可见，其发展历程是渐进的，且历尽艰辛和曲折。因而，在实践中，我们虽不能立即建立球员工会，但结合国情、党情、政情，可以尝试先建立一种球员工会的过渡形式。首先，完善各俱乐部内部的球员组织。其次，以中国足协为依托成立筹备领导小组，召集各俱乐部的基层球员组织的代表，并组织专家制订章程、发展会员、选举主席和委员。这种模式虽与国外差异较大，但在被动成立不可能的情况下，它将为组建球员工会提供改革基础。

（二）优化中国足协内部治理结构，成立专门的转会制度修订委员会

从英格兰发展实践看，英足总负责修订转会制度和监督实施，但并不插手俱乐部经营、管理活动，其内部治理结构完善、权力运行程序和工作规则科学，尤其内部治理结构，各部门职能明确、分工精细。英足总成立了包括审计委员会、薪酬委员会、提名委员会、财务委员会、健康和安全委员会、咨询委员会、球员身份委员会、司法委员会、制裁委员会及裁判员委员会等专项委员会[3]，负责专门事务管理。球员身份委员会根据转会形势及存在问题，专门负责转会制度修订，并适时监督球员的比赛身份。然而，长期以来，中国足协的

---

[1] 陈治.论中国职业足球联盟的构建路径[D].南昌：江西财经大学，2016：66-67.
[2] 贾珍荣.我国职业球员工会基础理论研究[D].武汉：华中师范大学，2004：19-20.
[3] The FA. Who we are [EB/OL]. http://www.thefa.com/about-football-association/who-we-are.html.

内部治理结构一直是行政体制下的管理模式,如青少部、竞赛部、注册办等,各职能部门分工相对粗糙。在足协与国家体育总局脱钩后,尽管足协内部治理结构有所调整,并借鉴国际发展经验,成立了一些专项委员会,如裁判、竞赛、青少年、教练员等委员会[1],加强了在业务领域的权威地位,但仍需进一步优化内部治理。对此,中国足协的专家马老师称:"随着中国足协改革不断深化,在转会制度修订方面我们也会尽快与国际接轨,以后注册办就没有了,将改成球员身份委员会,进一步在内部治理机构上与国际上保持一致"[2]。可以看出,将以往临时组建的转会制度修订小组改革为专职于转会事务的球员身份委员会,用专项组织机构为球员转会市场提供更专业的服务、管理和监督。根据国际经验,在筹备成立球员身份委员会时,应以当前中国足协注册办为基础,联合青少部、竞赛部、法务部等部门,成立委员会筹备小组,召集俱乐部、球员、经纪人等各方代表,并按照中国足协专项委员会成立的标准和要求,严格规范委员会的各项议事程序,明确委员会的权、责、利,以充分发挥其规则修订、监督执行及球员身份确认等职能。当然,仅成立组织机构还是不够的,关键是委员会的构成,也就是制度改革的主体问题。

二、以主体程序的明确性保证转会制度改革的公平正义

转会制度改革的主体是否具有代表性、改革程序是否公平,直接关系转会制度的执行效果。实践表明,长期以来,我国职业足球转会制度的改革主体、程序都存在较大问题。在转会制度变迁过程中,中国足协均是以问题为导向,注重以修改制度本身解决矛盾纠纷,几乎很少甚至从未考虑制度改革主体和程序上的缺陷。

(一)以中国足协、俱乐部及球员为核心改革主体,确保制度源头设计的权力均衡

任何一项制度是否能够得到贯彻执行,取决于制度系统内不同利益主体间的交互作用方式。如果某项制度的制订或改革权不是被社会大多数成员所掌

---

[1] 国务院足球改革发展部际联席会议办公室.中国足球协会调整改革方案[Z].2015-08-07.
[2] 访谈对象:马老师。时间:2016年4月1日9:40-11:04。地点:北京市东城区夕照寺街东玖大厦A座804室。形式:面访。录音编号:ZGZX20160401MM。

握，而是仅被少数利益集团所控制，那么即使这些利益集团制订或改革的制度对大多数社会成员是有效率的，也很难得到社会成员的广泛认同，甚至产生抵触。相反，如果一项制度的制订或改革权掌控在社会大多数成员手中，那么它将很容易被社会成员自觉执行。从英格兰发展实践来看，除了在足总内部设置了球员身份委员会外，委员会成员的构成比较广泛，尤其包含同等数量的俱乐部和球员代表，而不只是英足总官员代表，这不仅能得到不同利益群体的广泛认同，还能保证俱乐部、球员等核心群体权力资源拥有量的相对均衡。

俱乐部和球员作为我国转会市场的核心利益主体，且转会制度也主要是规范他们的转会行为，因而可将俱乐部和球员视为一种内生性力量，促使我国职业足球转会制度不断演进，并且这种促进是自生自发的。然而，如果仅由内生性力量维持转会规则，虽然具有较高的稳定性、公认性及普适性，但却使转会制度带有鲜明的路径依赖特征。中国足协作为足球管理机构，可视为一种外建构力量，尽管它能强力推动转会制度发生"跃迁式"变化，但不易形成广泛认同，制度效率反而降低。在我国的实践中，转会制度改革主体是中国足协内部职能部门临时抽调某些官员组成的转会制度修订小组，在小组初步拟订草稿后，再征求俱乐部、地方足协等部分利益群体的意见，这种方式虽能对某些转会异常问题及突发事件做出快速反应，及时修正制度漏洞，但却因缺乏普适性而产生较高的实施成本。更为不妥的是，在制度设计源头上，不同利益群体的权力资源配置就已失衡，从而很难保证转会制度的公平正义。因此，只有俱乐部、球员和足协共同参与制度改革，切实从源头上保持权力资源的相对均衡，方能实现转会制度的公平与效率目标。当前，中国职业足球联盟、球员工会尚未建成，俱乐部和球员实质参与制度改革的全过程确有困难，尤其球员这个弱势群体。由于国内球员数量比较多，如果没有组织依托，甚至无法获得征求意见的机会，他们的利益诉求也就难以彰显。鉴于此，笔者认为，在组织机构不完备的情形下，可通过征求意见的形式过渡，先畅通俱乐部和球员等利益表达途径，使他们具有相对等同的权力资源，待职业联盟和球员工会建成后，再以代表身份加入修订或球员身份委员会，参与转会制度的改革决策。囿于球员数量多的现实，可以俱乐部为单位，召集每个俱乐部的球员代表，再征集修改意见。

（二）完善应循程序和异常转会问题处理程序，确保制度改革的程序正义

在我国学界，对程序的价值与功能已基本形成共识。程序，尽管看上去更

像一种明显的形式而非实体，但在公共事务中可能蕴含着既是目的又是手段的意思[1]。我国职业足球转会制度改革需要遵循一定的程序，即应循程序，以保证程序的正义性。严格按照应循程序，俱乐部、球员、经纪人等都能参与转会制度的改革，进而他们都有针对具体转会制度发表意见的机会。通过不同利益群体的实质性参与，一些意见或建议就可能在新转会制度中有所体现。这样，既能保证转会制度改革过程的公开性，又能保障各利益主体的相对平等，促使新的转会制度符合绝大多数利益相关者的价值观念，得到他们的普遍认同和遵循。

从实践来看，我国职业足球转会制度改革的程序包括临时组建修订小组、起草、征求意见及发布（图33），基本遵循了一般的应循程序，但缺少了立项阶段，使前期没有充分的改革论证，导致改革的目标性和计划性较差，制度改革效果欠佳。而从国外发展经验看，转会制度改革应循程序包括立项、起草、公开征求意见及发布等阶段，这一过程需要很长时间才能完成，而且应循程序越多越复杂，所需时间也就越长，对环境变化的应变能力也就越差。然而，当转会市场中出现了"突发事件"或"异常转会问题"，这种应循程序就很难应对。为了解决这种问题，像德国、意大利等国家足协专门建立了紧急预案组，把因全球经济环境和转会市场的不确定性带来的异常转会问题纳入转会制度修订程序，提高了制度改革效率。但是，这种紧急举措并未经过立项、起草、征求意见等应循程序，直接由少数球员身份委员会委员（相当于常委），对某些不合理转会规则进行紧急修订[2]。这样，就不能确保转会市场中所有利益主体的声音在新紧急举措中有所体现，造成新转会制度的公平正义遭到公众质疑，普适性降低。鉴于此，在我国职业足球转会制度改革过程中，应将应循程序和异常转会问题处理程序相结合（图34），既要保证绝大多数利益相关者（包括组织和个人）的意见得到充分表达，展现制度的公平性和正义性，又要兼顾转会制度对"突发事件"和"异常问题"的效率要求。

---

[1] 约翰·V·奥尔特.正当法律程序简史[M].杨明成，陈霜玲，译.北京：商务印书馆，2006：71.
[2] Lindsey Valaine Briggs. UEFA V the European Community：Attempts of the governing body of European soccer to circumvent EU freedom of movement and antidiscrimination labor law[J]. Chicago Journal of International Law，2005，6（1）：439-454.

第六章 演化框架下我国职业足球转会制度的改革思路

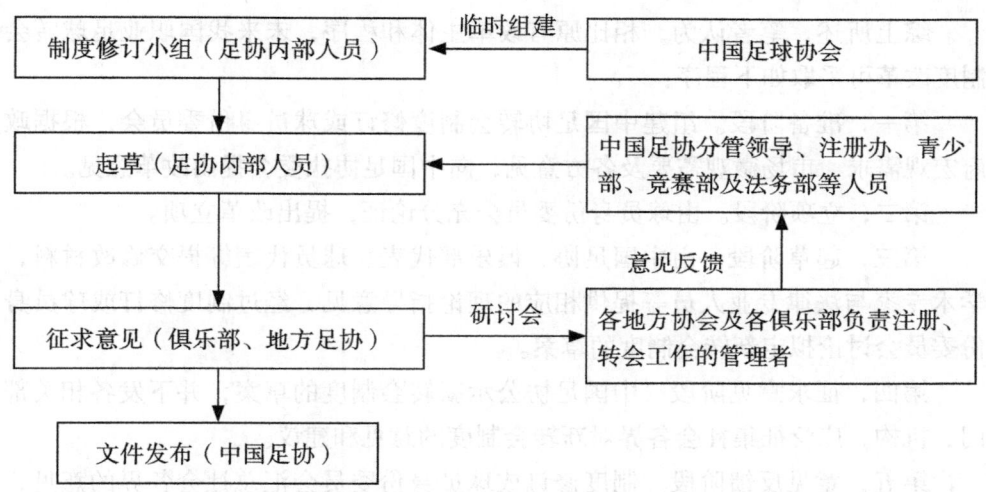

图33 当前我国职业足球转会制度改革主体与程序
（资料来源：根据足协、俱乐部访谈资料经过加工、整理制作而成。）

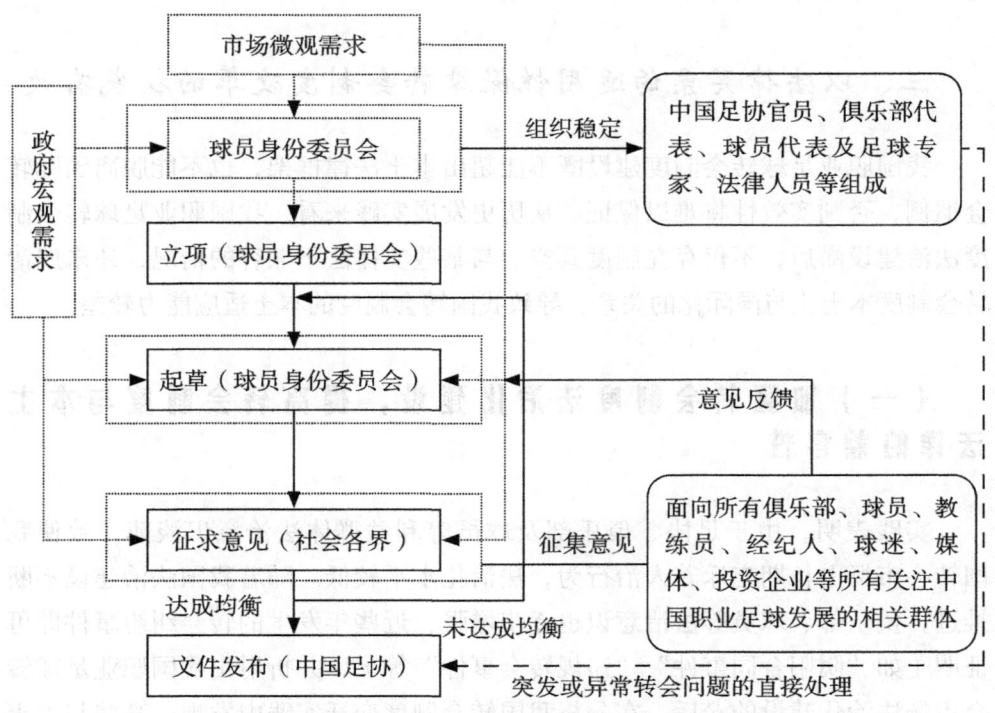

图34 我国职业足球转会制度改革主体、程序的应然选择
（资料来源：根据足协、俱乐部访谈资料及国外发展经验加工、整理制作而成。）

177

综上所述，笔者认为，相比原有改革主体和程序，未来我国职业足球转会制度改革可采取如下程序：

第一，准备阶段。组建中国足协转会制度修订或球员身份委员会，根据政府宏观需求、市场微观需要及各方意见，向中国足协执委会提出改革意见。

第二，立项阶段。由球员身份委员会充分论证，提出改革立项。

第三，起草阶段。由中国足协、俱乐部代表、球员代表等提交修改材料，学术专家与法律专业人员等提供相应的理论指导意见，经过制度修订或球员身份委员会讨论拟定新转会制度的草案。

第四，征求意见阶段。中国足协公示新转会制度的草案，并下发各相关部门、机构，广泛征集社会各界对新转会制度的意见和建议。

第五，意见反馈阶段。制度修订或球员身份委员会汇总社会各界的意见，达成一致的，进入发布阶段，未达成一致的，需要进一步广泛磋商。

第六，文件发布阶段。对达成均衡的新转会制度提交中国足协执委会审定，审核通过后正式对外发布。

三、以法律关系的适用性保障转会制度改革的权威有效

我国职业足球转会制度建设既不能超出本土法律框架，也不能脱离国际转会惯例，否则实效性将难以保证。从历史发展实践来看，我国职业足球转会制度法治建设滞后，不仅存在制度真空、与某些实体法不兼容的情况，还未厘清转会制度本土化与国际化的关系，导致我国转会制度的本土适应能力较差。

（一）加强转会制度法治化建设，提高转会制度与本土法律的兼容性

实践表明，由于足协、俱乐部及球员等利益群体法治意识淡薄，致使我国转会市场上长期充斥着人治行为，法治化水平较低。随着我国法治建设不断推进，俱乐部、球员等法治意识也逐步增强，近些年发生的转会纠纷事件即可证明（如"阴阳合同事件""违规转会事件"等），并折射出我国职业足球转会市场法治化建设的滞后。在分析我国转会制度变迁实践中发现，某些与本土法律不适用甚至有冲突的转会条款仍能长期存在。因此，我国职业足球转会制度改革，应努力加强转会制度的法治建设，捋顺转会制度具体牵涉哪些本土法

律，提高其与本土法律的兼容性。

从英格兰发展实践来看，主要从两方面提升制度建设的法治化水平。一方面，积极营造转会制度实施的良好制度环境，如劳工证制度、集体谈判制度等；另一方面，加强了诸如竞争法、罗马条约等欧盟实体法（脱欧前）及劳工法、合同法、劳资关系法等本土法律对转会制度相关条款的审查力度。因此，笔者认为，提高我国职业足球转会制度的法治化水平，可从以下几方面着手：第一，中国足协注册办（球员身份委员会）定期举办培训会，邀请体育法或其他法律界专家对俱乐部人员和球员等利益群体进行法律知识培训，对欧洲一些典型转会纠纷案例深入剖析，加强他们对转会制度涉及的相关法律的知识储备，提高他们的法律意识。第二，优化支撑转会制度运行的相关制度，诸如中国足协纪律准则及处罚办法、仲裁委员会工作制度、球员经纪人管理制度、俱乐部准入制度等。在转会制度改革中，要提高其与相关支撑制度的协同和兼容，保障转会制度良性运行。同时，还要加强行业特殊制度规范的论证和制订。例如，借鉴劳工证制度，在充分论证的基础上建立我国球员工作许可证制度，以提高当前我国各级俱乐部引进外援的质量，继而带动整个职业联赛的可持续发展。第三，在改革中，要充分发挥学界专家，尤其是法律界专家的特殊作用，用本土法律对转会制度中的相关条款进行审查。主要针对工作合同、转会协议是否适用于《劳动法》《合同法》《是华人了共和中反不正当竞争法》等，同时考察转会纠纷裁决程序是否适用于劳动仲裁法等，对不适用本土法律的条款要及时修订，以提升转会制度的权威和效力。第四，足协应加强与其他相关部门的沟通交流，保证与其他规章制度不冲突。例如，中国足协的协会章程规定，从事经营性活动是以为本项目的发展筹集或积累资金为目的，而民政部社团管理规定却是社会团体法人不得从事以营利为目的的经营性活动，形成了鲜明的冲突。又如，对转会管理费，财政部、发改委已联合发文，明确取消了包括俱乐部转会手续费等一些行政事业性收费，但有些地方足协仍在按原比例征收，这显然有悖于财政部、发改委的相关规章。总之，提高转会市场的法治化水平不可能一蹴而就，需要多方位、多角度、多路径着手，才能加快我国转会制度法治化的建设进程。

（二）明确国际惯例的本土化空间，处理好本土化与国际化的关系

国际转会惯例是转会规则国际竞争与协调的产物。国际足联在转会惯例上

具有全球化与区域化视野,力求全球统一性与差异性并存[1]。其在转会惯例的适用范围上提出了三种情况[2]:第一,各会员协会必须遵守的条款,须将其逐条逐字引入会员协会的转会规则,诸如球员身份、国际转会证明等;第二,各会员协会在遵守国家法律和劳资协议的情况下特别需要考虑的原则,如遵守合同原则、正当理由单方面可终止合同而不追究责任原则等;第三,各会员协会的转会规则中必须有的相关规则,如俱乐部与球员间的争议处理等。由此,我们可以得出,国际足联在统一规范全球转会市场的同时,充分考虑了不同国家或地区的差异性。第二类情况中,国际足联已明确表明,要在遵守国家法律和劳资争议的前提下,才考虑一些原则。也就是说,需要根据各国现实的法律环境制订相应的转会适用条款。而考虑本土法律时,难免不受地区政治、经济、传统文化和习俗惯例的影响。同时,国际足联还提出了一些会员协会转会规则中所必需的条款,但具体安排并未做说明,可根据不同国情做出相应的变化。诸此种种,都为国际足联转会惯例的本土化提供了空间。然而,国际足联明确提出,第一类情况必须原封不动地纳入国家或地区的职业足球转会制度中。这些条款必须在全球范围内实现统一,即完全国际化,否则很难维护球员的跨国转会秩序。

同时,实践中,我们应辩证看待转会制度的本土化和国际化。首先,转会制度本土化具有必然性。一方面,不同国家具有不同的政治、文化和法律环境,同样的转会规则放在不同的国家使用,收到的效果可能大相径庭。从这个角度看,需要中国足协根据国情将某些与国内环境相抵触的规则转变成与其相融合、相适应的规则,这个过程就是我国转会制度的本土化过程。另一方面,国际足联通过条款分类,不同类型的条款在各会员协会转会规则中的体现要求不一致,有些需要逐条逐字引入,有些则要求在遵循国家法律和劳资争议的前

---

[1] Simon Gardiner, Roger Welch. Nationlity and protectionism in football: Why are FIFA's "6+5 rule" and UEFA's "home-grown player rule" on the agenda? [J]. Soccer & Society, 2011, 12 (6): 774–787.

[2] FIFA. Regulations on the Status and Transfer of Player [EB/OL]. http://resources.fifa.com/mm/document/affederation/administration/02/70/95/52/regulationsonthestatusandtransferofplayersjune2016_e_neutral.pdf, 7–8.

提下才能考虑的相关原则[1]。也就是说，中国足协修订某些转会规则必须适用于本土法律框架，而用本土法律审视转会规则过程实质就是本土化过程。其次，转会制度国际化具有应然性。国际化不等于完全与国际接轨。对此，无论中国足协、地方足协，还是俱乐部，都对我国职业足球转会制度不可能完全与国际接轨的观点达成一致，但国际化却是我国职业足球转会制度改革的趋势，不仅规则本身，相应配套的组织机构也应逐步国际化。我国转会制度国际化是国内转会市场发展的需要和必然结果，具有历史存在的必然性和积极性意义。但是，国际化也不能缺乏节制、不加改良地引进，否则容易引起"水土不服"。因此，我国职业足球转会制度改革过程中，在制度内容上要厘清本土化与国际化的边界和空间，明确哪些需要原封不动的植入，哪些需要结合国情进行本土化，针对性实施改革。同时，组织机构上也要加快国际化改革进程，尽管足协已与国家体育总局脱钩，但内部治理结构有待优化、相关职能需要转变，再者，职业联盟和球员工会也要尽快筹建，以保障转会制度的核心利益主体——俱乐部和球员能够充分参与制度改革过程。

本章小结

采用文献资料法、专家访谈法、归纳与综合法等，在分析我国职业足球转会制度改革的机遇和问题基础上，结合英格兰发展经验，提出了我国职业足球转会制度改革的目标、原则和具体路径。

我国职业足球转会制度改革迎来了前所未有的机遇，但仍存在足协政绩思想固化和去行政化改革不彻底、维权组织难以筹建、制度改革主体错位且权力资源配置失衡、球员话语权严重缺失、制度法治建设滞后和兼容性差等问题。我国职业足球转会制度改革，要以提高球员配置效率、保障转会制度公平正义为总体目标。具体来说，就是要考虑信息公共性、外部性，以及制度成本对转会制度效率的影响，并在足协宏观调控下，保证足球俱乐部和球员的主导地位。在遵循市场自主与足协调控相协调、国际惯例与本土文化相融合、制度建

---

[1] FIFA. Regulations on the Status and Transfer of Player [EB/OL]. http://resources.fifa.com/mm/document/affederation/administration/02/70/95/52/regulationsonthestatusandtransferofplayersjune2016_e_neutral.pdf, 7–8.

设与本土法律相兼容等原则下,提出了具体的改革路径:第一,以顶层设计的确定性保障转会制度改革的组织基础。加快构建职业足球联盟、球员工会,形成三角制衡的治理新格局;优化中国足协内部治理结构,成立专门的转会制度修订委员会。第二,以主体程序的明确性保证转会制度改革的公平正义。以中国足协、俱乐部及球员为核心改革主体,确保制度源头设计的权力均衡;完善应循程序与异常转会问题处理程序,确保制度改革的程序正义。第三,以法律关系的适用性保障转会制度改革的权威有效。加强转会制度法治化建设,提高与本土法律的兼容性;明确国际转会惯例的本土化空间,处理好本土化与国际化的关系。

结论与展望

一、研究结论

（1）转会制度是约束职业俱乐部与球员的各种行为及其关系，指导转会交易的利益分配和成本分摊的规则集合，具有经济后果、政治化程序及法治化倾向等属性。运动员转会包含于流动，二者属于种属关系。

（2）我国职业足球转会制度变迁过程可分为有限自由转会制、摘牌制、双轨转会制及自由转会制四个阶段。其变迁特点符合演化经济学研究的要素条件，因此运用演化经济学的自组织和演化博弈论，分析我国职业足球转会制度变迁的自组织本质、机制及演化动力、趋势等问题是适合的。

（3）我国职业足球转会制度变迁是一个自组织过程，是由足球俱乐部、球员及中国足协为核心群体构成的复杂系统，具有曲折性、突变性、多结果性和路径依赖性等特点。最初的有限自由转会制由于改革不彻底，导致球员的市场配置失衡，俱乐部实力差距大，联赛效益降低，因此治理效果好、见效快的摘牌制成为制度改革的路径选择。但摘牌制下俱乐部人才选择权、球员转会意愿受限，利益诉求难以表达，催生了俱乐部和球员的合谋行动，为防转会秩序再次失控，双轨转会制成为路径选择。然而，双轨制下球员仍未摆脱转会自由的限制，又因本土与国际转会惯例冲突，以致球员产生自由转会行动，接轨国际的自由转会制成为路径选择。

（4）从演化博弈角度来看，我国职业足球转会制度变迁是足球俱乐部、球员及足协等主体基于自身利益算计的博弈过程。除了在转会制度下行动外，潜规则行动也是转会市场主体可选择的行动子集。俱乐部和球员因遵循转会制度而利益诉求得不到满足，继而采取规避制度约束的潜规则策略。博弈中，由于拥有占优策略的利益主体不同，只能通过转会制度改革调整既有利益格局。俱乐部、球员等在不同变迁阶段的权力资源发生变化，其相对增加的利益主体在博弈中谈判能力增强，继而在利益分配调整中获得更多收益，转会制度也就趋向利于他们的方向改革。

（5）英格兰职业足球转会制度的发展对我国的启示：加快中国足协内部治理机构优化及职能转变，建立职业联盟、球员工会等足球组织，并从源头上保障俱乐部和球员具有同等的利益表达渠道，且一旦出现劳资纠纷，还要保证他们在谈判时拥有均衡的权力资源。此外，应加强转会制度法治化建设，不断提高与本土法律的兼容性。

（6）我国职业足球转会制度改革不仅迎来前所未有的机遇，同时面临着诸多困难和问题：足协政绩思想固化，去行政化改革不彻底；职业联盟、球员工会等组织难以筹建；制度改革主体错位，权力资源配置失衡；球员话语权严重缺失，合法权益不能保障；转会制度法治建设滞后、兼容性差等。

（7）针对存在问题，我国职业足球转会制度改革，应以提高球员配置效率、保障转会制度公平正义为总体目标，同时要遵循市场自主与足协调控相协调、国际惯例与本土文化相融合、制度建设与本土法律相兼容等原则。具体改革路径：加快构建职业足球联盟、球员工会，形成三角制衡的治理新格局；优化中国足协内部治理结构，成立转会制度修订委员会；以中国足协、俱乐部及球员为核心改革主体，确保制度源头设计的权力均衡；完善应循程序与异常转会问题处理程序，确保制度改革程序正义；加强转会制度法治化建设，提高与本土法律的兼容性；明确国际转会惯例的本土化空间，处理好本土化与国际化的关系。

二、创新之处

1. 视角新

以演化经济学为视角研究我国职业足球转会制度变迁，不同于以往用新制度经济学理论对转会制度变迁的理解模式。本文运用自组织理论及演化博弈论，以宏观到微观的递进方式，揭示了我国职业足球转会制度变迁的自组织本质、机理及演化动力、趋势，用新视角得出了新的观点。

2. 观点新

本文将我国职业足球转会制度变迁过程划分为有限自由转会制、摘牌制、双轨转会制及自由转会制四个阶段。从演化经济学的视角，以我国职业足球转会制度3次变迁为主线，揭示了我国职业足球转会制度变迁的自组织本质、机理及演化动力、趋势，并通过借鉴英格兰职业足球转会制度的发展经验，结合我国现存问题，提出了我国职业足球转会制度改革的目标、原则和具体路径。这些新观点的提出，在一定程度上丰富了我国职业足球转会制度理论研究，体现了一定的理论创新价值。

三、研究局限

1. 调研范围存在局限

出于本人能力、条件及研究经费的限制，本研究仅对中国足协、部分地方足协和部分俱乐部进行了访谈调研，且俱乐部都是中超俱乐部，像中甲、中乙等其他俱乐部及职业球员的转会制度需求可能考虑不够全面。

2. 经验借鉴存在局限

从全球范围看，世界足球代表的英格兰和亚洲足球代表的日本，他们的职业足球转会制度变迁历程最值得系统研究。然而，由于日本足协官网只能搜集到最新转会制度，对以往的转会制度并未留存，加之语言障碍，因此，未分析日本足球组织机构及其职能，以及转会制度的变迁实践。作为同处亚洲的邻国，没能充分挖掘其发展经验、教训，难免有美中不足之感。

3. 实证研究存在局限

尽管演化经济学能够更好地拟合现实，解释能力优于新古典经济学，但也存在一定的局限性，如数据搜集和选取存在限制，定量研究较为困难，它并不像新古典经济学那样具有严谨的逻辑实证。因而，本研究没有对我国职业足球转会制度变迁的自组织和演化博弈模型进行逻辑实证检验，存在一定的局限性。

四、研究展望

1. 我国职业足球转会制度变迁的计量经济学研究

近年来，制度的计量分析逐渐增多，许多学者尝试着利用某些间接指标对制度和制度变迁进行测度，以计量的方法构建回归模型，为制度演化理论提供较强的数据支撑。因而，后续可借助计量经济学的有关成果，建立我国职业足球转会制度演化的计量模型，从而更加科学地解释转会制度的变迁过程。

2. 日本职业足球转会制度相关研究

同处亚洲的日本，足球竞技运动水平提高速度有目共睹，如今已稳定于亚洲顶尖水平，这与日本职业足球转会市场的活跃不无关系。良好的转会市场需要以制度建设为根基，日本足协在处理转会制度本土化与国际化关系的经验及整个转会制度变迁的实践经验有待挖掘，如何将经验融合于中国国情和传统文化，使之具备更高资源配置效率，也是后续研究亟待解决的问题。

3. 英国脱欧后的转会制度及相关政策的变化与启示

作为欧盟的成员国，脱欧前一直受到欧盟相关法律、政策的影响，尤其英国本土球员一直享受欧盟范围内的转会政策，而脱欧意味着经济、政治上的脱离，意味着此后不再受欧盟相关法律的约束，这将使英国职业足球转会制度和相关配套政策受到很大的影响，这种影响并非国家范围内的，而是全球性的。我们应准确把握这种变化对全球转会市场的影响，以做好充分准备应对挑战。